入 境 游 客

抽样调查资料

2006

国 家 旅 游 局 政 策 法 规 司
国家统计局城市社会经济调查司

《入境游客抽样调查资料》

编委会名单

编 者 说 明

《入境游客抽样调查资料2006》是一本以反映2005年入境游客在华花费为主的资料性年刊。该书由综合分析报告和调查分类数据两部分组成，分类数据包括：入境游客的主要特征，入境外国人、港澳台同胞的花费水平和花费构成、在境内的停留时间以及入境次数、流向、对住宿设施的选择，入境游客对旅游服务质量、旅游接待设施的评价以及对旅游资源和旅游商品的兴趣等。

本书是根据抽样调查取得的数据和资料，经过汇总、审核、整理，汇编出来的一套全面反映调查过程和调查结果的翔实资料。可供研究旅游业发展的理论工作者和旅游行业的实际工作者参考使用。

在组织实施2005年入境游客花费抽样调查的过程中，得到了国家统计局、公安部出入境管理局、民航总局公安局和各省（自治区、直辖市）旅游局、统计局、有关边检站的大力支持和协助，在此一并表示衷心感谢！

《入境游客抽样调查资料2006》
编 辑 委 员 会
二〇〇六年十一月

目　　录

第一部分　综合分析

第二部分　分类数据

一、入境游客人均天花费及构成

二、入境游客停留时间

三、入境游客来华(内地)旅游次数

四、入境游客的行程

五、入境游客的流向

六、入境过夜旅游者住宿设施的选择

七、入境游客对旅游服务质量的评价

八、入境游客对旅游接待设施的评价

九、入境游客对旅游资源的兴趣

十、入境游客对旅游商品的兴趣

十一、入境游客抽样调查总人数及构成

第一部分　综合分析

2005年入境游客抽样调查综合分析报告

为了科学准确地反映2005年我国入境旅游业发展的总体状况，国家旅游局组织实施了"入境游客花费情况抽样调查"，现将调查的有关情况、数据及结果分析报告如下：

一、2005年入境游客抽样调查情况

"入境游客花费情况抽样调查"是纳入《旅游统计调查制度》的国家调查项目。调查工作于2005年3月至7月在全国123个城市的主要边境口岸、旅游饭店、长江游船和部分国际旅行社进行。在国家统计局、公安部、国家民航总局等有关部门的配合下，经过各地旅游统计人员辛勤工作，按计划圆满地完成了现场调查、问卷审核、数据录入、资料汇总等工作。问卷按6种语种(即中、英、法、日、朝、俄)印刷。

本次调查的计划样本量为43000人，其中：口岸调查过夜旅游者11400人、一日游游客3800人；各省市饭店调查27600人，长江游船调查200人。另外，还对全国80家国际旅行社的1200个团队代收代付旅游费用的构成比例进行调查。

入境游客花费抽样调查的对象是到中国大陆境内旅游的外国人、香港同胞、澳门同胞和台湾同胞，调查内容主要包括：游客的主要特征、在境内的停留时间、在境内的旅游花费和构成、入境旅游的方式、在境内的行程和流向、对旅游服务质量和接待设施的评价、对旅游资源和旅游商品的兴趣等。

二、抽样调查的基本结果

(一)抽样人数的构成

2005年入境游客抽样调查共回收调查问卷46392份，超过计划7.9%，其中口岸调查表15197份，占回收问卷的32.8%(其中：过夜旅游者12685份，占83.5%；一日游游客2512份，占16.5%)；饭店(含游船)调查31195份，占67.2%。2005年入境游客抽样调查人数占当年入境旅游人数的0.39‰，其中：外

国人占当年入境外国人的1.60‰;香港同胞占当年入境香港同胞的0.11‰;澳门同胞占当年入境澳门同胞的0.07‰;台湾同胞占当年入境台胞的1.10‰。

具体情况如下:

1. 按客源地分

在2005年抽样调查的46392名入境游客中:外国游客32445人,占69.9%;香港同胞7638人,占16.5%;澳门同胞1784人,占3.8%;台湾同胞4525人,占9.8%。

2. 按旅游方式分

在46392名入境游客中,团体游客18868人,占40.7%;零散游客27524人,占59.3%。

3. 按过夜旅游者和一日游游客分

在46392名被调查的入境游客中:过夜旅游者43880人,占94.6%,一日游游客2512人,占5.4%。

4. 按性别分

在接受调查的46392名入境游客中,男性游客28479人,占61.4%;女性游客17913人,占38.6%。

5. 按年龄分

在接受调查的入境游客中:14岁及以下的游客297人,占0.6%;15至24岁的4564人,占9.8%;25至44岁的22269人,占48.0%;45至64岁的15938人,占34.4%;65岁及以上的3324人,占7.2%。

6. 按职业分

在接受调查的入境游客中:政府工作人员2235人,占4.8%;专业技术人员7704人,占16.6%;职员7313人,占15.8%;技工/工人2263人,占4.9%;商贸人员11382人,占24.5%;服务员/推销员1413人,占3.0%;退休人员4120人,占8.9%;家庭妇女3367人,占7.3%;军人218人,占0.5%;学生2905人,占6.3%;其他人员3472人,占7.5%。

7. 按旅游目的分

在接受调查的入境游客中:观光游览的15881人,占34.2%;休闲度假的7917人,占17.1%;探亲访友的3651人,占7.9%;商务活动的12454人,占26.8%;参加会议的2335人,占5.0%;宗教朝拜的453人,占1.0%;文体科技交流的1523人,占3.3%;其他目的2178人,占4.7%。

8. 外国人按国别分

在接受调查的32445名外国人中:日本6561人,占20.2%;菲律宾327人,占1.0%;泰国551人,占1.7%;新加坡1793人,占5.5%;印度尼西亚413人,占1.3%;马来西亚1087人,占3.4%;韩国4395人,占13.5%;蒙古468人,占1.4%;英国1445人,占4.5%;法国1256人,占3.9%;德国969人,占3.0%;俄罗斯2346人，占7.2%；美国3536人，占10.9%；加拿大1108人，占3.4%；澳大利亚1021人，占3.1%；其他5169人，占15.9%。

（二）入境游客在境内花费及构成情况

2005年入境过夜旅游者在境内花费的总水平比上年略有变化，外国人、香港同胞、澳门同胞的花费水平比上年有所减少，台湾同胞的花费水平比上年有所增加。

2005年入境过夜旅游者在境内人均天花费154.16美元，比上年下降1.71%，其中：外国人167.33美元/人天，下降2.18%；香港同胞117.10美元/人天，下降2.28%；澳门同胞100.04美元/人天，下降13.60%；台湾同胞152.70美元/人天，增长0.36%。

入境过夜旅游者在境内人均花费924.96美元，比上年增长1.7%。其中：外国过夜旅游者人均花费1087.65美元，增长0.9%；香港同胞人均花费421.56美元，下降7.4%；澳门同胞人均花费480.19美元，增长6.3%；台湾同胞人均花费1191.06美元，增长0.4%。

入境一日游游客在境内人均花费38.63美元，比上年减少3.91美元，下降9.2%。其中：外国游客人均花费41.63美元，下降8.0%；香港同胞人均花费33.41美元，增长6.5%；澳门同胞人均花费32.58美元，下降26.1%；台湾同胞人均花费59.68美元，下降16.9%。

入境过夜旅游者的花费构成情况是：长途交通费占总花费的31.2%，住宿费占14.2%，餐饮费占9.0%，游览费占3.8%，娱乐费占5.3%，购物费占20.9%，市内交通费占2.1%，邮电通讯费占2.5%，其他费用占11.0%。与上年相比，过夜旅游者在长途交通、住宿、餐饮和购物等方面的支出比例有所增加，在游览、娱乐、市内交通、邮电通讯和其他费用等方面的支出比例有所减少。

入境一日游游客花费的构成是：交通费占17.4%，餐饮费占13.1%，游览费占8.0%，娱乐费占10.8%，购物费占30.3%，邮电通讯费占6.6%，其他费用占13.8%。与上年相比，一日游游客在交通、餐饮、游览、娱乐、邮电通讯和其他费用等方面的支出比例有不同程度的增加，在购物方面的支出比例有所减少。

在入境游客的花费中，不包括国际（地区）间交通费和境外旅行商（社）收取的劳务费。

（三）入境过夜旅游者在境内停留时间

2005年入境游客抽样调查结果显示：

1. 入境过夜旅游者在境内的停留时间为6.0天，比上年延长0.2天；入境过夜旅游者中43.5%的旅游者在境内停留1～3天，36.5%的旅游者停留4～7天；外国人、台湾同胞停留时间较长，停留8天以上的分别占23.0%和27.6%；香港同胞、澳门同胞在境内的停留时间较短，近60%的旅游者仅停留1～3天，其中香港同胞在境内停留8天以上的仅为6.9%。

2. 从入境过夜旅游者的出游方式看,参加旅行团的团体旅游者在境内的停留时间短于散客。团体旅游者在境内平均停留 5.6 天,散客旅游者在境内平均停留 6.1 天。

3. 从入境过夜旅游者构成看:外国人平均停留 6.5 天,比上年延长 0.2 天;香港同胞平均停留 3.6 天,缩短 0.2 天;澳门同胞平均停留 4.8 天,延长 0.9 天;台湾同胞平均停留 7.8 天,与上年持平。

4. 在不同性别的入境过夜旅游者中,男性旅游者的平均停留时间稍长于女性旅游者,分别为 6.1 天、5.7 天。

5. 在不同年龄段的入境过夜旅游者中,65 岁及以上的旅游者停留时间最长,为 7.9 天,其中台湾同胞的在大陆停留时间达到 9.4 天;15～24 岁和 45～64 岁旅游者的停留时间均超过了 6 天;停留时间较短的是 14 岁及以下的少年儿童和 25～44 岁的青年旅游者,分别为 5.8 天和 5.5 天,其中澳门少年儿童在内地的停留时间最短,仅为 3.2 天。

6. 在不同职业的入境过夜旅游者中,退休人员的停留时间最长,为 7.0 天;其次是学生,停留时间为 6.9 天;停留时间最短的是商贸人员,其平均停留时间仅为 4.3 天,比总平均停留时间 6.0 天短 1.7 天。

7. 在不同旅游目的的入境过夜旅游者中,以文体交流为主要目的的旅游者在境内的停留时间最长,为 7.1 天,比上年延长了 0.6 天;其次是宗教朝拜和商务旅游者,在境内的停留时间超过了 6.0 天的平均水平,分别为 6.9 天和 6.4 天;探亲访友、观光游览和休闲度假的旅游者在境内的停留时间为 5.9 天、5.7 天和 5.4 天;而以会议为主要目的的旅游者平均在境内的停留时间最短,为 4.6 天,与上年相比延长了 0.4 天。

(四)入境游客来华(内地)次数

2005 年入境游客来华(内地)次数的总体情况是:

1. 入境游客以多次来华(内地)为主,入境 4 次以上的过夜旅游者和一日游游客所占比例分别为 47.7% 和 63.4%,其中过夜旅游者与上年基本持平,一日游游客增长 7.0%;第一次来华(内地)旅游的过夜旅游者和一日游游客所占比例分别为 27.9% 和 20.4%,分别比上年下降 2.1% 和 2.3%。

2. 初次来华(内地)的入境过夜旅游者主要是团队旅游者,而数次来华(内地)的入境过夜旅游者则以散客为主。调查中,团队旅游者第一次入境的占 53.4%,比上年减少 1 个百分点;散客旅游者入境 4 次以上的占 64.4%,比上年增加 2.7 个百分点。

3. 在入境游客中,首次入境的外国游客比例相对较高,占 38.2%;在港澳台同胞中,多次(4 次以上)入境的游客所占比例远远高于首次游客,其中香港同胞来中国内地 4 次以上的占 84.4%,比上年增加 2.7 个百分点。

4. 从全国各省(区、市)的情况看,经济发达、交通便利的省市和边境口岸省区，接待首次来本地区旅游的入境旅游人数比例一般都比较低，如北京、内蒙古、辽宁、吉林、上海、浙江、福建、广东接待的首次来本地区的游客比例均不超过50%；大部分省区接待首次来本地区的入境游客比例相对较高，其中山西、河南、湖南、陕西、甘肃和青海接待第一次到本地的游客超过75%。

（五）入境游客的行程

2005年，入境游客在境内的行程有以下特点：

1. 入境游客仍以短程为主，游览的城市以1～3座居多，占被调查者的84.6%，游览4～6座城市和一次游览7座以上城市的游客分别占11.3%和4.1%。

2. 团体游客的平均行程普遍长于散客，团体游客游览4座以上城市的占23.2%，比上年增加3.2个百分点，散客仅占11.7%，比上年减少1.4个百分点。

3. 在入境游客中，台湾同胞的行程相对较长，一次游览4座以上城市的均超过20%；外国同胞和澳门同胞一次游览4座以上城市的分别为17.8%和13.6%；香港同胞的行程最短，93%的游客一次只游览1～3座城市，游览4座以上城市的不足10%。

4. 在不同性别的游客中，男性游客的平均行程稍短于女性游客，一次游览1～3座城市的比例分别为84.7%和84.3%。

5. 在不同年龄段的入境游客中，25～44岁的游客平均行程最短，游览的城市最少，一次游览1～3座城市的比例为88.6%；其次是14岁及以下的游客，一次游览1～3座城市的比例为84.5%；65岁及以上年龄段的游客平均行程最长，一次游览4座以上城市的占30.0%。

6. 在不同职业的入境游客中，职员、技工/工人、商贸人员、服务员/推销员和军人的平均行程短于其他职业的游客，一次游览1～3座城市的均超过85%；退休人员的平均行程普遍较长，一次游览4座以上城市的比例达28.2%。

7. 在不同旅游目的的入境游客中，以观光游览为目的的游客的平均行程要长于其他旅游目的的游客，一次游览4座以上城市的占22.5%；而以探亲访友和会议为目的游客的平均行程最短，一次游览1～3座城市的超过90%。

（六）入境游客的流向

1. 入境游客出境后的流向

2005年对入境游客抽样调查资料显示：(1)在入境外国游客中，到我国的“一国游游客”和以我国为最终旅游目的地的游客居于主要地位，85.0%的游客出境后返回各自的国家。其中，我国周边国家（日本、韩国、俄罗斯、蒙古等）多数是只到我国旅游的“一国游游客”，比重都接近或超过90%；欧美、大洋洲等远程市场的入境游客，出境后的流向呈现出多样性，30%左右的游客离境后前往其他国家或地区，英国、法国、德国、意大利、荷兰、瑞典、美国和加拿大等主要客源国的游客出境后直接返回各自国家的比重较上年有所提高。(2)在入境游客出境后，除了直接返回来源地外，还有15.0%的游客前往其他国家或地区，这部分游客中45.2%的游客前往港澳特别行政区，这一比例比上年增长5.8%。(3)港澳台市场和东南亚市场的游客，出境后直接返回来自国家(地区)的比重比上年稍有增加，占81.7%，增加了0.3个百分点，其余18.3%的游客继续前往其他国家(地区)。

2. 入境过夜旅游者在我国省(区、市)之间的流向

在这次全国各省(区、市)饭店(含游船)抽样调查的31195名入境过夜旅游者中，有15430人不立即出境，还将前往我国其他地区游览。这些旅游者主要的流向有三个：第一、在所在的省(区、市)内继续游览，这部分旅游者所占的比重占在境内继续游览人数的17.7%，比上年减少1.5个百分点；第二、前往北京、上海旅游，在各省(区、市)接待的入境旅游者中，选择这一流向的占31.3%，比上年增加1个百分点。第三、到中国经济比较发达和旅游资源较丰富的省(区、市)，如继续前往北京、上海、浙江、广东、四川和陕西等省的旅游者比例都超过了5%。对比上年抽样调查资料分析可看出，2005年入境过夜旅游者在全国的流向相对集中，前往华北及华中大部分省(区、市)的比例较上年有所增加。

(七)入境过夜旅游者对住宿设施的选择

2005年入境过夜旅游者对住宿设施的选择是：选择宾馆饭店住宿的人天数占其总人天数的59.8%，比上年增加了9.6个百分点；选择公寓住宿的人天数占10.3%，比上年减少了5.6个百分点；在私人住所住宿的人天数占24.2%，比上年增加了5.5个百分点。此外，还有5.7%的入境过夜旅游者在车船或招待所等旅游住宿设施中住宿。

2005年对入境过夜旅游者选择住宿设施的调查表明：

1. 入境过夜旅游者对住宿设施的选择主要是宾馆饭店，占被调查者的59.8%，其次是私人住所，占被调查者的24.2%。

2. 外国过夜旅游者选择宾馆饭店的比例普遍高于其他旅游者，65.2%的外国旅游者选择在宾馆饭店住宿；与外国人相比，香港同胞、澳门同胞和台湾同胞选择私人住所住宿的比例较高，分别达40.3%、48.1%和39.7%，与上年相比，这一比例均有所增长，其中，澳门同胞增加了24.5个百分点。

3. 在入境过夜旅游者中，团体旅游者选择宾馆饭店住宿的比例与上年有所增长，增加了3.1个百分点，团体旅游者选择宾馆饭店住宿的比例(93.4%)远远高于散客(48.3%)；而散客选择私人住所住宿的比例(31.8%)又相对高于团体旅游者(2.2%)。

(八)入境游客对旅游服务质量的评价

2005年入境游客对旅游服务质量总评价较好，在对宾馆饭店、餐饮、交通、娱乐、购物、导游和邮电通讯等七个方面的服务质量评价中，入境游客认为质量"尚好"以上的得分率与上年相比稍有变化，其中满意率最高的仍是宾馆饭店，评价

“尚好”以上的人数占95.8%,比上年增加了0.4个百分点。在本次调查中,入境游客对餐饮的服务质量仍给予了较高的评价,评价“尚好”以上的占91.5%,比上年减少了0.8个百分点;游客对交通、娱乐、购物、导游服务和邮电通讯比较满意,评价“尚好”以上的分别占被调查者的78.6%、85.3%、88.4%、88.6%和86.9%,与上年相比,游客对娱乐、购物和导游这三方面服务的满意率都有所提高,对交通和邮电通讯的满意率有所降低。

不同的游客对旅游服务的评价也有所不同,外国游客对宾馆饭店和餐饮服务的评价较高,满意率超过90%,分别为95.6%和91.4%;香港同胞对所有七项服务的满意率较上年普遍提高,其中对宾馆饭店、餐饮、娱乐和邮电通讯的服务评价很高,满意率分别达到96.5%、93.3%、90.5%和90.0%;澳门同胞对宾馆饭店、餐饮和购物服务比较满意,满意率分别为92.8%、90.2%和90.2%;台湾同胞对宾馆饭店的服务最满意,满意率为95.8%%。所有入境游客对交通服务的评价最低,满意率在70~80%之间。

(九)入境游客对旅游接待设施的评价

旅游接待设施包括:旅游宾馆/饭店设施、餐饮设施、交通设施、娱乐设施、购物场所设施、游览/参观点的接待设施和旅游区(点)厕所等七个部分。

入境游客对宾馆饭店、餐饮、娱乐、购物和游览/参观点等接待设施的评价较好,评价为“最好”(5分)、“好”(4分)和“尚好”(3分)的比例合计在85%以上,其中对宾馆饭店接待设施的评价最高,评价“尚好”以上的高达95.4%,与上年基本持平,提高了0.1个百分点。入境游客对餐饮接待设施的评价也较高,评价为“尚好”以上的达91.3%,比上年减少了0.8个百分点;对娱乐、购物和游览/参观点的接待设施也比较满意,评价为“尚好”以上的比例分别为85.3%、88.7%和87.7%;对交通接待设施的评价比上年有所降低,满意率为78.9%,减少了2.9个百分点。

在旅游接待设施中,入境游客满意率最低的仍然是旅游区(点)厕所。入境游客评价为“尚好”以上的比例为59.3%,比上年减少了0.4个百分点;评价为“差”(2分)的比例为21.1%。香港同胞对旅游区(点)厕所的满意程度最高,评价为“尚好”以上的比例为66.3%;台湾同胞的满意程度最低,评价为“尚好”以上的占43.2%;外国游客和澳门同胞的满意程度较上年亦有下降,评价为“尚好”以上的分别占58.6%和52.5%,比上年分别下降了3.5和13.0个百分点。

(十)入境游客感兴趣的旅游资源

2005年入境游客感兴趣的旅游资源仍集中在山水风光和文物古迹方面,对民俗风情和饮食烹调也有浓厚的兴趣。入境游客对山水风光感兴趣的达52.9%;对文物古迹有极大兴趣的达43.4%;对民俗风情和饮食烹调有浓厚兴趣的分别达36.7%和33.4%。游客感兴趣的旅游资源还有文化艺术和旅游购物,分别占被调查者的26.6%和26.7%。

在被调查的入境游客中，台湾同胞对祖国的山水风光情有独钟，表示有浓厚兴趣的比例达 61.2%；外国游客对中国旅游资源的兴趣比较广泛，除对山水风光和文物古迹有较浓厚的兴趣外，对民俗风情、文化艺术、饮食烹调和旅游商品也有较大兴趣，选择的比例分别为 36.5%、28.2%、34.4% 和 27.8%。港澳同胞除对山水风光和文物古迹等旅游资源有兴趣外，还对民俗风情等旅游资源表现出了浓厚的兴趣，其中，香港同胞选择民俗风情和饮食烹调的比例分别达到了 35.7% 和 34.3%，澳门同胞选择民俗风情的比例达到了 35.5%。

（十一）入境游客感兴趣的旅游商品

旅游购物作为旅游的六大要素之一，在游客的消费支出中占有较大比例。在 2005 年入境游客花费抽样调查中，将旅游商品分为服装/丝绸、中成药/保健品、食品/茶叶、酒类/香烟、瓷器/陶器、文物复制品/字画、地毯/挂毯、首饰/珍珠、胶卷/电器、具有地方特色的纪念品/工艺品等 10 大类。在这 10 类旅游商品中，入境游客最感兴趣的首先是食品/茶叶、具有地方特色的旅游纪念品/工艺品和服装/丝绸，超过三分之一的被调查者选择了这 3 类旅游商品。其次是中成药/保健品和瓷器/陶器，20.9% 和 21.8% 的游客表示对这两类旅游商品有较大兴趣。

不同的游客对旅游商品的兴趣各有侧重。外国游客感兴趣的旅游商品主要是服装/丝绸、食品/茶叶和具有地方特色的纪念品/工艺品，选择率分别为 38.3%、39.9% 和 39.7%；香港同胞感兴趣的旅游商品主要有食品/茶叶、具有地方特色的纪念品/工艺品和服装/丝绸，选择率分别为 47.6%、34.4% 和 33.7%；澳门同胞感兴趣的旅游商品是食品/茶叶、纪念品/工艺品和服装/丝绸，选择率分别为 36.5%、34.2% 和 33.4%；台湾同胞喜好的首先是纪念品/工艺品，选择率达 39.2%，其次是食品/茶叶和服装/丝绸，选择率分别为 37.7% 和 32.3%。

第二部分　分　类　数　据

一

入境游客人均天花费及构成

1－1 2005年入境过夜旅游者人均天花费

		人均天花费	政府工作人员	专业技术人员	职员	技工工人
全　国	**总计**	**154.16**	**148.33**	**163.45**	**145.23**	**148.83**
	团体	134.17	134.30	134.36	134.08	132.93
	散客	165.68	166.76	174.16	153.67	156.03
外国人	小计	167.33	146.66	174.03	166.33	168.17
	团体	133.99	134.15	134.18	133.83	132.97
	散客	194.35	173.15	194.43	208.34	188.31
香港同胞	小计	117.10	159.91	133.90	103.84	96.86
	团体	119.02	119.99	118.74	119.36	119.22
	散客	116.81	167.64	135.29	101.39	94.15
澳门同胞	小计	100.04	138.94	132.82	116.21	97.05
	团体	120.87	123.46	122.35	119.96	120.00
	散客	94.79	158.30	136.70	113.96	81.74
台湾同胞	小计	152.70	141.23	157.86	147.36	125.47
	团体	149.75	152.74	153.38	148.71	146.85
	散客	154.12	133.18	158.86	146.03	110.96

（按外国人、港澳台胞、团体及散客、职业分组）

单位:美元/人天

商贸人员	服务员推销员	退休人员	家庭妇女	军人	学生	其他
177.53	**124.67**	**133.63**	**130.90**	**152.78**	**126.81**	**144.38**
134.66	136.06	133.99	134.30	133.74	133.05	134.46
190.54	119.32	133.15	127.75	166.57	119.96	153.70
187.75	157.92	147.34	146.84	138.39	139.69	153.61
133.92	134.95	134.36	133.94	133.74	134.34	133.48
210.31	182.54	175.38	162.94	144.91	147.16	180.91
147.31	84.23	83.02	92.31	171.69	88.52	107.74
117.99	116.14	119.21	119.64	–	118.67	120.29
148.71	81.78	68.60	83.15	171.69	70.44	106.40
134.16	77.21	79.41	71.44	250.00	53.76	92.20
121.52	–	121.42	120.00	–	120.00	120.00
135.31	77.21	70.28	54.44	250.00	45.88	89.59
165.41	128.48	145.93	142.72	229.96	127.68	148.74
151.89	156.95	150.20	149.73	–	146.80	145.63
167.79	110.95	142.75	131.05	229.96	107.88	152.22

1－2　2005年入境过夜旅游者人均天花费

		人均天花费	观光游览	休闲度假	探亲访友
全　　国	总计	**154.16**	**143.93**	**137.63**	**124.05**
	团体	134.17	134.42	134.30	133.76
	散客	165.68	166.96	140.23	123.54
外国人	小计	167.33	145.50	151.37	177.00
	团体	133.99	134.15	133.71	133.82
	散客	194.35	182.93	176.32	181.12
香港同胞	小计	117.10	130.87	104.23	72.10
	团体	119.02	118.81	119.86	117.70
	散客	116.81	139.40	101.95	71.46
澳门同胞	小计	100.04	108.69	106.10	57.37
	团体	120.87	120.59	122.41	120.00
	散客	94.79	96.41	101.87	56.51
台湾同胞	小计	152.70	155.58	158.12	135.97
	团体	149.75	149.67	151.97	149.13
	散客	154.12	170.66	163.75	135.21

（按外国人、港澳台胞、团体及散客、旅游目的分组）

单位:美元/人天

商务	会议	宗教朝拜	文化/体育/科技交流	其他
178.08	**204.48**	**162.15**	**150.10**	**140.86**
133.95	134.43	133.78	130.21	134.19
186.24	216.19	178.95	170.84	142.88
191.72	209.99	192.60	157.72	150.08
134.03	134.49	135.00	132.29	134.19
207.33	227.62	219.89	189.51	155.78
141.93	198.46	85.12	130.48	76.38
118.28	120.76	120.00	119.27	120.00
142.27	200.12	67.68	138.90	75.69
136.25	172.12	–	118.88	77.80
120.00	120.00	–	120.00	120.00
136.96	181.60	–	117.40	68.63
152.22	186.33	118.73	130.20	165.37
145.18	152.03	137.10	144.39	146.30
152.42	190.14	95.78	126.65	169.68

1-3 2005年入境过夜旅游者人均天花费

		人均天花费	男性	女性
全国	总计	**154.16**	**161.89**	**141.42**
	团体	134.17	134.31	134.03
	散客	165.68	173.45	148.29
外国人	小计	167.33	176.44	151.94
	团体	133.99	134.00	133.99
	散客	194.35	201.01	177.17
香港同胞	小计	117.10	120.96	111.27
	团体	119.02	119.03	119.02
	散客	116.81	121.14	109.31
澳门同胞	小计	100.04	102.37	97.63
	团体	120.87	120.96	120.79
	散客	94.79	97.88	91.55
台湾同胞	小计	152.70	154.47	149.44
	团体	149.75	149.14	150.33
	散客	154.12	156.17	148.63

（按外国人、港澳台胞、团体及散客、性别、年龄分组）

单位：美元/人天

14 岁及以下	15～24 岁	25～44 岁	45～64 岁	65 岁及以上
134.74	**130.32**	**154.90**	**162.33**	**143.59**
132.18	132.60	134.49	134.48	134.14
138.25	128.06	163.59	179.55	156.70
145.49	144.03	171.86	171.61	151.97
133.59	133.82	133.90	134.15	134.11
178.97	158.03	196.04	201.45	184.71
165.00	89.20	115.32	132.00	95.44
118.60	119.00	118.77	119.17	119.34
176.60	77.64	115.05	134.61	80.27
42.20	79.10	108.65	117.04	75.62
120.00	120.00	120.33	122.93	118.90
16.27	70.45	105.83	114.94	68.78
73.20	134.23	152.43	154.49	165.20
132.99	145.50	150.50	149.75	150.36
43.31	124.75	153.22	156.81	179.68

1－4 2005年外国过夜旅游者人均天花费

	人均天花费	政府工作人员	专业技术人员	职员	技工工人	商贸人员
日本	205.35	180.47	219.48	211.34	219.67	220.15
菲律宾	164.10	320.00	116.07	161.69	135.77	155.61
泰国	167.00	53.59	195.31	135.96	168.33	195.52
新加坡	162.72	121.11	173.65	168.08	169.78	185.07
印度尼西亚	149.67	320.00	149.05	105.34	–	187.32
马来西亚	139.97	78.47	142.87	130.38	139.00	159.88
韩国	175.97	139.85	200.71	153.31	170.78	215.31
朝鲜	186.53	203.96	233.59	182.49	190.86	225.96
蒙古	251.22	307.11	236.69	251.12	253.69	257.22
印度	149.29	240.96	189.40	71.83	280.48	130.07
英国	165.17	204.49	180.96	171.65	134.08	197.71
法国	80.89	54.98	146.60	69.11	215.10	137.67
德国	141.81	96.84	126.87	148.06	111.66	177.22
意大利	176.74	159.08	163.45	118.55	219.30	203.47
荷兰	146.85	–	194.07	194.85	140.29	159.70
瑞典	141.04	–	169.79	133.22	230.42	152.17
俄罗斯	131.83	156.64	181.29	125.89	135.52	155.26
瑞士	131.42	–	153.27	238.32	33.72	143.51
美国	131.29	159.22	128.20	175.58	168.42	174.70
加拿大	152.06	99.80	164.48	177.63	93.67	200.12
澳大利亚	137.47	156.99	140.25	103.59	120.34	182.72
非洲国家	178.25	296.54	203.14	188.39	–	173.86
南美国家	138.46	94.97	217.33	–	–	93.82
其他国家	156.46	96.58	137.64	171.17	117.78	185.99

（按国别、职业分组）

单位：美元/人天

服务员 推销员	退　休 人　员	家　庭 妇　女	军　人	学　生	其　他
182.65	147.90	140.98	121.18	147.93	194.19
160.64	233.29	102.73	–	182.20	250.89
110.16	105.80	180.17	–	178.94	88.54
170.11	156.47	98.99	78.71	110.01	133.33
–	213.75	127.00	–	136.17	75.78
132.75	97.17	118.81	–	127.13	137.74
158.89	146.65	139.20	130.61	163.42	167.42
193.04	150.06	113.59	–	186.14	217.26
212.17	230.46	263.22	162.65	286.39	241.24
119.28	0.00	128.45	–	105.47	105.32
181.96	126.79	106.90	–	136.08	139.03
99.18	31.58	33.76	–	38.33	146.14
–	102.90	87.03	–	14.06	163.86
–	138.19	167.78	–	115.80	137.34
71.81	72.38	113.86	129.85	74.82	58.49
179.08	190.93	61.32	–	95.16	131.69
152.00	95.29	127.64	–	58.83	130.36
205.34	85.12	–	–	139.37	41.66
115.40	77.83	136.01	230.00	79.47	124.07
–	158.78	148.92	–	106.29	94.44
168.34	89.04	125.65	–	70.68	141.06
–	67.38	140.80	280.48	67.88	320.00
212.45	320.00	–	–	86.58	39.79
114.83	86.01	156.16	127.05	117.33	132.21

1-5 2005年外国过夜旅游者人均天花费

	人均天花费	观光游览	休闲度假	探亲访友
日本	205.35	150.18	198.29	185.52
菲律宾	164.10	93.59	113.72	186.13
泰国	167.00	140.94	84.49	164.51
新加坡	162.72	144.43	153.95	153.73
印度尼西亚	149.67	148.34	117.88	149.06
马来西亚	139.97	112.11	140.25	136.03
韩国	175.97	141.10	153.34	179.63
朝鲜	186.53	191.89	–	7.74
蒙古	251.22	234.18	237.36	260.30
印度	149.29	177.50	144.21	72.91
英国	165.17	165.22	134.36	149.13
法国	80.89	48.61	78.09	81.53
德国	141.81	100.14	87.64	65.68
意大利	176.74	179.71	145.30	156.20
荷兰	146.85	140.76	69.29	149.25
瑞典	141.04	127.51	123.49	118.90
俄罗斯	131.83	108.51	129.47	164.37
瑞士	131.42	115.84	98.36	106.95
美国	131.29	112.54	128.44	118.67
加拿大	152.06	129.44	150.43	104.79
澳大利亚	137.47	130.64	98.34	126.74
非洲国家	178.25	235.79	241.24	139.94
南美国家	138.46	67.99	39.79	320.00
其他国家	156.46	93.54	109.38	115.68

（按国别、旅游目的分组）

单位:美元/人天

商务	会议	宗教朝拜	文化/体育/科技交流	其他
225.96	237.43	225.30	235.31	209.64
172.35	174.89	–	176.35	205.46
204.97	206.71	–	320.00	134.71
181.11	218.28	–	187.37	146.51
176.77	206.18	120.48	180.08	69.87
167.72	253.81	–	98.84	129.38
237.80	228.44	204.32	161.97	192.63
274.23	–	–	–	–
211.21	217.26	139.52	231.43	198.76
149.01	140.80	–	140.31	174.31
195.56	201.26	–	136.58	90.59
189.85	153.27	–	25.83	111.39
160.87	180.89	–	–	85.52
207.57	120.68	320.00	40.46	127.85
183.23	102.41	222.89	276.27	20.08
158.48	188.51	0.00	0.00	61.04
161.40	171.72	262.21	145.29	117.77
165.85	–	–	112.85	–
175.77	157.83	207.45	98.16	130.16
197.16	253.88	14.31	315.12	79.35
171.40	132.52	–	120.71	152.03
176.55	192.57	–	–	144.57
142.27	320.00	–	–	–
191.07	215.40	146.96	192.24	146.82

1-6 2005年外国过夜旅游者人均天花费
(按国别、性别、年龄分组)

单位:美元/人天

	人均天花费	男	女	14岁及以下	15~24岁	25~44岁	45~64岁	65岁及以上
日本	205.35	212.34	173.37	146.01	169.15	207.93	213.51	160.77
菲律宾	164.10	192.67	98.26	–	169.99	163.67	155.46	234.94
泰国	167.00	171.47	157.45	–	140.69	173.52	158.40	–
新加坡	162.72	167.41	155.91	14.34	141.61	167.22	165.84	157.26
印尼	149.67	169.45	130.87	268.07	121.44	140.07	158.22	177.25
马来西亚	139.97	146.29	126.36	–	132.80	142.14	148.62	56.73
韩国	175.97	188.50	154.42	136.82	155.73	185.64	175.10	161.73
朝鲜	186.53	202.72	171.34	–	188.32	191.48	179.88	171.54
蒙古	251.22	246.76	254.31	301.57	271.43	252.36	252.08	174.04
印度	149.29	149.81	146.48	–	115.30	153.72	154.37	–
英国	165.17	174.03	148.83	8.92	142.41	170.09	181.58	115.44
法国	80.89	96.23	59.68	–	45.59	156.23	60.26	41.85
德国	141.81	148.05	96.19	–	14.06	160.57	110.47	144.60
意大利	176.74	177.04	175.87	164.64	233.46	172.53	178.77	46.37
荷兰	146.85	166.42	113.41	20.08	78.90	155.17	156.38	81.92
瑞典	141.04	159.01	113.09	–	77.77	138.00	162.24	98.51
俄罗斯	131.83	136.50	127.30	126.21	96.45	140.81	145.13	61.86
瑞士	131.42	134.95	118.48	31.39	241.87	123.91	145.24	12.27
美国	131.29	143.08	113.58	67.94	93.84	154.49	142.37	78.89
加拿大	152.06	157.70	143.55	–	119.60	147.65	175.79	172.17
澳大利亚	137.47	153.72	113.23	10.73	89.75	161.19	135.34	87.98
非洲国家	178.25	181.36	170.62	–	118.95	189.00	169.17	–
南美国家	138.46	135.66	153.41	–	86.58	126.05	136.21	320.00
其他国家	156.46	167.26	137.07	120.48	136.96	166.13	150.92	93.88

1－7　2005年入境过夜旅游者在各省(区、市)人均天花费
(按团体及散客、外国人及港澳台胞分组)

单位:美元/人天

		人均天花费	外国人	香港同胞	澳门同胞	台湾同胞
北　京	小计	240.66	244.01	230.50	178.94	210.91
	团体	238.17	244.57	214.68	153.12	169.33
	散客	243.17	243.43	240.63	227.71	247.29
天　津	小计	178.23	177.92	183.17	182.00	174.08
	团体	148.49	148.01	150.00	150.00	150.82
	散客	187.53	187.02	190.00	190.00	190.00
河　北	小计	142.39	142.06	141.44	140.94	149.05
	团体	125.31	125.35	125.00	–	125.00
	散客	151.39	151.40	149.06	140.94	156.61
山　西	小计	165.28	165.07	158.00	187.19	157.96
	团体	154.67	154.17	136.12	220.00	138.82
	散客	174.96	174.69	177.69	163.32	190.26
内蒙古	小计	157.88	156.92	166.43	169.88	185.94
	团体	149.89	148.19	168.50	168.10	178.69
	散客	165.23	164.69	162.29	171.65	196.81
辽　宁	小计	178.92	178.65	185.51	169.14	177.59
	团体	159.71	159.62	157.61	160.00	161.79
	散客	186.50	186.25	192.12	172.18	186.71
吉　林	小计	160.68	161.99	152.94	133.92	170.00
	团体	168.84	172.98	100.40	118.24	–
	散客	159.69	160.66	160.44	136.01	170.00
黑龙江	小计	182.79	181.69	194.93	190.00	186.86
	团体	176.98	177.05	175.00	175.00	177.13
	散客	193.30	191.60	201.06	220.00	193.93
上　海	小计	228.59	228.41	229.41	223.48	232.05
	团体	209.78	209.84	210.48	209.80	207.00
	散客	233.36	233.33	233.44	225.00	235.58

单位:美元/人天

			人均天花费	外国人	香港同胞	澳门同胞	台湾同胞
江	苏	小计	195.32	195.69	194.74	198.58	193.66
		团体	179.38	179.36	178.41	180.88	180.04
		散客	204.80	203.59	208.01	216.28	206.77
浙	江	小计	189.52	189.37	189.81	194.25	190.20
		团体	194.42	194.33	194.55	196.75	194.60
		散客	187.43	187.34	187.74	188.00	188.00
安	徽	小计	173.72	173.40	177.10	171.56	173.86
		团体	165.89	165.80	165.60	165.00	167.00
		散客	185.42	185.29	188.59	180.00	183.88
福	建	小计	173.85	177.18	167.92	177.73	169.07
		团体	186.83	188.26	186.28	158.38	188.27
		散客	169.05	172.30	161.98	182.70	164.52
江	西	小计	134.94	133.75	141.82	124.30	141.82
		团体	111.03	111.03	111.23	110.95	110.86
		散客	161.18	160.65	162.51	167.68	159.10
山	东	小计	186.25	186.28	184.96	171.25	189.44
		团体	166.28	165.80	166.81	165.00	169.31
		散客	196.14	195.50	200.45	180.00	199.32
河	南	小计	127.75	125.92	134.21	119.42	139.71
		团体	124.69	124.35	124.10	123.11	128.28
		散客	136.34	130.21	160.77	96.09	172.79
湖	北	小计	170.14	172.07	170.26	163.53	163.90
		团体	154.83	154.44	156.40	159.59	151.93
		散客	178.16	181.54	177.25	165.70	169.57
湖	南	小计	170.31	171.04	167.03	171.19	168.97
		团体	163.14	163.29	162.30	162.72	163.30
		散客	181.67	183.39	174.42	184.44	177.75
广	东	小计	126.89	127.08	126.65	127.14	126.55
		团体	104.53	103.34	102.26	104.68	110.23
		散客	134.84	134.81	134.80	134.53	135.28
广	西	小计	162.07	162.50	166.10	166.39	155.16
		团体	145.82	145.76	146.10	146.84	145.61
		散客	174.71	177.92	176.87	176.78	161.00

1－7(续2) 单位:美元/人天

		人均天花费	外国人	香港同胞	澳门同胞	台湾同胞
海南	小计	147.48	146.86	149.60	147.14	152.80
	团体	143.11	142.97	144.51	141.41	145.00
	散客	152.87	152.12	153.26	157.33	158.01
重庆	小计	169.87	168.47	177.87	192.97	163.69
	团体	169.39	169.38	168.55	170.00	170.52
	散客	170.28	167.44	182.05	207.32	160.96
四川	小计	165.53	167.18	167.49	160.72	158.10
	团体	150.30	150.20	150.48	150.28	150.52
	散客	187.18	186.39	192.71	198.46	186.10
贵州	小计	160.19	160.56	160.11	155.31	159.49
	团体	164.96	164.95	165.00	165.00	165.00
	散客	152.37	153.93	152.32	145.62	142.39
云南	小计	170.61	171.33	168.65	170.34	167.69
	团体	175.23	176.16	175.04	180.00	169.85
	散客	164.85	165.44	161.82	166.83	163.05
西藏	小计	149.01	146.51	161.43	159.75	160.00
	团体	144.36	141.57	160.00	160.00	160.00
	散客	163.71	164.68	164.28	159.32	159.99
陕西	小计	182.12	182.42	177.40	193.53	172.05
	团体	184.21	184.22	182.67	185.00	184.54
	散客	175.32	176.07	173.77	204.90	152.08
甘肃	小计	137.12	136.51	143.29	139.52	143.86
	团体	134.21	133.30	142.55	142.24	142.89
	散客	146.03	146.30	145.00	132.26	150.00
青海	小计	134.50	136.31	127.15	123.08	132.99
	团体	119.13	119.09	119.95	123.08	118.41
	散客	159.63	159.06	141.55	－	185.07
宁夏	小计	137.59	137.58	140.00	140.00	136.33
	团体	140.00	140.00	－	－	－
	散客	137.51	137.48	140.00	140.00	136.33
新疆	小计	146.67	146.22	142.55	148.80	151.87
	团体	138.99	138.62	140.09	140.00	139.57
	散客	179.84	179.76	180.00	180.00	180.00

1-8 2005年入境过夜旅游者在各省(区、市)

		人均天花费	政府工作人员	专业技术人员	职员	技工工人
北京	小计	240.66	247.02	243.40	238.10	243.15
	团体	238.17	246.51	241.19	233.86	235.80
	散客	243.17	247.35	244.63	242.40	251.18
天津	小计	178.23	180.59	177.57	181.46	178.85
	团体	148.49	150.00	147.52	145.05	149.42
	散客	187.53	190.00	184.47	189.17	183.50
河北	小计	142.39	141.40	145.66	142.84	141.36
	团体	125.31	126.93	125.54	125.01	125.00
	散客	151.39	151.47	152.51	152.92	149.79
山西	小计	165.28	163.28	161.64	174.74	153.17
	团体	154.67	154.78	149.96	170.73	127.64
	散客	174.96	167.88	169.89	178.83	173.23
内蒙古	小计	157.88	158.28	155.71	155.88	185.55
	团体	149.89	-	146.62	148.59	154.20
	散客	165.23	158.28	158.91	161.12	200.02
辽宁	小计	178.92	173.56	184.44	177.00	183.57
	团体	159.71	159.00	159.02	159.67	160.00
	散客	186.50	179.70	190.33	183.60	190.00
吉林	小计	160.68	175.00	156.46	158.03	169.00
	团体	168.84	180.00	-	180.00	-
	散客	159.69	170.00	156.46	149.66	169.00
黑龙江	小计	182.79	189.15	181.33	182.27	174.67
	团体	176.98	175.00	176.12	178.08	175.93
	散客	193.30	200.47	185.08	195.93	170.28
上海	小计	228.59	229.15	228.84	230.16	225.64
	团体	209.78	210.00	210.50	209.82	207.68
	散客	233.36	235.71	231.44	234.41	232.08
江苏	小计	195.32	191.89	202.26	190.40	198.38
	团体	179.38	178.98	179.87	179.30	179.32
	散客	204.80	204.81	208.66	199.25	203.45

人均天花费(按团体及散客、职业分组)

单位:美元/人天

商贸人员	服务员推销员	退休人员	家庭妇女	军人	学生	其他
246.27	242.45	235.51	243.49	215.90	221.61	239.79
244.46	241.21	233.85	245.31	241.60	226.75	236.65
247.10	244.01	241.17	237.85	164.50	211.07	245.74
183.43	170.96	166.66	172.11	182.00	179.51	159.11
150.31	146.48	150.61	150.95	150.00	150.00	147.53
189.55	190.00	190.00	186.22	190.00	186.40	190.00
146.52	135.45	132.63	132.70	133.75	136.13	145.80
125.36	124.54	125.15	125.20	125.00	125.48	125.00
150.37	160.00	144.47	146.83	160.00	152.69	153.53
171.43	140.25	160.26	182.88	156.95	157.87	163.37
163.56	109.98	155.69	177.05	134.25	117.94	156.77
176.39	181.88	172.02	191.04	166.67	185.02	172.43
155.46	165.97	162.56	165.72	164.74	146.61	160.29
149.97	167.56	150.23	156.13	–	154.79	134.20
165.28	165.01	171.81	174.34	164.74	103.01	166.02
182.03	176.76	174.05	181.22	155.32	170.58	173.29
159.44	160.00	163.73	162.68	155.32	157.33	158.84
186.58	184.50	184.37	196.54	–	182.76	186.14
153.17	–	170.42	161.18	170.00	161.53	152.26
180.00	–	171.06	171.27	–	161.53	160.74
150.18	–	170.00	158.05	170.00	–	143.79
190.64	169.66	177.05	183.08	175.00	181.80	183.76
178.03	174.20	176.32	177.78	175.00	177.51	175.23
204.76	140.12	179.43	194.34	–	201.10	194.10
231.04	225.00	224.62	221.42	249.00	222.14	228.26
208.77	210.00	210.62	208.92	210.00	210.35	210.17
232.47	230.36	239.42	233.04	275.00	233.93	237.93
203.11	192.24	183.87	184.28	195.00	193.54	181.18
180.00	180.00	179.65	178.29	–	179.32	179.62
206.26	202.73	209.51	200.38	195.00	216.28	183.01

1－8(续1)

		人均天花费	政府工作人员	专业技术人员	职员	技工工人
浙江	小计	189.52	190.96	189.85	190.03	189.75
	团体	194.42	193.59	194.97	194.65	192.66
	散客	187.43	188.00	188.00	185.93	188.00
安徽	小计	173.72	171.12	177.82	171.77	172.57
	团体	165.89	166.78	165.83	165.64	166.24
	散客	185.42	179.01	185.67	185.31	179.33
福建	小计	173.85	184.08	171.55	176.96	174.06
	团体	186.83	187.14	186.98	186.27	188.84
	散客	169.05	180.54	166.83	173.76	171.35
江西	小计	134.94	134.34	136.18	136.05	135.27
	团体	111.03	110.66	110.86	110.61	112.07
	散客	161.18	158.01	160.11	160.25	156.81
山东	小计	186.25	174.04	190.93	183.46	184.51
	团体	166.28	164.72	165.75	167.32	166.33
	散客	196.14	180.00	198.62	193.67	189.60
河南	小计	127.75	124.21	132.14	130.77	101.50
	团体	124.69	124.76	127.58	123.48	122.08
	散客	136.34	123.11	140.99	154.49	57.77
湖北	小计	170.14	170.65	176.69	168.18	175.93
	团体	154.83	155.41	155.73	155.70	152.00
	散客	178.16	180.38	182.11	173.61	180.59
湖南	小计	170.31	168.15	173.26	171.99	167.07
	团体	163.14	164.34	162.53	163.78	164.00
	散客	181.67	174.00	180.84	182.64	178.17
广东	小计	126.89	129.32	129.77	126.24	125.71
	团体	104.53	109.24	114.49	105.11	107.85
	散客	134.84	135.13	134.57	134.73	134.10
广西	小计	162.07	163.47	162.54	161.15	160.04
	团体	145.82	145.00	145.53	145.96	145.94
	散客	174.71	178.72	172.12	171.31	172.38
海南	小计	147.48	143.87	148.03	146.32	148.04
	团体	143.11	140.19	142.09	144.01	144.58
	散客	152.87	150.05	154.47	150.38	155.99

单位:美元/人天

商贸人员	服务员推销员	退休人员	家庭妇女	军人	学生	其他
188.23	190.53	190.34	192.96	–	189.40	193.31
194.97	193.37	195.04	194.57	–	190.42	194.25
187.39	188.00	182.58	188.00	–	188.00	192.48
179.27	179.79	169.64	169.17	171.43	169.69	170.80
166.06	167.68	166.17	165.66	165.00	165.93	165.01
186.49	204.00	193.33	188.19	180.00	179.40	183.87
173.77	153.94	171.66	168.41	163.84	200.81	166.29
184.70	190.00	186.35	187.37	–	184.40	189.35
172.45	139.10	148.57	151.82	163.84	212.40	152.01
144.70	125.86	129.91	120.49	110.00	138.67	130.95
111.40	110.00	112.19	110.54	110.00	111.65	110.78
163.74	154.92	159.22	167.40	–	165.69	161.88
193.60	173.81	178.30	176.74	300.00	180.30	179.85
166.14	165.14	166.58	165.90	–	166.47	166.33
198.38	180.00	198.05	202.50	300.00	197.58	190.91
143.30	120.14	123.03	130.86	128.00	122.54	120.23
127.95	127.68	122.29	124.28	128.00	126.78	124.37
155.45	103.17	127.29	211.01	–	91.05	111.15
173.16	165.74	163.43	160.38	–	170.67	169.94
156.23	156.35	153.76	153.06	–	155.75	154.26
177.68	169.21	181.83	170.06	–	180.86	180.51
174.65	172.77	166.07	164.50	162.55	170.94	169.77
162.11	160.08	163.21	162.92	162.55	162.96	163.52
185.10	207.40	179.79	171.00	–	181.47	182.55
131.30	120.68	118.41	118.76	118.10	118.10	125.57
101.92	90.44	102.42	102.94	64.60	94.67	108.80
135.18	134.99	134.14	134.15	135.00	134.86	134.86
167.96	171.22	157.68	156.11	146.08	158.19	159.65
145.58	145.00	145.55	147.18	145.00	145.00	145.58
176.97	188.27	175.17	175.56	147.15	173.14	174.96
149.91	142.84	148.05	150.50	135.41	143.82	148.93
143.43	142.73	144.26	144.83	143.19	141.76	141.69
156.26	142.97	154.08	162.23	133.46	145.57	153.40

1－8(续2)

		人均天花费	政府工作人员	专业技术人员	职员	技工工人
重庆	小计	169.87	186.74	162.20	167.68	155.06
	团体	169.39	170.00	170.10	167.31	166.72
	散客	170.28	199.29	158.42	167.92	148.58
四川	小计	165.53	168.44	174.34	164.28	163.29
	团体	150.30	149.97	149.99	150.45	150.09
	散客	187.18	194.83	188.29	187.76	183.52
贵州	小计	160.19	164.20	158.01	160.78	154.74
	团体	164.96	165.00	165.00	165.00	165.00
	散客	152.37	158.40	152.30	154.49	148.88
云南	小计	170.61	169.98	170.93	170.35	175.79
	团体	175.23	176.26	177.36	174.86	178.08
	散客	164.85	159.52	163.96	164.06	171.71
西藏	小计	149.01	153.43	152.97	137.37	143.20
	团体	144.36	135.87	147.80	131.67	138.69
	散客	163.71	179.76	165.38	150.69	160.61
陕西	小计	182.12	182.35	178.99	183.97	172.51
	团体	184.21	183.46	184.41	184.35	184.74
	散客	175.32	173.68	170.33	182.11	147.16
甘肃	小计	137.12	137.04	137.15	134.04	136.79
	团体	134.21	134.48	133.39	133.16	132.82
	散客	146.03	148.47	144.39	143.25	150.00
青海	小计	134.50	168.17	124.96	137.91	141.47
	团体	119.13	119.57	119.69	118.67	118.94
	散客	159.63	211.36	134.84	164.01	173.03
宁夏	小计	137.59	138.47	138.19	134.90	140.00
	团体	140.00	－	140.00	140.00	－
	散客	137.51	138.47	138.14	134.22	140.00
新疆	小计	146.67	146.39	150.32	147.26	141.58
	团体	138.99	140.90	138.02	138.11	141.58
	散客	179.84	180.00	180.00	179.31	－

单位:美元/人天

商贸人员	服务员推销员	退休人员	家庭妇女	军人	学生	其他
176.75	190.83	162.86	175.83	140.11	160.06	168.48
169.85	170.00	169.93	170.04	170.00	170.00	169.28
179.50	220.00	134.62	188.51	80.32	140.19	166.09
171.62	155.90	154.56	159.33	158.17	167.30	165.75
150.05	150.84	150.43	150.36	150.90	150.20	150.47
184.93	177.64	182.63	200.66	180.00	185.20	184.16
159.18	163.33	162.09	163.15	160.00	157.41	156.78
165.00	165.00	164.84	165.00	–	165.00	165.00
152.89	160.00	150.95	151.41	160.00	150.23	148.10
169.88	173.49	170.33	170.18	178.13	169.99	170.02
176.96	176.93	171.39	173.57	180.00	174.21	173.82
165.11	166.22	166.97	153.23	176.25	166.08	166.62
152.82	151.32	160.00	149.47	–	164.23	154.47
147.96	147.50	160.00	152.20	–	160.00	137.94
164.77	171.72	–	124.91	–	176.91	179.28
186.16	180.64	183.26	182.33	152.61	180.91	183.90
184.40	183.15	183.72	184.89	–	184.51	183.90
188.31	169.76	177.25	161.50	152.61	165.58	183.90
139.57	135.18	133.24	136.43	143.94	143.56	141.52
136.80	134.06	133.29	135.99	140.91	134.53	135.46
143.29	138.55	131.73	142.62	150.00	148.94	148.85
145.49	126.48	122.75	121.62	144.58	137.65	123.42
118.00	119.57	120.02	118.00	–	118.00	118.00
161.20	144.90	140.77	150.60	144.58	147.48	133.35
137.27	–	137.96	125.80	–	137.27	137.67
–	–	140.00	–	–	–	–
137.27	–	137.82	125.80	–	137.27	137.67
148.19	136.22	144.42	140.39	–	143.70	148.95
139.63	136.22	139.54	139.55	–	139.16	137.00
180.00	–	180.00	180.00	–	180.00	180.00

1-9　2005年入境过夜旅游者在各省(区、市)

		人均天花费	观光游览	休闲度假	探亲访友
北　京	小计	240.66	237.64	237.04	231.57
	团体	238.17	237.68	236.98	228.76
	散客	243.17	237.50	237.14	233.00
天　津	小计	178.23	171.75	176.53	175.00
	团体	148.49	149.95	150.14	150.49
	散客	187.53	190.00	190.00	187.84
河　北	小计	142.39	133.19	134.77	148.24
	团体	125.31	125.47	125.15	124.62
	散客	151.39	151.46	146.68	152.41
山　西	小计	165.28	166.89	165.83	178.65
	团体	154.67	163.54	157.93	193.19
	散客	174.96	173.93	177.32	177.33
内蒙古	小计	157.88	147.28	158.19	164.42
	团体	149.89	147.01	144.52	107.63
	散客	165.23	148.39	183.05	165.30
辽　宁	小计	178.92	171.25	173.89	175.96
	团体	159.71	160.25	159.28	160.27
	散客	186.50	189.96	185.19	180.86
吉　林	小计	160.68	160.43	173.87	159.88
	团体	168.84	162.47	180.00	180.00
	散客	159.69	158.47	157.51	155.19
黑龙江	小计	182.79	180.95	181.09	188.68
	团体	176.98	176.59	178.04	175.00
	散客	193.30	199.99	194.87	194.54
上　海	小计	228.59	222.38	225.43	231.62
	团体	209.78	209.80	209.59	210.00
	散客	233.36	234.65	234.38	233.45
江　苏	小计	195.32	185.03	186.04	191.38
	团体	179.38	179.43	179.21	178.21
	散客	204.80	204.69	202.17	197.36

人均天花费(按团体及散客、旅游目的分组)

单位:美元/人天

商　务	会　议	宗教朝拜	文化/体育/科技交流	其　他
246.96	247.32	218.70	239.86	232.95
243.13	250.00	250.00	237.72	224.54
248.06	246.68	208.26	242.39	241.36
182.25	181.88	163.33	173.78	170.91
147.44	136.77	150.00	148.06	150.00
186.44	190.00	190.00	181.69	182.67
148.14	151.60	147.21	151.73	145.30
125.25	125.00	125.00	125.00	125.00
150.98	155.83	158.32	158.42	148.77
162.80	158.22	153.06	155.61	170.06
114.44	88.00	115.17	116.03	161.26
175.15	164.60	183.37	170.83	172.14
158.53	176.07	–	150.60	140.83
153.23	190.00	–	104.62	132.10
169.22	172.09	–	157.16	147.68
186.67	178.64	172.10	190.04	186.82
158.60	159.00	159.00	153.65	160.00
188.35	181.13	178.64	195.79	196.88
157.40	170.42	–	161.52	160.12
–	180.00	–	–	–
157.40	170.00	–	161.52	160.12
184.21	193.36	177.93	185.02	161.70
176.25	175.00	175.00	177.80	176.86
189.43	205.82	183.80	195.58	125.32
231.75	233.83	217.50	224.44	228.71
210.50	210.00	210.00	210.55	207.68
232.45	234.65	225.00	230.00	235.71
203.97	208.23	184.29	209.72	188.52
180.48	180.00	180.00	180.00	178.54
205.17	211.65	195.00	217.15	190.27

1－9(续1)

		人均天花费	观光游览	休闲度假	探亲访友
浙　江	小计	189.52	192.50	193.44	188.00
	团体	194.42	194.25	195.56	－
	散客	187.43	188.00	192.31	188.00
安　徽	小计	173.72	168.65	173.34	181.19
	团体	165.89	165.87	166.15	169.48
	散客	185.42	187.81	190.86	185.70
福　建	小计	173.85	181.96	174.99	153.53
	团体	186.83	187.78	184.03	186.29
	散客	169.05	175.85	170.58	142.36
江　西	小计	134.94	118.83	129.42	154.44
	团体	111.03	111.07	111.27	113.22
	散客	161.18	154.72	161.36	163.95
山　东	小计	186.25	175.81	183.50	195.41
	团体	166.28	166.60	166.94	164.35
	散客	196.14	193.94	196.48	202.21
河　南	小计	127.75	125.54	125.82	126.76
	团体	124.69	124.27	126.09	123.75
	散客	136.34	136.14	123.26	129.27
湖　北	小计	170.14	163.37	164.02	177.73
	团体	154.83	154.81	154.49	156.36
	散客	178.16	174.96	171.26	180.14
湖　南	小计	170.31	166.94	170.93	171.29
	团体	163.14	163.32	163.39	161.75
	散客	181.67	182.52	186.77	177.54
广　东	小计	126.89	121.59	124.45	127.68
	团体	104.53	106.26	105.66	97.01
	散客	134.84	134.63	134.43	134.86
广　西	小计	162.07	158.85	165.79	167.09
	团体	145.82	145.65	146.41	145.00
	散客	174.71	178.79	182.03	171.42
海　南	小计	147.48	146.37	146.66	147.17
	团体	143.11	143.29	142.60	145.16
	散客	152.87	153.54	152.13	148.42

单位:美元/人天

商务	会议	宗教朝拜	文化/体育/科技交流	其他
187.21	188.00	194.05	190.88	186.72
194.67	–	195.86	195.00	195.00
187.16	188.00	188.00	188.00	185.64
184.70	176.91	167.31	173.34	173.24
165.36	165.00	165.00	165.33	164.38
185.94	179.52	180.00	178.46	180.00
171.02	188.01	186.24	176.43	164.83
187.13	184.00	188.32	191.12	179.12
169.74	188.40	184.40	173.68	161.73
161.43	161.89	128.64	148.89	128.58
110.00	115.95	110.00	110.02	111.01
162.67	164.76	154.75	163.97	158.44
194.69	187.86	168.00	188.67	174.73
164.65	165.00	165.00	165.00	166.17
197.48	189.00	180.00	199.72	180.00
147.13	155.91	131.98	101.60	179.50
129.83	126.26	122.21	121.88	128.00
151.26	164.38	154.80	86.05	186.86
177.09	177.73	166.88	184.34	171.27
153.81	156.77	156.47	154.85	154.79
179.56	180.10	190.00	187.68	181.98
176.73	172.49	165.42	184.95	177.96
163.59	163.82	163.79	165.00	149.48
179.94	176.06	172.88	186.90	187.75
132.61	132.12	102.79	128.51	127.12
100.61	108.36	79.54	103.18	102.32
135.16	135.15	133.19	135.15	134.11
162.85	171.22	132.90	168.47	167.07
146.26	145.00	–	145.00	145.70
165.10	172.97	132.90	172.39	182.60
154.73	148.85	141.75	141.77	147.63
144.76	143.85	145.54	140.96	139.31
157.11	154.40	137.02	142.72	160.94

1－9(续2)

		人均天花费	观光游览	休闲度假	探亲访友
重　庆	小计	169.87	165.80	174.01	169.63
	团体	169.39	169.15	169.73	170.00
	散客	170.28	157.09	181.61	169.58
四　川	小计	165.53	158.36	165.55	175.91
	团体	150.30	150.38	150.18	150.00
	散客	187.18	186.41	195.22	190.05
贵　州	小计	160.19	162.54	159.63	157.23
	团体	164.96	164.95	165.00	165.00
	散客	152.37	154.59	152.37	154.32
云　南	小计	170.61	171.79	170.44	164.72
	团体	175.23	175.23	176.15	171.73
	散客	164.85	164.56	162.12	157.17
西　藏	小计	149.01	148.91	145.60	155.97
	团体	144.36	146.02	136.00	160.00
	散客	163.71	161.45	165.87	154.96
陕　西	小计	182.12	182.98	181.33	178.59
	团体	184.21	184.37	183.80	185.00
	散客	175.32	174.78	168.55	171.26
甘　肃	小计	137.12	137.27	135.85	140.80
	团体	134.21	133.91	134.14	142.63
	散客	146.03	147.10	145.30	136.25
青　海	小计	134.50	123.84	136.78	126.93
	团体	119.13	119.06	119.44	－
	散客	159.63	137.82	185.34	126.93
宁　夏	小计	137.59	137.94	137.64	129.54
	团体	140.00	140.00	－	－
	散客	137.51	137.64	137.64	129.54
新　疆	小计	146.67	145.91	144.28	154.36
	团体	138.99	139.92	137.93	154.36
	散客	179.84	180.00	179.08	－

单位:美元/人天

商务	会议	宗教朝拜	文化/体育/科技交流	其他
172.33	178.56	215.00	163.35	154.83
169.69	170.82	170.00	170.00	170.00
172.60	179.89	260.00	158.37	141.57
181.57	176.63	155.71	170.62	174.60
150.15	150.00	150.00	150.07	150.00
185.16	186.20	210.00	185.51	179.37
150.66	160.50	165.00	161.09	161.67
165.00	165.00	165.00	165.00	165.00
147.08	160.00	–	155.71	160.00
168.97	170.72	172.85	167.68	170.81
177.95	175.54	173.62	169.96	172.46
167.00	166.04	166.67	165.89	168.90
150.34	170.00	143.52	169.88	155.02
142.44	160.00	139.61	160.00	149.10
166.16	180.00	168.27	179.76	163.89
176.76	182.78	190.83	191.12	165.91
183.89	185.00	185.00	183.02	185.00
174.92	180.56	220.00	218.39	138.64
139.35	141.75	133.54	135.84	136.01
135.71	136.13	133.54	135.53	132.95
144.61	150.18	–	136.70	143.17
148.94	155.76	125.34	182.87	126.32
118.00	118.00	118.00	120.60	118.00
153.70	166.54	154.70	224.39	132.56
138.49	140.00	–	137.43	140.00
140.00	–	–	–	–
138.43	140.00	–	137.43	140.00
150.97	156.56	140.00	139.53	148.51
138.99	129.51	140.00	139.53	136.51
180.00	180.00	–	–	180.00

1－10　2005年入境过夜旅游者在各省(区、市)人均天花费
(按团体及散客、性别、年龄分组)

单位:美元/人天

		人均天花费	男	女	14岁及以下	15～24岁	25～44岁	45～64岁	65岁及以上
北　京	小计	240.66	241.95	238.89	188.45	231.83	241.24	242.85	241.64
	团体	238.17	237.94	238.41	89.71	230.88	239.21	239.60	240.28
	散客	243.17	244.94	239.62	208.19	233.43	243.02	245.83	244.99
天　津	小计	178.23	177.76	179.01	190.00	175.42	178.50	180.25	170.69
	团体	148.49	147.20	150.22	－	145.03	148.74	149.51	150.00
	散客	187.53	186.32	189.68	190.00	187.70	186.80	188.26	190.00
河　北	小计	142.39	143.73	139.70	142.50	140.64	145.16	139.92	135.87
	团体	125.31	125.47	125.11	125.00	125.32	125.04	125.36	126.14
	散客	151.39	151.22	151.83	160.00	154.97	152.88	148.46	148.21
山　西	小计	165.28	165.27	165.30	165.00	160.57	163.69	168.55	163.38
	团体	154.67	156.21	152.56	－	135.63	143.57	165.25	158.95
	散客	174.96	172.61	179.37	165.00	180.68	176.16	172.46	171.48
内蒙古	小计	157.88	158.30	157.41	123.30	157.04	159.06	159.11	130.01
	团体	149.89	147.56	151.91	123.30	158.28	150.70	150.92	122.90
	散客	165.23	166.09	164.00	－	155.13	166.76	164.91	141.86
辽　宁	小计	178.92	180.23	176.58	192.45	175.91	181.29	176.71	175.49
	团体	159.71	159.51	159.93	160.68	157.61	159.74	159.90	163.35
	散客	186.50	186.54	186.40	208.33	188.25	187.82	183.96	181.31
吉　林	小计	160.68	160.78	160.21	－	168.32	157.48	164.48	158.27
	团体	168.84	178.90	165.07	－	166.28	164.93	177.25	－
	散客	159.69	160.11	156.21	－	170.00	156.61	163.29	158.27
黑龙江	小计	182.79	183.59	181.65	176.15	178.82	182.93	185.28	181.80
	团体	176.98	176.97	176.99	176.15	177.99	177.59	175.62	176.37
	散客	193.30	192.23	195.98	－	180.98	192.33	198.77	193.03
上　海	小计	228.59	229.32	226.99	216.00	224.75	230.24	227.63	227.18
	团体	209.78	210.16	209.33	210.00	209.59	209.86	209.42	211.11
	散客	233.36	232.97	234.38	225.00	233.59	234.08	232.02	236.44
江　苏	小计	195.32	195.43	195.07	185.00	194.22	199.88	191.52	184.80
	团体	179.38	179.61	179.03	180.00	179.03	179.33	179.62	178.98
	散客	204.80	203.26	208.97	195.00	209.41	207.67	200.10	197.23

1－10(续1)　　单位:美元/人天

		人均天花费	男	女	14岁及以下	15～24岁	25～44岁	45～64岁	65岁及以上
浙江	小计	189.52	188.88	190.81	188.00	191.49	189.48	189.16	189.83
	团体	194.42	194.71	194.14	－	191.65	194.48	195.00	194.52
	散客	187.43	187.28	187.89	188.00	191.39	187.62	186.95	180.77
安徽	小计	173.72	174.85	171.99	184.29	171.03	175.76	173.58	168.94
	团体	165.89	165.73	166.08	165.00	166.00	165.45	166.05	166.18
	散客	185.42	185.37	185.52	300.00	178.97	184.22	187.97	185.22
福建	小计	173.85	171.35	178.52	189.03	184.40	172.62	172.88	169.48
	团体	186.83	188.06	185.45	184.21	187.20	185.83	187.73	186.66
	散客	169.05	166.66	174.54	190.63	183.10	169.51	166.43	148.77
江西	小计	134.94	138.38	128.60	－	136.30	139.29	129.93	128.08
	团体	111.03	111.33	110.63	－	110.68	110.76	111.37	111.08
	散客	161.18	161.17	161.18	－	160.81	162.62	157.96	162.96
山东	小计	186.25	188.04	183.06	198.00	184.00	188.67	185.40	174.99
	团体	166.28	165.93	166.66	165.00	165.75	166.59	166.25	165.92
	散客	196.14	196.19	196.02	220.00	196.67	196.76	195.03	192.63
河南	小计	127.75	129.52	125.31	129.73	123.44	130.83	125.30	127.95
	团体	124.69	124.76	124.59	129.73	125.16	125.99	124.30	122.51
	散客	136.34	140.61	127.99	－	116.46	137.79	130.47	161.36
湖北	小计	170.14	170.77	169.14	172.87	169.76	171.83	169.37	165.55
	团体	154.83	155.35	154.22	168.69	155.38	155.73	154.10	153.90
	散客	178.16	177.51	179.39	175.66	177.55	177.59	178.26	183.60
湖南	小计	170.31	171.13	169.07	179.70	170.48	172.38	168.14	168.86
	团体	163.14	163.09	163.21	165.00	162.84	162.65	163.32	163.91
	散客	181.67	182.69	179.89	214.00	177.98	182.42	179.67	188.86
广东	小计	126.90	128.66	124.25	122.21	122.78	128.21	126.53	123.03
	团体	104.53	105.42	103.68	90.58	96.01	107.17	103.83	104.88
	散客	134.85	134.97	134.63	130.64	135.03	134.85	134.79	134.81
广西	小计	162.07	163.29	160.28	145.00	170.93	164.05	160.58	152.24
	团体	145.82	145.53	146.14	145.00	145.76	145.71	146.11	145.41
	散客	174.71	174.42	175.25	－	197.53	173.94	173.28	164.57
海南	小计	147.48	148.31	146.35	143.58	145.69	148.58	146.63	147.55
	团体	143.11	143.02	143.23	135.90	142.86	143.27	143.20	142.57
	散客	152.87	155.00	150.06	151.27	148.87	154.60	151.33	155.62

		人均天花费	男	女	14岁及以下	15～24岁	25～44岁	45～64岁	65岁及以上
重庆	小计	169.87	170.23	169.36	147.83	174.29	170.30	169.13	166.03
	团体	169.39	169.55	169.22	170.00	169.34	169.66	169.06	169.91
	散客	170.28	170.72	169.52	81.33	180.15	170.60	169.22	146.63
四川	小计	165.53	168.17	161.44	170.90	165.22	169.46	162.67	156.67
	团体	150.30	150.26	150.35	152.69	150.14	150.12	150.45	150.35
	散客	187.18	186.28	189.65	180.00	187.82	186.04	189.27	187.77
贵州	小计	160.19	159.21	161.35	164.17	156.61	157.62	162.46	164.27
	团体	164.96	164.92	165.00	165.00	165.00	165.00	165.00	164.80
	散客	152.37	151.66	153.51	160.00	147.96	151.03	156.19	160.00
云南	小计	170.61	170.53	170.74	180.00	171.71	169.37	171.47	171.23
	团体	175.23	175.44	174.92	180.00	176.73	175.44	174.62	175.23
	散客	164.85	165.09	164.36	－	166.05	164.10	165.78	163.87
西藏	小计	149.01	148.84	149.62	160.00	158.96	150.12	145.44	160.00
	团体	144.36	143.69	146.89	160.00	153.46	143.72	141.75	160.00
	散客	163.71	165.12	158.37	－	169.95	167.29	158.48	－
陕西	小计	182.12	181.77	182.60	185.00	177.46	178.58	183.43	184.38
	团体	184.21	184.01	184.45	185.00	184.15	184.48	184.18	184.01
	散客	175.32	176.08	173.56	－	155.37	168.26	180.78	187.63
甘肃	小计	137.12	137.08	137.17	138.75	141.92	139.37	135.13	133.91
	团体	134.21	133.55	135.02	135.00	135.60	135.22	133.73	133.19
	散客	146.03	146.10	145.91	150.00	148.46	147.19	141.59	147.32
青海	小计	134.50	136.41	132.13	－	143.55	138.52	131.43	121.17
	团体	119.13	119.42	118.79	－	118.00	119.33	119.16	119.13
	散客	159.63	162.10	156.21	－	162.72	158.15	165.80	138.23
宁夏	小计	137.59	138.09	134.34	－	140.00	136.35	138.79	132.36
	团体	140.00	140.00	－	－	－	140.00	140.00	－
	散客	137.51	138.02	134.34	－	140.00	136.18	138.76	132.36
新疆	小计	146.67	147.64	145.06	138.08	153.22	148.51	145.03	141.54
	团体	138.99	138.81	139.28	138.08	141.31	138.06	139.21	139.87
	散客	179.84	180.00	179.43	－	180.00	179.70	180.00	180.00

1-11 2005年入境过夜旅游者在各城市人均天花费
(按外国人、港澳台胞分组)

单位:美元/人天

	人均天花费	外国人	香港同胞	澳门同胞	台湾同胞
北 京	240.66	244.01	230.50	178.94	210.91
天 津	178.23	177.92	183.17	182.00	174.08
石家庄	151.97	151.85	160.00	67.77	154.49
唐 山	142.02	139.66	134.59	158.12	155.19
秦皇岛	144.87	146.08	140.83	93.46	142.50
保 定	128.99	128.28	126.13	–	144.75
承 德	130.61	130.27	135.79	–	125.00
廊 坊	149.78	149.09	153.20	158.32	158.07
太 原	174.11	176.08	140.41	176.00	187.26
大 同	191.63	193.19	184.77	187.97	185.06
阳 泉	183.61	184.94	165.00	–	–
长 治	166.64	162.22	169.24	181.76	177.24
晋 城	139.78	137.30	122.86	192.50	–
朔 州	147.14	144.19	131.30	220.00	165.00
忻 州	164.14	166.61	133.68	198.00	136.70
吕 梁	131.57	134.45	–	–	79.83
晋 中	132.34	131.44	134.93	183.33	121.22
临 汾	190.83	200.10	155.53	192.50	181.76
运 城	152.22	143.46	177.42	179.54	156.71
呼和浩特	159.70	156.53	158.80	162.00	196.02
满州里	151.75	151.75	–	–	–
二连浩特	161.74	161.74	–	–	–
包 头	159.42	157.76	181.67	185.63	162.41
沈 阳	170.49	169.93	187.54	154.23	166.55
大 连	182.98	182.54	184.47	190.00	186.24
长 春	152.75	151.82	170.00	156.63	170.00
吉 林	165.76	168.26	124.50	113.74	170.00
哈尔滨	187.12	185.69	195.53	190.00	185.61
牡丹江	176.82	176.83	–	–	175.00
佳木斯	191.27	191.01	175.00	–	220.00
上 海	228.59	228.41	229.41	223.48	232.05
南 京	196.68	197.54	197.52	191.19	191.33
无 锡	213.21	216.81	209.65	186.54	205.38
苏 州	190.94	190.16	192.02	240.00	191.22
南 通	177.68	171.04	195.00	195.00	194.35
扬 州	183.11	188.17	149.39	219.68	175.35
杭 州	190.56	190.36	191.46	197.19	191.13
宁 波	189.14	189.20	188.35	195.00	189.40

1－11(续1)

单位:美元/人天

	人均天花费	外国人	香港同胞	澳门同胞	台湾同胞
温州	185.40	186.53	173.72	－	190.80
绍兴	188.60	188.24	190.82	188.00	188.78
金华	189.83	188.64	199.90	－	190.03
合肥	185.85	186.11	186.59	175.00	184.38
芜湖	180.00	180.00	180.00	－	180.00
马鞍山	179.40	179.25	180.00	－	180.00
铜陵	182.88	178.32	180.00	180.00	204.00
安庆	182.92	183.00	－	－	180.00
黄山	168.46	168.08	172.55	165.00	168.88
滁州	170.60	171.04	171.00	172.50	168.03
亳州	170.39	169.77	－	165.00	180.00
池州	180.21	181.06	176.25	172.50	175.68
宣城	180.83	184.09	180.00	180.00	172.50
福州	173.50	175.23	164.34	208.03	168.57
厦门	185.17	182.94	200.77	204.23	176.99
泉州	146.76	153.12	136.09	145.96	163.07
漳州	170.33	180.35	161.04	181.91	151.01
武夷山	177.65	177.86	180.28	160.00	169.32
南昌	131.68	129.16	138.47	135.56	134.06
景德镇	140.57	142.76	139.86	128.93	136.67
九江	133.17	133.55	140.16	116.76	150.33
鹰潭	128.96	128.03	134.89	116.24	135.70
赣州	143.19	143.92	147.73	120.00	147.95
吉安	131.69	127.49	142.49	126.02	147.05
济南	192.45	194.38	183.33	－	194.00
青岛	187.16	186.29	185.35	180.00	195.76
烟台	193.52	191.96	223.13	180.00	177.67
曲阜	168.01	167.34	176.25	165.00	177.95
泰安	169.24	169.69	166.92	167.50	170.52
威海	209.80	209.86	240.00	－	205.12
郑州	127.02	124.52	157.68	125.19	149.68
开封	133.23	129.23	134.02	－	173.02
洛阳	127.43	128.79	118.95	115.90	131.27
三门峡	124.26	122.16	137.55	118.39	130.27
武汉	174.92	173.85	178.23	180.81	175.78
十堰	169.44	175.48	169.54	159.97	167.33
宜昌	168.35	169.28	176.11	151.16	169.83
襄樊	181.90	184.63	184.30	176.30	164.67
荆州	129.17	148.59	113.96	109.99	106.71
湖北游船	160.73	157.30	161.77	168.85	165.61
长沙	179.06	180.08	174.85	178.72	175.50
湘潭	169.16	168.61	169.08	170.05	177.19
衡阳	168.30	168.67	167.59	166.94	168.33

1－11(续2)　　单位:美元/人天

	人均天花费	外国人	香港同胞	澳门同胞	台湾同胞
岳阳	172.60	173.59	169.50	170.43	167.49
张家界	164.10	164.56	162.34	164.41	164.14
广州	128.13	127.69	129.40	125.02	132.00
深圳	129.84	127.79	131.74	131.29	132.08
珠海	119.75	125.28	113.64	121.51	120.44
汕头	125.15	125.54	125.54	115.61	123.93
佛山	131.66	131.70	132.05	125.73	132.18
江门	120.35	121.52	124.25	128.89	104.17
肇庆	118.05	114.88	120.90	114.42	121.58
中山	132.94	135.39	131.84	130.67	137.28
南宁	166.21	163.44	170.50	164.16	172.71
桂林	168.41	167.45	178.40	185.74	162.86
梧州	160.72	148.19	171.94	134.67	184.21
北海	156.10	160.58	156.85	178.27	126.61
玉林	150.20	159.29	167.75	145.09	142.34
百色	149.65	150.31	140.27	164.89	149.84
凭祥	152.58	143.98	172.97	156.01	154.60
海口	151.39	151.37	152.89	144.39	151.51
三亚	144.77	143.92	146.80	148.21	154.74
重庆	168.72	166.88	177.71	197.14	162.11
重庆游船	174.86	174.74	178.83	170.00	172.07
成都	172.04	171.63	178.11	168.33	169.57
绵阳	169.74	174.35	165.53	153.74	157.89
乐山	157.76	158.29	157.78	157.50	155.13
阿坝州	154.99	155.80	156.51	159.74	151.92
贵阳	159.45	159.45	161.71	162.06	157.11
安顺	163.87	163.30	165.00	－	165.00
黔东南	159.77	162.38	144.40	146.88	160.63
昆明	170.57	171.18	169.32	168.76	168.23
景洪	171.51	172.52	－	－	155.75
大理	170.23	171.81	154.01	176.67	164.84
拉萨	149.01	146.51	161.43	159.75	160.00
西安	181.88	182.01	180.78	192.00	175.40
咸阳	185.50	189.12	165.56	197.35	146.36
兰州	138.35	137.29	142.81	139.52	144.28
敦煌	136.02	135.94	150.00	－	135.00
西宁	134.50	136.31	127.15	123.08	132.99
银川	137.59	137.58	140.00	140.00	136.33
乌鲁木齐	146.61	146.40	142.78	150.67	148.82
吐鲁番	146.64	146.65	144.07	148.00	149.18
库尔勒	147.15	142.11	140.00	148.89	165.00
喀什	146.67	146.86	140.00	140.00	155.83

1－12 2005年入境过夜旅游者在各城市

	人均天花费	政府工作人员	专业技术人员	职员	技工工人
北京	240.66	247.02	243.40	238.10	243.15
天津	178.23	180.59	177.57	181.46	178.85
石家庄	151.97	125.00	155.00	152.63	159.86
唐山	142.02	160.00	149.51	137.74	147.61
秦皇岛	144.87	133.75	149.92	149.69	148.6
保定	128.99	144.58	130.51	129.13	109.76
承德	130.61	128.39	132.57	135.31	129.55
廊坊	149.78	149.42	152.56	150.08	144.15
太原	174.11	140.34	170.45	203.56	162.32
大同	191.63	170.89	185.54	194.47	150.68
阳泉	183.61	232.50	165.00	180.00	300.00
长治	166.64	163.25	168.85	165.96	165.00
晋城	139.78	162.98	163.02	102.18	-
朔州	147.14	146.88	134.23	142.35	165.00
忻州	164.14	158.56	170.59	171.58	120.87
吕梁	131.57	165.00	165.00	106.35	-
晋中	132.34	165.00	126.32	136.28	109.18
临汾	190.83	171.41	187.98	192.79	201.67
运城	152.22	164.41	133.14	173.79	149.02
呼和浩特	159.70	-	170.78	160.88	152.38
满州里	151.75	-	99.10	128.05	177.99
二连浩特	161.74	154.30	137.36	158.89	231.80
包头	159.42	162.26	159.26	143.82	187.41
沈阳	170.49	167.14	174.86	167.18	182.50
大连	182.98	182.91	188.69	182.43	184.00
长春	152.75	-	144.15	166.97	166.71
吉林	165.76	175.00	168.77	154.63	170.00

人均天花费(按职业分组)

单位:美元/人天

商贸人员	服务员推销员	退休人员	家庭妇女	军人	学生	其他
246.27	242.45	235.51	243.49	215.90	221.61	239.79
183.43	170.96	166.66	172.11	182.00	179.51	159.11
153.14	125.00	141.49	147.12	–	142.50	153.74
142.79	160.00	125.00	136.80	–	–	133.56
141.05	–	131.73	122.92	–	142.50	148.33
126.94	142.50	130.20	119.07	–	130.83	144.43
134.39	123.96	127.90	126.81	125.00	127.26	125.00
156.84	139.00	139.79	139.56	160.00	148.90	142.50
178.33	–	198.00	181.25	–	119.90	157.26
197.27	181.49	191.56	224.17	–	194.30	181.05
180.33	165.00	–	–	–	–	–
156.77	–	136.97	–	176.71	181.17	163.52
43.18	–	–	67.28	63.67	67.99	–
172.01	–	131.80	–	220.00	102.82	68.48
185.25	113.97	152.32	157.80	–	159.30	159.63
92.89	–	79.83	165.00	165.00	165.00	165.00
161.40	121.43	74.57	75.73	153.52	150.42	124.67
201.67	–	191.60	220.00	–	220.00	183.74
178.75	165.00	131.81	154.53	–	260.00	165.00
163.72	190.00	–	156.13	–	151.87	146.85
153.49	122.69	116.53	190.00	–	152.33	131.99
158.58	148.35	172.92	172.60	135.54	101.51	167.77
151.02	190.00	163.63	–	179.34	–	148.61
172.80	172.05	166.43	172.77	155.32	167.38	169.99
185.26	181.00	179.76	184.22	–	171.22	174.87
141.16	–	170.00	168.47	–	–	154.80
167.84	–	170.70	156.93	170.00	161.53	150.65

1－12(续1)

	人均天花费	政府工作人员	专业技术人员	职员	技工工人
哈尔滨	187.12	190.37	181.61	176.21	171.22
牡丹江	176.82	175.00	173.18	180.73	175.00
佳木斯	191.27	220.00	191.37	225.55	200.92
上海	228.59	229.15	228.84	230.16	225.64
南京	196.68	186.28	202.93	204.83	191.85
无锡	213.21	190.13	216.41	187.35	252.50
苏州	190.94	208.05	192.30	183.38	192.79
南通	177.68	－	179.77	195.90	185.01
扬州	183.11	187.50	185.50	179.83	155.33
杭州	190.56	191.90	190.09	191.80	190.63
宁波	189.14	188.88	189.41	190.52	188.00
温州	185.40	188.00	189.27	177.87	188.00
绍兴	188.60	188.00	190.20	189.57	190.00
金华	189.83	－	189.75	195.00	188.32
合肥	185.85	176.22	183.29	188.06	177.86
芜湖	180.00	－	180.00	－	180.00
马鞍山	179.40	－	180.00	175.00	180.00
铜陵	182.88	180.00	180.00	180.00	－
安庆	182.92	－	186.32	180.00	180.00
黄山	168.46	169.05	172.34	167.11	167.73
滁州	170.60	170.63	174.46	168.98	173.18
亳州	170.39	165.00	180.00	167.87	－
池州	180.21	174.38	180.46	183.20	180.00
宣城	180.83	－	180.00	180.00	－
福州	173.50	181.12	183.23	170.82	166.29
厦门	185.17	190.54	172.82	191.10	170.03
泉州	146.76	159.93	128.86	157.88	179.08
漳州	170.33	190.00	187.59	168.47	230.00
武夷山	177.65	181.41	187.78	183.65	190.00
南昌	131.68	132.88	125.01	145.93	130.87
景德镇	140.57	170.00	137.46	140.87	140.00
九江	133.17	110.00	130.82	137.03	143.27
鹰潭	128.96	110.00	144.75	121.99	138.35
赣州	143.19	148.86	152.74	136.62	154.82
吉安	131.69	127.99	134.83	138.98	127.81

单位:美元/人天

商贸人员	服务员推销员	退休人员	家庭妇女	军人	学生	其他
165.03	182.44	195.28	195.28	175.00	188.80	184.28
179.83	173.70	176.71	167.15	175.00	175.70	174.53
156.60	–	167.51	197.50	–	181.41	220.00
231.04	225.00	224.62	221.42	249.00	222.14	228.26
202.69	180.00	180.20	189.91	–	184.58	190.93
240.26	300.00	187.53	184.02	–	185.00	300.00
195.45	217.50	190.38	183.35	195.00	192.91	187.40
178.21	143.05	187.50	174.15	–	195.00	148.35
187.91	180.00	150.80	178.47	195.00	220.00	180.00
189.41	190.20	189.51	193.52	–	189.78	192.34
188.59	–	188.00	191.23	–	188.00	190.33
185.16	191.50	188.00	195.00	–	188.00	189.75
187.22	195.00	195.00	191.50	–	188.00	188.00
188.22	188.00	197.82	–	–	–	211.80
186.87	180.00	220.00	193.97	–	175.00	188.33
180.00	–	–	–	–	–	180.00
180.00	–	–	–	–	–	180.00
188.36	–	180.00	180.00	–	180.00	175.54
180.00	165.00	–	180.00	–	–	–
170.38	168.35	168.71	166.53	168.00	167.12	167.01
171.16	300.00	166.34	165.32	–	172.50	164.29
177.00	–	167.03	172.50	–	180.00	–
182.88	172.50	180.00	174.72	–	174.63	178.33
187.50	–	168.00	–	180.00	180.00	165.00
184.13	159.63	151.68	137.56	220.00	197.97	164.57
189.11	177.07	186.72	192.23	107.68	206.39	188.86
150.95	51.41	143.45	105.48	–	190.00	149.85
148.71	144.87	178.53	178.46	–	220.00	172.42
131.15	–	182.82	192.50	–	190.00	159.87
141.15	122.15	129.70	117.70	110.00	110.00	127.48
153.79	140.00	134.30	123.33	–	133.49	136.02
141.95	152.61	121.83	110.00	–	170.00	131.67
142.34	110.00	126.55	111.28	–	142.68	127.78
142.53	126.31	140.97	137.81	–	150.99	143.63
145.69	110.00	120.01	120.00	–	114.46	121.38

1-12(续2)

	人均天花费	政府工作人员	专业技术人员	职员	技工工人
济南	192.45	178.13	200.22	193.33	180.00
青岛	187.16	174.97	185.76	184.63	176.62
烟台	193.52	177.86	193.44	196.36	220.00
曲阜	168.01	167.50	166.36	168.00	168.75
泰安	169.24	169.47	169.99	169.07	180.00
威海	209.80	180.00	213.63	210.00	180.00
郑州	127.02	128.87	138.87	147.02	86.90
开封	133.23	117.02	135.79	120.36	116.51
洛阳	127.43	112.64	127.66	128.03	118.38
三门峡	124.26	123.10	124.90	122.05	125.91
武汉	174.92	179.80	181.89	175.91	175.75
十堰	169.44	132.53	179.93	168.30	177.33
宜昌	168.35	154.87	175.81	157.98	170.78
襄樊	181.90	171.00	187.17	174.28	190.00
荆州	129.17	126.91	135.00	110.29	99.40
湖北游船	160.73	160.44	165.07	180.50	152.00
长沙	179.06	174.09	181.84	181.53	175.08
湘潭	169.16	168.56	168.39	173.67	166.32
衡阳	168.30	167.59	167.65	167.36	168.67
岳阳	172.60	167.54	174.40	167.76	166.23
张家界	164.10	164.67	165.01	165.22	162.91
广州	128.13	126.77	129.53	128.15	130.30
深圳	129.84	131.06	129.17	131.35	132.40
珠海	119.75	128.66	125.90	116.68	115.68
汕头	125.15	126.41	125.76	110.84	135.64
佛山	131.66	132.17	133.11	125.87	134.09
江门	120.35	120.83	133.67	116.86	105.93
肇庆	118.05	133.09	123.07	117.50	115.11
中山	132.94	132.00	134.03	132.01	128.47
南宁	166.21	182.50	172.18	176.39	132.05
桂林	168.41	177.20	167.42	175.38	174.66
梧州	160.72	33.13	180.79	136.51	165.27
北海	156.10	172.59	156.25	129.07	97.85
玉林	150.20	145.00	138.59	125.58	169.46
百色	149.65	141.75	155.42	162.58	145.00
凭祥	152.58	141.69	154.61	196.67	138.31

单位:美元/人天

商贸人员	服务员推销员	退休人员	家庭妇女	军人	学生	其他
192.67	–	176.25	177.50	–	197.50	206.25
193.61	172.50	190.42	172.40	300.00	192.69	175.00
191.15	180.00	200.59	172.50	–	180.00	195.00
171.00	172.50	166.25	166.26	–	168.93	165.00
165.50	172.85	168.90	164.22	–	168.00	172.59
210.46	180.00	180.00	229.29	–	175.85	–
137.19	115.68	124.99	126.35	–	123.18	114.13
156.57	128.00	118.16	131.79	128.00	129.76	170.83
152.79	114.46	123.98	126.44	128.00	111.80	112.71
129.82	123.49	123.11	142.34	–	127.35	111.90
178.89	176.22	165.90	162.57	–	172.37	169.81
164.68	171.00	154.58	177.33	–	171.00	177.33
183.14	158.60	180.50	177.33	–	153.65	174.80
187.08	185.37	171.00	–	–	168.25	178.73
119.16	108.45	135.52	117.68	–	157.16	156.51
153.08	152.00	157.07	157.43	–	–	167.20
183.67	160.44	171.05	162.32	165.00	185.58	188.63
174.25	–	168.43	164.75	–	166.71	166.26
169.11	193.31	166.64	166.46	142.96	168.98	168.27
186.38	192.84	167.75	167.38	–	168.75	169.50
164.35	165.00	162.12	164.24	165.00	164.01	163.85
131.08	122.33	118.70	123.40	118.28	120.54	126.54
132.40	131.48	125.85	120.26	116.71	124.71	126.18
126.93	105.61	117.86	109.00	135.00	108.45	125.79
130.99	112.99	130.51	104.95	135.00	126.71	116.28
134.53	119.87	115.98	127.12	135.00	120.42	128.92
127.11	105.69	100.09	121.03	50.58	114.03	121.93
116.47	106.17	108.21	124.79	95.35	102.19	128.38
136.04	130.18	131.93	130.30	–	130.13	132.16
166.29	112.88	145.54	154.23	–	132.00	183.77
177.10	175.97	162.08	152.47	145.00	159.94	160.86
176.95	–	139.68	177.08	–	182.50	136.24
160.35	–	163.75	143.13	147.15	–	176.93
170.80	190.16	170.00	176.55	–	176.69	196.92
143.92	188.32	140.61	152.72	–	129.53	52.85
181.17	–	148.57	141.89	–	109.04	132.55

1－12(续3)

	人均天花费	政府工作人员	专业技术人员	职员	技工工人
海口	151.39	148.76	150.08	150.58	148.44
三亚	144.77	141.63	146.88	141.66	147.81
重庆	168.72	183.68	160.52	167.61	151.93
重庆游船	174.86	195.56	174.10	168.02	166.55
成都	172.04	176.85	179.08	170.22	170.76
绵阳	169.74	171.00	182.80	169.67	173.57
乐山	157.76	164.00	167.59	155.55	155.17
阿坝州	154.99	161.61	160.37	154.56	150.75
贵阳	159.45	164.02	156.72	161.28	154.21
安顺	163.87	165.00	161.44	156.64	－
黔东南	159.77	－	163.13	160.44	160.00
昆明	170.57	172.77	170.24	170.83	175.42
景洪	171.51	161.11	178.00	157.48	180.00
大理	170.23	107.83	169.12	171.72	180.00
拉萨	149.01	153.43	152.97	137.37	143.20
西安	181.88	181.63	181.06	182.44	173.36
咸阳	185.50	220.00	148.83	207.19	166.06
兰州	138.35	138.19	135.98	137.74	137.27
敦煌	136.02	135.73	138.85	132.33	135.88
西宁	134.50	168.17	124.96	137.91	141.47
银川	137.59	138.47	138.19	134.90	140.00
乌鲁木齐	146.61	147.64	149.32	147.60	140.24
吐鲁番	146.64	140.00	151.56	145.68	144.25
库尔勒	147.15	150.00	150.91	151.43	144.62
喀什	146.67	141.67	152.89	146.18	140.00

单位:美元/人天

商贸人员	服务员推销员	退休人员	家庭妇女	军人	学生	其他
153.33	137.30	157.90	153.96	123.73	143.67	158.66
146.95	144.63	142.91	145.21	152.92	143.87	144.58
176.88	195.00	155.83	174.95	125.16	154.52	170.05
175.78	186.67	172.49	179.06	170.00	175.90	158.36
176.61	159.09	160.13	166.85	180.00	173.85	171.72
178.58	–	152.89	149.11	–	173.41	173.57
162.43	150.00	151.66	151.98	160.00	154.65	154.29
155.03	155.69	150.85	151.26	154.76	154.72	152.14
159.24	162.50	159.31	162.34	160.00	159.94	154.69
165.00	165.00	164.86	165.00	–	165.00	164.29
154.61	–	162.78	163.50	–	151.73	165.00
169.72	174.79	170.36	169.75	178.13	169.99	168.62
170.25	180.00	165.36	180.00	–	170.00	174.41
173.33	160.96	172.91	180.00	–	–	180.00
152.82	151.32	160.00	149.47	–	164.23	154.47
184.53	180.64	183.05	182.23	152.61	178.94	182.22
197.95	–	190.79	183.41	–	206.51	213.00
140.79	133.47	134.39	136.63	143.94	143.29	139.11
136.18	140.31	132.99	136.26	–	143.92	143.85
145.49	126.48	122.75	121.62	144.58	137.65	123.42
137.27	–	137.96	125.80	–	137.27	137.67
149.38	135.80	143.53	140.10	–	142.41	150.06
145.86	–	146.67	143.21	–	160.00	146.75
143.42	–	147.57	135.54	–	140.00	140.00
147.45	140.00	143.79	145.09	–	140.00	149.37

1－13　2005 年入境过夜旅游者在各城市

	人均天花费	观光游览	休闲度假	探亲访友
北　京	240.66	237.64	237.04	231.57
天　津	178.23	171.75	176.53	175.00
石家庄	151.97	143.53	144.87	151.46
唐　山	142.02	142.34	131.36	160.00
秦皇岛	144.87	141.93	132.08	160.00
保　定	128.99	135.06	130.73	134.64
承　德	130.61	129.81	133.55	122.93
廊　坊	149.78	133.59	136.59	151.70
太　原	174.11	170.82	190.49	172.86
大　同	191.63	197.81	183.73	165.00
阳　泉	183.61	-	-	-
长　治	166.64	164.74	143.52	193.64
晋　城	139.78	149.64	128.31	-
朔　州	147.14	100.46	220.00	165.00
忻　州	164.14	168.26	152.47	-
吕　梁	131.57	-	165.00	-
晋　中	132.34	122.54	131.99	165.00
临　汾	190.83	193.26	199.73	169.93
运　城	152.22	126.19	183.18	186.30
呼和浩特	159.70	150.39	161.97	-
满州里	151.75	131.51	120.08	114.66
二连浩特	161.74	136.79	91.57	165.78
包　头	159.42	152.57	175.39	140.16
沈　阳	170.49	167.94	169.36	163.90
大　连	182.98	172.50	176.70	186.93
长　春	152.75	170.00	170.00	169.24
吉　林	165.76	158.87	174.25	153.51

人均天花费(按旅游目的分组)

单位:美元/人天

商务	会议	宗教朝拜	文化/体育/科技交流	其他
246.96	247.32	218.70	239.86	232.95
182.25	181.88	163.33	173.78	170.91
154.40	152.25	142.50	155.45	151.06
144.13	151.25	-	152.81	133.62
147.46	148.31	-	153.00	160.00
125.01	125.00	-	160.00	130.76
144.58	125.00	-	125.00	125.00
155.51	157.00	156.63	151.93	153.09
172.55	165.00	170.95	165.00	158.16
165.00	-	165.00	165.00	198.75
182.23	-	-	189.12	-
155.38	162.42	-	166.35	159.22
98.11	165.00	-	128.66	220.00
172.01	-	-	128.39	165.00
192.50	-	170.94	-	-
76.27	-	150.81	137.13	165.00
136.07	149.76	111.59	166.33	165.00
165.00	-	-	200.08	129.23
157.59	165.00	-	-	166.22
184.17	155.30	-	120.55	151.36
154.05	190.00	-	-	135.99
81.33	245.00	-	83.13	139.60
159.68	173.36	-	190.00	130.28
176.08	168.07	173.24	210.00	190.00
189.08	190.48	168.67	185.61	186.11
153.01	170.00	-	162.71	144.67
167.27	170.48	-	160.75	170.00

	人均天花费	观光游览	休闲度假	探亲访友
哈尔滨	187.12	187.88	189.45	200.45
牡丹江	176.82	177.31	177.24	164.36
佳木斯	191.27	166.58	191.16	187.89
上海	228.59	222.38	225.43	231.62
南京	196.68	184.38	189.90	195.07
无锡	213.21	185.60	181.64	-
苏州	190.94	186.16	190.13	185.65
南通	177.68	167.16	167.38	194.00
扬州	183.11	183.62	159.18	185.12
杭州	190.56	192.67	191.80	188.00
宁波	189.14	191.55	188.00	-
温州	185.40	192.67	188.00	188.00
绍兴	188.60	192.21	195.00	188.00
金华	189.83	193.23	225.33	-
合肥	185.85	177.51	191.36	191.71
芜湖	180.00	180.00	-	-
马鞍山	179.40	180.00	-	176.25
铜陵	182.88	180.00	180.00	175.00
安庆	182.92	-	-	180.00
黄山	168.46	168.13	168.39	178.88
滁州	170.60	168.91	166.73	177.00
亳州	170.39	166.62	165.00	-
池州	180.21	175.91	188.13	176.89
宣城	180.83	171.00	180.00	180.00
福州	173.50	169.14	185.25	144.37
厦门	185.17	191.81	197.24	184.36
泉州	146.76	149.48	123.65	138.26
漳州	170.33	195.06	156.16	158.29
武夷山	177.65	180.17	176.02	-
南昌	131.68	119.31	134.69	147.75
景德镇	140.57	121.77	132.71	170.00
九江	133.17	117.24	120.94	170.00
鹰潭	128.96	113.59	139.50	143.40
赣州	143.19	119.16	112.21	154.34
吉安	131.69	121.84	127.56	175.36

单位:美元/人天

商　务	会　议	宗教朝拜	文化/体育/科技交流	其　他
185.63	191.40	161.30	185.72	146.70
178.42	175.00	175.00	175.00	174.47
192.95	217.28	220.00	191.73	163.15
231.75	233.83	217.50	224.44	228.71
204.41	207.07	187.50	185.91	198.33
237.96	228.51	195.00	267.69	234.38
196.71	201.52	180.00	205.71	189.25
179.50	174.98	–	121.69	168.50
181.00	220.71	180.00	163.82	–
188.05	188.00	192.67	191.82	183.40
188.08	188.00	203.64	188.00	188.70
183.35	188.00	–	188.00	188.78
186.48	188.00	195.00	188.00	188.00
188.00	–	–	191.50	188.00
189.74	176.98	–	175.81	173.08
180.00	180.00	–	–	–
180.00	–	–	–	180.00
187.24	180.00	–	177.56	180.00
183.75	180.00	–	–	165.00
177.86	180.00	167.50	168.85	165.00
176.62	180.00	165.00	177.86	165.84
177.00	165.00	165.00	170.01	180.00
182.56	175.00	180.00	177.23	177.00
188.57	180.00	180.00	–	–
181.92	186.66	188.92	183.80	181.90
175.65	196.74	172.31	204.16	168.31
154.71	154.41	180.00	104.64	84.82
165.83	190.00	220.00	220.00	90.36
24.40	220.00	–	134.16	–
164.83	170.00	147.56	141.05	113.68
168.54	161.13	130.00	143.33	170.00
152.27	163.53	110.00	161.48	148.93
168.84	–	124.65	135.97	139.88
155.57	162.11	170.00	167.66	135.93
166.40	153.49	130.00	141.30	144.61

1－13(续2)

	人均天花费	观光游览	休闲度假	探亲访友
济南	192.45	182.14	187.50	206.67
青岛	187.16	182.89	186.96	190.61
烟台	193.52	180.00	204.09	178.14
曲阜	168.01	167.57	167.79	－
泰安	169.24	169.87	168.77	166.92
威海	209.80	221.52	211.33	220.00
郑州	127.02	124.57	124.92	127.40
开封	133.23	129.59	125.77	128.00
洛阳	127.43	123.09	123.43	122.52
三门峡	124.26	125.43	130.63	139.06
武汉	174.92	165.03	169.38	181.81
十堰	169.44	168.25	176.67	－
宜昌	168.35	169.54	180.29	180.75
襄樊	181.90	171.52	176.81	190.00
荆州	129.17	141.71	115.08	120.73
湖北游船	160.73	158.27	162.56	190.00
长沙	179.06	175.33	179.61	175.70
湘潭	169.16	167.07	166.58	168.23
衡阳	168.30	165.61	171.56	168.39
岳阳	172.60	172.77	173.54	169.25
张家界	164.10	163.66	164.76	165.57
广州	128.13	122.13	122.89	128.21
深圳	129.84	127.62	127.35	131.15
珠海	119.75	114.62	118.04	135.59
汕头	125.15	113.32	126.45	111.42
佛山	131.66	124.27	132.17	122.75
江门	120.35	109.47	115.41	122.44
肇庆	118.05	113.00	118.86	123.05
中山	132.94	131.32	132.96	136.24
南宁	166.21	160.42	166.19	170.28
桂林	168.41	163.91	169.77	175.81
梧州	160.72	151.78	168.15	175.68
北海	156.10	136.80	169.73	97.90
玉林	150.20	149.57	160.00	163.43
百色	149.65	151.57	149.62	181.37
凭祥	152.58	149.90	144.36	－

单位:美元/人天

商　务	会　议	宗教朝拜	文化/体育/科技交流	其　他
195.58	190.91	180.00	180.00	–
191.29	180.00	–	170.63	174.37
197.96	190.00	165.00	180.00	180.00
177.00	–	–	168.00	165.00
171.46	165.00	165.00	165.00	–
203.82	220.00	180.00	214.81	180.00
153.04	160.25	116.08	93.80	134.11
149.78	–	128.00	128.00	238.55
159.88	140.93	120.95	124.85	159.01
108.32	140.18	215.00	94.33	–
182.21	181.85	190.00	180.51	174.98
172.04	148.76	164.27	190.00	152.00
137.08	79.52	–	190.00	126.07
187.71	171.00	166.95	188.59	184.57
118.97	120.48	–	164.14	–
152.00	–	–	–	–
183.78	178.84	163.67	200.04	174.61
172.75	170.00	164.02	171.00	186.48
169.63	166.88	167.86	169.67	171.00
169.69	170.00	164.02	186.38	171.00
169.50	165.52	164.02	169.00	169.50
131.72	133.22	114.69	124.71	127.97
133.73	134.12	110.01	126.87	125.22
131.63	129.02	–	130.59	119.27
132.36	102.27	135.00	133.37	135.00
133.37	137.45	123.23	136.23	126.42
128.72	131.03	–	137.16	132.26
132.87	135.00	74.90	134.35	136.77
136.53	129.90	150.88	123.31	136.82
180.23	195.00	–	149.78	137.54
190.47	182.59	220.00	221.67	171.48
164.79	–	120.48	164.14	163.75
164.08	164.06	58.23	220.00	181.13
126.77	–	–	152.53	179.68
131.89	155.18	–	–	171.55
186.50	110.24	–	113.41	150.61

1－13(续3)

	人均天花费	观光游览	休闲度假	探亲访友
海口	151.39	152.34	149.79	148.56
三亚	144.77	143.93	144.70	145.11
重庆	168.72	163.53	174.65	161.03
重庆游船	174.86	171.98	172.45	208.33
成都	172.04	163.94	173.51	183.49
绵阳	169.74	155.27	166.41	174.35
乐山	157.76	156.63	152.93	162.50
阿坝州	154.99	154.15	158.02	160.00
贵阳	159.45	162.65	159.95	156.27
安顺	163.87	164.12	164.55	－
黔东南	159.77	160.42	156.23	163.33
昆明	170.57	172.11	170.43	165.26
景洪	171.51	169.57	176.67	150.60
大理	170.23	170.90	169.65	－
拉萨	149.01	148.91	145.60	155.97
西安	181.88	182.64	181.38	184.17
咸阳	185.50	190.63	177.86	163.24
兰州	138.35	137.69	138.12	141.77
敦煌	136.02	137.06	134.25	135.00
西宁	134.50	123.84	136.78	126.93
银川	137.59	137.94	137.64	129.54
乌鲁木齐	146.61	146.38	144.08	140.00
吐鲁番	146.63	145.10	144.57	168.71
库尔勒	147.15	145.43	142.93	－
喀什	146.67	145.08	145.11	－

单位:美元/人天

商务	会议	宗教朝拜	文化/体育/科技交流	其他
157.85	150.95	123.91	133.47	153.06
147.73	146.67	143.98	147.86	142.97
172.06	178.82	213.33	160.69	153.75
180.00	170.00	220.00	170.00	170.00
182.86	181.40	173.33	171.63	174.71
183.46	174.55	150.00	178.33	178.84
168.30	150.00	151.15	171.20	-
159.85	153.33	150.00	153.00	150.00
149.01	160.00	165.00	163.21	161.67
165.00	165.00	-	136.55	-
162.50	160.00	-	159.77	-
168.46	170.59	172.85	166.52	170.45
178.33	175.00	-	180.00	180.00
170.00	-	-	168.67	-
150.34	170.00	143.52	169.88	155.02
176.78	181.01	190.83	188.58	161.56
176.67	220.00	-	206.04	186.22
139.35	141.75	135.00	139.67	136.31
-	-	132.07	125.29	135.00
148.94	155.76	125.34	182.87	126.32
138.49	140.00	-	137.43	140.00
151.04	153.51	140.00	140.82	145.71
151.62	153.33	140.00	120.52	148.65
140.00	180.00	-	140.00	-
156.00	146.84	140.00	140.00	154.36

1－14　2005 年入境过夜旅游者在各城市人均天花费
（按性别、年龄分组）

单位:美元/人天

	人均天花费	男	女	14 岁及以下	15～24 岁	25～44 岁	45～64 岁	65 岁及以上
北　　京	240.66	241.95	238.89	188.45	231.83	241.24	242.85	241.64
天　　津	178.23	177.76	179.01	190.00	175.42	178.50	180.25	170.69
石 家 庄	151.97	151.79	152.39	146.00	149.50	151.97	152.19	155.00
唐　　山	142.02	141.29	145.83	－	153.80	144.58	138.43	125.00
秦 皇 岛	144.87	146.52	142.16	－	128.41	148.77	144.12	114.49
保　　定	128.99	126.47	135.82	－	130.92	132.48	122.08	138.74
承　　德	130.61	133.42	127.92	125.00	130.97	133.87		
廊　　坊	149.78	150.67	147.39	－	151.11	150.65	148.17	150.85
太　　原	174.11	170.50	179.74	－	125.84	175.85	178.53	196.43
大　　同	191.63	184.31	202.00	－	201.67	190.81	193.02	170.64
阳　　泉	183.61	183.61	－	－	－	188.11	165.61	－
长　　治	166.64	171.27	158.41	165.00	188.05	161.54	159.65	220.00
晋　　城	139.78	129.35	154.97	－	－	88.65	108.93	177.69
朔　　州	147.14	141.53	153.77	－	102.82	154.07	151.92	131.80
忻　　州	164.14	175.68	141.51	－	159.30	149.72	176.76	138.59
吕　　梁	131.57	148.25	102.97	－	165.00	98.67	130.83	165.00
晋　　中	132.34	127.84	136.63	－	145.25	135.03	117.93	126.23
临　　汾	190.83	190.22	191.93	－	220.00	170.91	212.12	173.61
运　　城	152.22	142.13	169.51	－	212.60	158.65	133.25	148.56
呼和浩特	159.70	161.52	156.15	－	156.86	163.99	155.46	130.72
满 州 里	151.75	148.03	153.47	141.97	158.15	152.56		
二连浩特	161.74	163.73	160.05	－	145.75	165.98	152.72	104.82
包　　头	159.42	157.04	170.26	104.62	167.29	153.53	167.50	146.05
沈　　阳	170.49	170.33	170.73	180.00	180.93	174.62	164.70	158.22
大　　连	182.98	184.67	179.77	198.67	174.23	184.37	183.43	184.84
长　　春	152.75	150.53	168.22	－	170.00	149.42	156.76	170.00
吉　　林	165.76	168.02	157.07	－	168.24	164.08	169.66	156.74
哈 尔 滨	187.12	187.62	186.36	194.89	179.85	186.01	193.90	186.96
牡 丹 江	176.82	177.06	176.53	174.07	176.85	177.47	176.56	175.40
佳 木 斯	191.27	192.68	188.52	－	181.58	196.97	189.16	190.00
上　　海	228.59	229.32	226.99	216.00	224.75	230.24	227.63	227.18
南　　京	196.68	195.93	198.34	180.00	193.70	202.52	190.30	194.04
无　　锡	213.21	214.15	210.20	－	206.73	220.94	206.99	190.67
苏　　州	190.94	190.90	191.02	187.50	201.94	191.12	189.46	183.72
南　　通	177.68	175.97	180.18	－	151.13	182.67	176.92	173.54
扬　　州	183.11	178.33	192.82	－	196.41	187.46	175.67	171.33
杭　　州	190.56	189.83	191.70	－	190.49	190.77	190.48	189.42
宁　　波	189.14	189.10	189.25	－	187.77	189.16	189.30	189.75

1－14(续1)

	人均天花费	男	女	14岁及以下	15～24岁	25～44岁	45～64岁	65岁及以上
温州	185.40	185.89	184.26	－	189.40	185.69	184.05	188.00
绍兴	188.60	187.88	190.42	－	188.81	189.41	186.98	191.50
金华	189.83	188.49	195.51	188.00	206.67	188.12	190.16	195.00
合肥	185.85	187.00	183.01	－	177.67	183.82	190.70	180.00
芜湖	180.00	180.00	－	－	－	180.00	180.00	－
马鞍山	179.40	180.00	177.86	－	180.00	178.93	180.00	－
铜陵	182.88	178.61	190.24	－	180.00	187.24	178.93	－
安庆	182.92	183.28	180.00	－	180.00	180.00	186.18	－
黄山	168.46	168.80	168.05	165.00	167.49	168.28	168.60	169.03
滁州	170.60	171.26	169.78	300.00	167.11	172.35	169.50	165.22
亳州	170.39	169.60	172.57	－	180.00	175.00	167.54	171.00
池州	180.21	178.85	182.37	165.00	176.10	181.74	180.55	170.00
宣城	180.83	181.03	180.00	－	180.00	188.00	177.00	170.00
福州	173.50	172.49	175.38	205.00	193.84	176.79	164.47	155.95
厦门	185.17	180.13	195.41	186.74	197.41	187.74	178.81	183.29
泉州	146.76	143.85	153.01	－	138.84	141.22	161.71	135.91
漳州	170.33	173.80	164.71	－	170.91	174.77	158.52	166.68
武夷山	177.65	178.13	177.05	－	164.89	150.25	190.57	181.85
南昌	131.68	133.94	127.06	－	134.00	130.93	128.86	143.23
景德镇	140.57	143.28	135.38	－	125.61	145.29	138.11	136.67
九江	133.17	136.07	126.64	－	169.67	141.01	126.97	110.00
鹰潭	128.96	132.75	122.05	－	125.00	137.12	125.08	119.90
赣州	143.19	150.11	131.98	－	142.24	143.14	144.82	135.49
吉安	131.69	134.34	127.84	－	139.25	138.02	119.88	122.84
济南	192.45	192.23	192.80	300.00	191.67	190.80	193.54	180.00
青岛	187.16	186.87	187.71	175.00	183.89	191.71	182.61	183.05
烟台	193.52	195.26	189.55	－	200.00	199.25	181.62	240.00
曲阜	168.01	167.58	168.63	－	168.07	170.15	166.83	166.58
泰安	169.24	169.83	168.71	165.00	170.19	169.63	169.50	166.65
威海	209.80	208.49	216.56	－	300.00	201.42	224.57	175.00
郑州	127.02	126.34	128.02	129.73	121.68	128.97	126.59	126.70
开封	133.23	135.79	130.08	－	122.63	138.23	130.93	132.17
洛阳	127.43	132.83	117.36	－	129.23	131.12	122.61	129.91
三门峡	124.26	124.06	124.45	－	122.90	128.03	121.35	121.49
武汉	174.92	176.70	172.50	161.45	171.32	178.33	173.97	167.87
十堰	169.44	169.13	170.56	－	184.12	167.48	170.69	152.00
宜昌	168.35	168.52	168.08	－	171.62	163.98	171.96	173.11
襄樊	181.90	183.09	178.35	190.00	157.37	182.35	182.53	177.33
荆州	129.17	123.63	140.47	－	143.15	122.21	130.01	149.92
湖北游船	160.73	161.49	159.94	－	164.67	165.82	159.55	159.87
长沙	179.06	182.82	172.98	201.75	176.73	180.34	175.07	192.89
湘潭	169.16	169.57	168.43	165.00	168.00	170.65	169.83	165.63

1－14(续 2)

	人均天花费	男	女	14岁及以下	15～24岁	25～44岁	45～64岁	65岁及以上
衡　阳	168.30	167.96	168.65	165.00	173.13	167.98	166.83	167.00
岳　阳	172.60	171.42	174.21	165.00	167.87	176.70	167.41	170.04
张家界	164.10	163.47	165.06	165.00	163.77	165.16	163.55	163.05
广　州	128.13	129.69	125.68	135.00	121.48	130.35	127.48	124.71
深　圳	129.87	129.93	129.79	－	128.45	130.18	130.12	125.40
珠　海	119.75	122.81	115.78	102.88	116.09	121.16	117.54	124.62
汕　头	125.15	128.44	118.19	－	121.48	124.24	127.24	127.79
佛　山	131.66	132.40	129.76	135.00	126.72	132.32	132.57	114.71
江　门	120.35	120.01	120.73	135.00	122.43	120.07	123.51	98.53
肇　庆	118.05	123.31	112.47	－	109.61	122.07	114.61	123.04
中　山	132.94	133.88	131.27	124.69	134.91	133.58	132.09	128.43
南　宁	166.21	161.21	170.49	145.00	146.80	174.57	161.18	108.31
桂　林	168.41	170.69	164.73	145.00	177.55	173.54	165.32	155.04
梧　州	160.72	159.41	162.72	－	174.36	171.38	151.94	146.55
北　海	156.10	157.45	152.37	－	197.95	151.95	158.65	143.52
玉　林	150.20	147.68	152.46	145.00	221.67	145.68	143.90	163.75
百　色	149.65	153.11	144.94	145.00	139.39	139.86	163.35	140.61
凭　祥	152.58	154.94	149.63	－	125.37	152.73	154.47	154.23
海　口	151.39	150.81	152.44	151.27	143.01	152.50	152.13	150.65
三　亚	144.77	146.23	143.12	135.90	146.82	145.64	142.25	146.10
重　庆	168.72	170.02	166.81	170.00	171.13	168.63	169.16	158.81
重庆游船	174.86	171.28	178.72	125.67	186.67	181.61	169.01	172.49
成　都	172.04	174.70	167.99	－	168.77	175.36	170.64	160.84
绵　阳	169.74	172.01	160.78	180.00	173.05	177.70	163.67	153.72
乐　山	157.76	157.56	157.97	165.00	155.50	158.89	157.89	150.84
阿坝州	154.99	156.02	153.87	167.02	162.10	154.71	153.38	154.56
贵　阳	159.45	157.90	161.36	163.75	158.51	156.73	161.98	163.97
安　顺	163.87	164.24	163.49	165.00	138.23	163.22	164.62	165.00
黔东南	159.77	160.09	159.40	－	150.98	159.05	161.83	163.33
昆　明	170.57	170.77	170.23	180.00	171.73	169.62	171.30	169.93
景　洪	171.51	168.45	178.67	－	169.26	171.56	171.56	178.00
大　理	170.23	169.45	171.47	－	170.00	166.44	173.52	180.00
拉　萨	149.01	148.84	149.62	160.00	158.96	150.12	145.44	160.00
西　安	181.88	181.67	182.15	185.00	175.28	178.49	183.20	184.13
咸　阳	185.50	182.88	191.22	－	206.51	179.46	187.25	188.73
兰　州	138.35	138.22	138.53	142.50	142.89	138.20	137.10	137.61
敦　煌	136.02	136.06	135.97	137.50	140.41	141.00	133.42	132.96
西　宁	134.50	136.41	132.13	－	143.55	138.52	131.43	121.17
银　川	137.59	138.09	134.34	－	140.00	136.35	138.79	132.36
乌鲁木齐	146.61	147.89	144.50	135.51	153.69	148.68	144.32	141.71
吐鲁番	146.63	145.15	149.08	140.00	151.15	146.40	147.55	140.00
库尔勒	147.15	150.17	142.12	140.00	150.00	150.62	146.89	137.52
喀　什	146.67	147.88	144.64	140.00	155.00	149.42	144.29	143.37

1－15　2005年入境一日游游客人均花费及构成

（按外国人、港澳台胞、团体及散客分组）

		人均花费（美元/人）	花费构成（%）						
			交通	餐饮	景区游览	娱乐	购物	邮电通讯	其他
全　　国	**总计**	**38.63**	**17.4**	**13.1**	**8.0**	**10.8**	**30.3**	**6.6**	**13.8**
	团体	43.25	20.8	15.1	5.4	4.7	38.6	8.9	6.5
	散客	35.07	15.9	12.2	9.3	13.6	26.3	5.6	17.1
外 国 人	小计	41.63	18.3	12.3	6.0	9.3	37.0	7.2	9.9
	团体	39.77	20.4	14.4	4.3	4.4	42.0	8.2	6.3
	散客	45.11	16.5	10.4	7.3	13.6	32.8	6.3	13.1
香港同胞	小计	33.41	15.9	14.3	10.7	12.9	22.9	5.9	17.4
	团体	67.26	23.3	17.1	8.6	6.2	24.8	13.8	6.2
	散客	28.49	14.7	13.9	11.0	13.7	22.6	4.9	19.2
澳门同胞	小计	32.58	16.7	13.3	9.7	10.1	19.3	6.4	24.5
	团体	58.05	19.4	20.7	11.7	4.9	23.2	10.7	9.4
	散客	27.37	16.2	12.0	9.3	11.1	18.5	5.7	27.2
台湾同胞	小计	59.68	19.9	14.9	11.0	15.4	20.2	5.7	12.9
	团体	76.47	19.8	20.8	10.5	1.4	31.3	7.0	9.2
	散客	55.39	19.9	13.8	11.1	17.9	18.2	5.5	13.6

1－16 2005年入境过夜旅游者人均天花费构成

		人均天花费(美元/人天)	人均天花费构成(%)				
			长途交通	飞 机	火 车	汽 车	轮 船
全 国	**总计**	**154.16**	**31.2**	**22.3**	**3.4**	**2.7**	**2.8**
	团体	134.17	23.3	15.3	2.8	3.8	1.4
	散客	165.68	35.7	26.3	3.7	2.1	3.6
外 国 人	小计	167.33	30.6	22.4	2.8	2.6	2.8
	团体	133.99	22.6	15.3	2.2	3.7	1.4
	散客	194.35	34.5	25.8	3.1	2.1	3.5
香港同胞	小计	117.10	38.4	26.7	5.2	2.7	3.8
	团体	119.02	25.0	14.5	4.6	4.3	1.6
	散客	116.81	40.1	28.2	5.3	2.5	4.1
澳门同胞	小计	100.04	31.9	25.0	2.6	1.5	2.7
	团体	120.87	26.8	17.9	3.5	3.5	1.9
	散客	94.79	33.0	26.6	2.4	1.1	2.9
台湾同胞	小计	152.70	33.1	22.9	1.9	5.9	2.4
	团体	149.75	26.6	15.4	6.3	3.9	1.0
	散客	154.12	30.5	22.8	2.8	1.6	3.3

（按外国人、港澳台胞、团体及散客分组）

住 宿	餐 饮	景 区 游 览	娱 乐	购 物	市 内 交 通	邮 电 通 讯	其 他
14.2	9.0	3.8	5.3	20.9	2.1	2.5	11.0
14.4	10.1	3.1	2.0	30.3	1.7	2.8	12.3
14.1	8.3	4.2	7.1	15.6	2.4	2.3	10.3
14.1	8.8	3.6	5.3	21.7	2.2	2.6	11.0
14.7	10.3	3.0	1.8	30.1	1.6	2.9	13.0
13.8	8.1	3.9	7.0	17.7	2.5	2.4	10.1
14.4	8.2	4.6	6.6	11.7	2.0	2.0	12.0
13.0	9.2	4.2	3.6	27.9	2.4	2.3	12.4
14.6	8.1	4.7	7.0	9.6	1.9	2.0	12.0
12.9	9.7	4.9	7.5	14.1	2.3	1.8	14.9
14.6	9.3	4.7	3.5	25.4	2.2	2.7	10.8
12.5	9.8	5.0	8.4	11.6	2.3	1.6	15.8
14.3	8.4	3.3	4.6	20.0	2.0	2.5	11.8
12.7	8.9	3.3	2.6	33.1	1.7	2.7	8.4
14.6	9.8	4.8	8.0	13.7	2.3	2.0	14.3

1－17　2005年外国过夜旅游者

	人均天花费(美元/人天)	人均天花费构成(%)				
		长途交通	飞　机	火　车	汽　车	轮　船
日　本	205.35	26.6	22.0	2.1	1.6	0.9
菲律宾	164.1	22.9	19.2	1.9	1.5	0.3
泰　国	167.0	27.2	22.9	1.8	1.7	0.8
新加坡	162.72	28.2	21.1	2.6	3.2	1.3
印　尼	149.67	27.8	20.5	2.5	3.9	0.9
马来西亚	139.97	27.6	20.4	2.3	3.7	1.2
韩　国	175.97	24.0	18.1	1.1	3.5	1.3
朝　鲜	186.53	4.6	2.7	0.2	1.2	0.5
蒙　古	251.22	21.6	15.1	4.0	1.9	0.6
印　度	149.29	26.5	20.0	3.1	2.0	1.4
英　国	165.17	19.6	14.7	2.1	1.7	1.1
法　国	80.89	22.1	14.4	2.0	4.2	1.5
德　国	141.81	25.4	18.4	3.9	2.4	0.7
意大利	176.74	23.5	18.3	2.1	1.8	1.3
荷　兰	146.85	25.9	18.6	4.2	2.4	0.7
瑞　典	141.04	23.3	17.8	2.4	2.1	1.0
俄罗斯	131.83	18.6	6.4	2.4	7.1	2.7
瑞　士	131.42	26.7	20.5	2.0	3.1	1.1
美　国	131.29	24.3	17.7	1.8	3.2	1.6
加拿大	152.06	25.3	18.8	2.3	2.5	1.7
澳大利亚	137.47	23.7	16.7	2.5	3.0	1.5
非洲国家	178.25	25.8	19.8	3.0	1.4	1.6
南美国家	138.46	19.5	13.5	2.5	1.9	1.6
其他国家	156.46	19.0	13.0	3.9	1.5	0.6

人均天花费构成(按国别分组)

住宿	餐饮	景区游览	娱乐	购物	市内交通	邮电通讯	其他
17.6	12.1	4.1	7.1	16.5	3.0	4.5	8.5
15.2	10.4	6.2	6.3	20.4	3.4	5.8	9.4
16.6	10.1	3.5	5.5	20.7	2.9	4.1	9.4
16.1	10.6	4.9	4.9	17.9	3.7	3.8	9.9
16.2	9.5	5.1	4.9	16.7	3.0	3.8	13.0
15.7	11.1	4.8	5.9	17.0	3.3	5.1	9.5
15.8	10.4	3.2	4.2	24.1	2.6	3.5	12.2
2.8	2.8	0.3	0.5	43.1	0.5	4.3	41.1
2.2	2.3	6.1	7.6	51.9	1.0	1.3	6.0
16.9	9.0	7.5	5.6	15.7	4.0	6.6	8.2
15.1	10.2	3.9	4.6	23.3	3.6	3.9	15.8
12.6	9.8	2.6	3.6	29.3	3.0	6.2	10.8
19.6	12.8	4.5	7.2	14.5	4.0	3.4	8.6
16.2	11.4	2.5	5.3	20.7	2.9	6.3	11.2
15.7	11.2	5.3	5.7	16.5	5.1	5.8	8.8
16.0	10.9	4.2	3.4	23.7	2.6	5.0	10.9
8.6	5.9	2.6	2.5	42.3	2.3	6.7	10.5
16.2	11.4	8.0	7.0	14.5	3.8	6.4	6.0
14.3	10.5	4.0	3.4	24.0	3.3	5.0	11.2
16.7	11.8	4.9	5.2	18.0	3.3	4.2	10.6
15.5	11.1	3.6	4.7	22.3	3.0	4.8	11.3
14.9	10.4	5.8	8.7	15.4	4.7	2.8	11.5
16.5	10.7	0.7	8.5	20.6	2.1	9.1	12.3
16.3	11.1	2.3	5.3	22.5	3.9	7.5	12.1

1－18　2005年入境过夜旅游者在各省(区、市)

		人均天花费(美元/人天)	人均天花费构成(%)				
			长途交通	飞　机	火　车	汽　车	轮　船
北　京	小计	240.66	35.3	30.9	1.1	3.3	0.0
	团体	238.17	25.6	22.0	0.5	3.1	0.0
	散客	243.17	43.4	32.7	5.4	5.3	0.0
天　津	小计	178.23	43.4	32.1	3.1	1.6	6.6
	团体	148.49	37.0	19.0	9.0	1.5	7.5
	散客	187.53	45.8	39.7	1.9	1.9	2.3
河　北	小计	142.39	33.0	18.6	3.7	3.2	7.5
	团体	125.31	19.9	13.1	3.6	3.2	0.0
	散客	151.39	43.5	29.1	3.8	3.1	7.5
山　西	小计	165.28	35.0	27.3	5.3	2.4	0.0
	团体	154.67	29.5	21.7	5.6	2.2	0.0
	散客	174.96	40.8	33.2	4.5	3.1	0.0
内蒙古	小计	157.88	19.3	15.6	1.1	2.6	0.0
	团体	149.89	16.6	15.0	0.2	1.4	0.0
	散客	165.23	27.4	17.9	4.2	5.3	0.0
辽　宁	小计	178.92	33.6	21.8	1.3	1.9	8.6
	团体	159.71	28.7	17.3	0.8	1.9	8.7
	散客	186.50	35.2	23.8	4.5	1.2	5.7
吉　林	小计	160.68	31.6	27.3	1.1	3.2	0.0
	团体	168.84	28.7	24.4	1.1	3.2	0.0
	散客	159.69	32.4	32.4	0.0	0.0	0.0
黑龙江	小计	182.79	33.5	23.3	3.4	3.0	3.8
	团体	176.98	24.0	17.9	3.1	3.0	0.0
	散客	193.30	46.8	34.1	6.3	2.6	3.8
上　海	小计	228.59	32.8	28.5	2.0	1.1	1.2
	团体	209.78	26.0	23.7	1.5	0.8	0.0
	散客	233.36	35.2	28.7	3.1	2.2	1.2
江　苏	小计	195.32	28.9	21.1	4.8	2.0	1.0
	团体	179.38	28.5	20.9	5.5	1.1	1.0
	散客	204.80	29.4	21.3	2.6	3.6	1.9

人均天花费构成(按团体及散客分组)

住宿	餐饮	景区游览	娱乐	购物	市内交通	邮电通讯	其他
17.3	9.2	4.7	4.6	19.9	1.1	3.4	4.5
18.4	10.6	4.5	4.3	28.1	0.3	4.1	4.1
16.1	7.7	5.2	5.4	11.5	2.5	2.2	6.0
10.8	8.5	2.5	4.0	20.8	1.5	1.4	7.1
10.9	10.9	1.1	0.0	31.9	2.3	1.9	4.0
10.8	7.8	4.0	4.0	17.3	1.1	1.1	8.1
14.7	10.1	5.6	6.5	15.2	2.0	6.4	6.5
15.0	12.6	6.4	7.2	21.7	1.1	10.1	6.0
14.5	8.7	4.8	5.7	10.1	2.7	2.8	7.2
12.8	12.1	2.8	6.3	18.0	3.0	3.5	6.5
13.6	16.3	1.6	6.6	21.3	3.6	4.4	3.1
12.0	7.5	4.6	5.8	13.9	2.0	2.1	11.3
12.9	8.1	1.3	7.0	32.9	5.6	4.9	8.0
17.7	11.1	0.6	1.4	30.2	6.9	6.0	9.5
8.3	4.5	4.8	7.9	37.1	2.8	2.3	4.9
14.1	11.9	2.9	5.6	19.8	1.7	4.9	5.5
11.8	11.2	2.7	2.2	33.2	1.2	7.1	1.9
15.3	12.2	4.1	8.0	13.3	2.3	1.7	7.9
14.4	14.1	3.3	5.6	19.2	1.5	1.5	8.8
14.1	12.1	2.9	4.8	24.3	0.3	1.5	11.3
14.4	14.3	3.5	5.8	18.1	2.5	1.5	7.5
13.0	12.7	1.7	7.1	22.5	1.2	4.2	4.1
13.8	15.9	1.0	0.0	36.0	0.8	4.5	4.0
11.3	5.8	4.6	7.1	14.4	2.7	2.9	4.4
13.9	8.4	4.4	6.6	18.7	1.7	2.6	10.9
10.8	10.9	3.4	3.7	28.7	0.4	4.3	11.8
14.7	7.7	5.2	8.4	14.9	2.3	1.7	9.9
14.9	10.6	4.4	7.1	22.8	2.1	3.9	5.3
13.0	11.3	4.2	5.0	27.6	1.5	5.8	3.1
16.0	10.1	4.6	10.0	16.6	2.6	2.3	8.4

1－18(续1)

	人均天花费(美元/人天)	人均天花费构成(%)				
		长途交通	飞机	火车	汽车	轮船
浙江 小计	189.52	25.7	19.2	2.2	1.4	2.9
团体	194.42	21.9	17.4	2.3	0.3	1.9
散客	187.43	40.3	20.4	1.0	3.0	15.9
安徽 小计	173.72	25.2	19.1	3.1	1.5	1.5
团体	165.89	20.3	15.1	3.0	1.2	1.0
散客	185.42	53.3	27.1	4.4	4.0	17.8
福建 小计	173.85	34.0	24.6	2.9	3.4	3.1
团体	186.83	18.4	12.2	2.4	3.3	0.5
散客	169.05	44.6	32.3	4.7	3.5	4.1
江西 小计	134.94	34.8	15.9	6.5	4.5	7.9
团体	111.03	22.6	11.2	6.6	4.8	0.0
散客	161.18	41.6	24.4	6.3	3.0	7.9
山东 小计	186.25	39.0	29.1	2.4	1.4	6.1
团体	166.28	31.5	22.3	1.8	1.3	6.1
散客	196.14	43.6	30.9	4.7	2.2	5.8
河南 小计	127.75	31.8	25.2	2.3	4.3	0.0
团体	124.69	28.0	21.8	2.0	4.2	0.0
散客	136.34	40.0	26.5	6.5	7.0	0.0
湖北 小计	170.14	43.3	19.9	4.9	1.8	16.7
团体	154.83	43.9	19.9	5.0	1.7	17.3
散客	178.16	41.8	21.1	4.8	2.2	13.7
湖南 小计	170.31	36.2	23.4	4.3	4.6	3.9
团体	163.14	34.5	26.0	3.8	4.7	0.0
散客	181.67	38.6	22.8	8.0	3.9	3.9
广东 小计	126.89	38.6	22.4	10.5	2.1	3.6
团体	104.53	33.2	13.1	14.9	1.6	3.6
散客	134.84	41.2	31.5	3.3	2.8	3.6
广西 小计	162.07	40.0	26.4	5.3	3.6	4.7
团体	145.82	36.6	20.4	5.6	5.9	4.7
散客	174.71	41.9	33.6	3.9	3.0	1.4

住宿	餐饮	景区游览	娱乐	购物	市内交通	邮电通讯	其他
15.0	10.1	3.2	5.4	28.5	1.5	3.5	7.1
11.8	10.9	3.6	4.4	32.8	1.7	5.2	7.7
16.3	9.7	2.6	6.3	14.6	1.4	2.8	6.0
11.9	9.8	3.7	6.1	32.1	1.0	3.4	6.8
13.4	11.2	3.5	6.3	33.1	0.8	4.3	7.1
9.3	7.1	4.4	5.9	11.5	1.6	1.6	5.3
11.1	8.9	3.6	7.4	17.8	2.6	3.2	11.4
12.8	11.0	2.7	6.2	26.5	2.9	5.5	14.0
10.4	7.9	4.4	8.1	12.9	2.4	1.9	7.4
12.3	10.5	3.1	6.4	15.1	1.8	3.6	12.4
11.9	13.4	2.4	7.1	22.5	1.6	4.3	14.2
12.8	7.1	4.3	5.2	15.9	2.2	2.5	8.4
12.6	9.0	3.8	6.7	18.7	1.6	3.5	5.1
13.1	11.4	2.9	5.2	27.3	0.7	4.9	3.0
12.4	7.6	5.1	7.9	12.8	2.4	2.4	5.8
13.3	15.2	3.7	2.8	19.7	0.9	4.2	8.4
12.4	17.5	3.5	2.0	22.6	0.6	4.9	8.5
15.9	8.6	4.6	8.5	10.8	2.2	2.7	6.7
12.0	8.2	3.8	6.5	16.8	1.9	3.1	4.4
9.2	10.6	2.7	4.1	21.4	1.1	4.1	2.9
13.5	6.7	4.8	7.5	13.5	2.5	2.2	7.5
11.5	8.3	5.6	4.9	18.4	1.2	4.5	9.4
10.9	7.5	5.8	4.0	21.7	0.5	5.6	9.5
12.5	9.5	5.3	6.9	12.9	2.4	2.6	9.3
12.2	8.5	2.6	7.3	16.4	1.8	3.3	9.3
11.5	10.5	0.6	6.0	22.6	0.6	5.1	9.9
12.5	7.7	4.4	7.5	13.6	2.5	2.1	8.5
11.3	9.3	7.0	4.3	16.7	1.4	2.4	7.6
11.4	10.8	6.7	2.7	20.1	0.8	2.9	8.0
11.3	7.9	7.4	7.1	13.4	2.2	1.8	7.0

1－18(续2)

		人均天花费(美元/人天)	人均天花费构成(%)				
			长途交通	飞 机	火 车	汽 车	轮 船
海 南	小计	147.48	32.5	25.3	0.0	5.3	1.9
	团体	143.11	29.2	23.6	0.0	5.6	0.0
	散客	152.87	39.8	35.2	0.0	2.7	1.9
重 庆	小计	169.87	48.1	22.6	3.7	1.5	20.3
	团体	169.39	48.7	19.9	0.0	1.4	27.4
	散客	170.28	42.6	25.2	3.7	2.3	11.4
四 川	小计	165.53	31.9	24.7	3.0	2.0	2.2
	团体	150.30	27.2	22.6	2.9	1.7	0.0
	散客	187.18	43.7	33.9	4.3	3.3	2.2
贵 州	小计	160.19	31.9	22.9	5.2	3.8	0.0
	团体	164.96	29.1	21.4	4.6	3.1	0.0
	散客	152.37	36.4	23.0	8.7	4.7	0.0
云 南	小计	170.61	37.5	33.1	1.1	1.0	2.3
	团体	175.23	33.6	32.3	0.7	0.6	0.0
	散客	164.85	40.3	33.3	1.9	2.8	2.3
西 藏	小计	149.01	29.1	22.7	0.0	6.4	0.0
	团体	144.36	29.0	25.1	0.0	3.9	0.0
	散客	163.71	29.5	15.3	0.0	14.2	0.0
陕 西	小计	182.12	31.6	24.4	2.1	5.1	0.0
	团体	184.21	28.4	21.3	2.0	5.1	0.0
	散客	175.32	46.9	36.1	6.0	4.8	0.0
甘 肃	小计	137.12	38.4	24.0	9.8	4.6	0.0
	团体	134.21	34.8	20.7	9.7	4.4	0.0
	散客	146.03	60.7	44.0	10.3	6.4	0.0
青 海	小计	134.50	39.2	23.5	6.4	9.3	0.0
	团体	119.13	42.3	27.2	6.0	9.1	0.0
	散客	159.63	42.0	22.8	9.0	10.2	0.0
宁 夏	小计	137.59	42.9	34.1	8.8	0.0	0.0
	团体	140.00	31.8	23.0	8.8	0.0	0.0
	散客	137.51	43.7	43.7	0.0	0.0	0.0
新 疆	小计	146.67	17.8	15.4	0.9	1.5	0.0
	团体	138.99	12.2	10.0	0.7	1.5	0.0
	散客	179.84	44.1	36.8	5.8	1.5	0.0

住宿	餐饮	景区游览	娱乐	购物	市内交通	邮电通讯	其他
12.0	10.4	2.5	9.9	19.7	2.2	4.2	6.6
9.9	10.3	1.4	10.2	25.0	2.1	5.0	6.9
14.5	10.6	5.0	9.1	10.9	2.5	2.1	5.5
10.1	6.8	3.1	4.7	16.8	2.4	3.0	5.0
10.5	5.8	2.9	3.1	18.8	2.4	3.6	4.2
9.7	8.1	3.6	9.0	13.8	2.4	2.1	8.7
11.8	9.7	4.8	6.5	23.2	1.2	4.9	6.0
9.9	11.8	4.9	6.4	26.4	0.7	6.3	6.4
14.4	6.7	4.4	6.7	16.0	2.3	1.8	4.0
13.7	11.7	3.7	4.4	21.5	3.5	2.8	6.8
12.2	13.9	3.2	3.6	25.7	3.4	2.4	6.5
16.2	7.8	4.9	7.5	12.0	3.8	3.8	7.6
12.0	9.2	4.1	6.0	19.4	1.1	3.5	7.2
12.9	10.9	3.7	4.6	22.2	0.8	4.2	7.1
11.3	6.8	5.0	10.4	14.5	1.8	2.2	7.7
14.9	12.1	2.4	7.8	22.1	0.9	6.3	4.4
14.9	12.9	1.8	8.8	22.0	0.4	6.5	3.7
14.9	9.6	4.3	4.4	22.3	2.4	5.6	7.0
10.9	9.0	4.2	3.4	23.1	2.1	5.9	9.8
10.6	10.2	4.2	3.4	24.5	2.1	6.9	9.7
12.0	4.1	4.2	3.9	15.3	2.0	1.2	10.4
11.7	11.4	2.7	2.5	21.2	1.6	2.2	8.3
12.2	13.0	2.1	2.5	23.2	1.6	2.2	8.4
9.9	5.0	6.3	3.6	6.4	1.8	1.7	4.6
8.7	12.7	2.7	5.2	18.8	1.4	2.0	9.3
6.6	15.8	1.9	0.9	20.9	0.0	2.0	9.6
12.1	7.4	4.7	7.5	14.7	1.4	2.0	8.2
15.7	5.3	7.4	8.6	10.7	2.5	2.0	4.9
15.3	9.3	6.4	9.3	18.7	1.7	0.1	7.4
15.7	5.2	7.5	8.5	10.2	2.5	2.0	4.7
10.9	9.2	1.0	2.3	42.5	1.9	6.6	7.8
11.4	10.0	0.2	1.8	46.8	1.9	7.3	8.4
8.5	4.9	6.2	9.4	17.8	2.6	2.2	4.3

1－19　2005 年入境过夜旅游者在各省(区、市)

	人均天花费(美元/人天)	人均天花费构成(%)				
		长途交通	飞 机	火 车	汽 车	轮 船
北 京	240.66	35.3	30.9	1.1	3.3	0.0
外国人	244.01	31.7	27.0	1.0	3.7	0.0
香港同胞	230.50	30.3	25.4	3.1	1.7	0.0
澳门同胞	178.94	20.2	19.3	0.7	0.2	0.0
台湾同胞	210.91	55.5	48.4	4.7	2.4	0.0
天 津	178.23	43.4	32.1	3.1	1.6	6.6
外国人	177.92	45.8	27.9	2.0	2.3	13.6
香港同胞	183.17	29.1	26.7	0.4	2.0	0.0
澳门同胞	182.00	35.5	35.5	0.0	0.0	0.0
台湾同胞	174.08	35.6	26.7	8.3	0.3	0.3
河 北	142.39	33.0	18.6	3.7	3.2	7.5
外国人	142.06	31.6	14.9	2.3	1.9	12.5
香港同胞	141.44	31.5	13.1	12.5	4.4	1.5
澳门同胞	140.94	25.2	20.3	1.7	1.4	1.8
台湾同胞	149.05	37.5	19.3	4.5	10.9	2.8
山 西	165.28	35.0	27.3	5.3	2.4	0.0
外国人	165.07	34.7	28.2	4.3	2.2	0.0
香港同胞	158.00	41.7	21.0	18.6	2.1	0.0
澳门同胞	187.19	33.7	23.2	4.0	6.5	0.0
台湾同胞	157.96	29.7	23.7	3.5	2.5	0.0
内蒙古	157.88	19.3	15.6	1.1	2.6	0.0
外国人	156.92	18.9	15.6	1.1	2.2	0.0
香港同胞	166.43	15.8	15.3	0.0	0.5	0.0
澳门同胞	169.88	15.9	15.9	0.0	0.0	0.0
台湾同胞	185.94	22.2	11.5	0.0	10.7	0.0

人均天花费构成(按外国人、港澳台胞分组)

住宿	餐饮	景区游览	娱乐	购物	市内交通	邮电通讯	其他
17.3	9.2	4.7	4.6	19.9	1.1	3.4	4.5
13.6	9.0	5.1	5.2	23.1	1.0	5.1	6.2
25.5	8.8	6.2	6.4	13.5	1.9	3.1	4.3
14.7	11.0	7.7	5.9	29.3	1.1	4.1	6.0
11.9	7.2	3.1	2.5	13.4	1.2	2.1	3.1
10.8	8.5	2.5	4.0	20.8	1.5	1.4	7.1
10.3	8.5	2.5	3.6	18.5	1.4	1.6	7.8
15.3	8.5	3.9	6.3	19.5	3.5	2.4	11.5
13.1	9.9	3.2	9.9	19.0	0.8	1.9	6.7
8.2	9.2	3.7	4.7	26.1	3.3	1.3	7.9
14.7	10.1	5.6	6.5	15.2	2.0	6.4	6.5
14.3	9.7	5.4	5.6	16.5	1.6	6.9	8.4
13.5	11.9	6.3	8.7	13.8	4.2	5.1	5.0
12.5	15.8	3.9	10.9	16.5	6.6	3.9	4.7
16.1	10.9	4.8	8.1	12.1	2.8	2.9	4.8
12.8	12.1	2.8	6.3	18.0	3.0	3.5	6.5
12.5	11.7	2.7	6.4	18.3	3.4	3.5	6.8
11.6	12.4	2.9	4.3	16.6	1.0	4.0	5.5
15.0	13.1	5.6	5.5	12.0	1.6	2.8	10.7
6.9	15.3	2.6	8.1	20.4	1.1	5.6	10.3
12.9	8.1	1.3	7.0	32.9	5.6	4.9	8.0
12.5	7.8	1.0	7.4	34.9	5.2	4.5	7.8
16.2	10.1	1.1	3.9	21.6	11.1	7.4	12.8
19.7	21.3	6.2	0.0	13.9	5.0	4.3	13.7
23.5	15.4	5.7	0.9	17.5	4.0	3.0	7.8

1－19(续1)

	人均天花费(美元/人天)	人均天花费构成(%)				
		长途交通	飞　机	火　车	汽　车	轮　船
辽　　宁	178.92	33.6	21.8	1.3	1.9	8.6
外 国 人	178.65	31.9	19.1	1.0	1.9	9.9
香港同胞	185.51	42.3	29.3	5.5	3.0	4.5
澳门同胞	169.14	30.1	20.2	3.8	0.0	6.1
台湾同胞	177.59	27.7	23.9	2.3	1.5	0.0
吉　　林	160.68	31.6	27.3	1.1	3.2	0.0
外 国 人	161.99	31.2	26.9	1.1	3.2	0.0
香港同胞	152.94	34.5	34.5	0.0	0.0	0.0
澳门同胞	133.92	13.0	13.0	0.0	0.0	0.0
台湾同胞	170.00	52.8	52.8	0.0	0.0	0.0
黑龙江	182.79	33.5	23.3	3.4	3.0	3.8
外 国 人	181.69	34.1	23.8	3.5	2.9	3.9
香港同胞	194.93	27.9	24.1	1.4	2.4	0.0
澳门同胞	190.00	15.5	14.4	1.1	0.0	0.0
台湾同胞	186.86	32.6	24.4	2.6	5.6	0.0
上　　海	228.59	32.8	28.5	2.0	1.1	1.2
外 国 人	228.41	33.1	29.0	2.3	0.9	0.9
香港同胞	229.41	26.8	20.3	2.2	3.7	0.6
澳门同胞	223.48	20.7	16.7	1.0	3.0	0.0
台湾同胞	232.05	38.0	20.0	2.5	1.0	14.5
江　　苏	195.32	28.9	21.1	4.8	2.0	1.0
外 国 人	195.69	21.2	16.1	1.8	2.0	1.3
香港同胞	194.74	27.0	20.6	4.3	1.6	0.5
澳门同胞	198.58	28.2	19.6	7.2	1.4	0.0
台湾同胞	193.66	36.7	22.7	11.0	2.2	0.8

住宿	餐饮	景区游览	娱乐	购物	市内交通	邮电通讯	其他
14.1	11.9	2.9	5.6	19.8	1.7	4.9	5.5
14.2	11.8	2.6	5.6	21.2	1.5	5.5	5.7
14.8	11.9	3.4	5.7	15.5	2.2	1.9	2.3
18.0	13.3	4.5	3.9	10.8	2.9	2.4	14.1
10.3	13.6	2.2	6.2	27.6	3.6	3.2	5.6
14.4	14.1	3.3	5.6	19.2	1.5	1.5	8.8
13.9	14.3	4.3	5.6	18.5	1.5	1.6	9.1
19.8	7.9	2.9	0.0	19.3	0.0	3.0	12.6
38.1	10.1	0.0	1.6	20.1	0.0	2.0	15.1
23.0	6.5	0.0	8.0	6.4	1.4	0.0	1.9
13.0	12.7	1.7	7.1	22.5	1.2	4.2	4.1
13.0	12.9	1.5	7.0	22.4	1.1	4.3	3.7
14.5	9.9	4.7	6.9	24.7	2.5	3.2	5.7
14.8	10.7	1.4	0.0	28.5	1.6	1.0	26.5
11.4	12.6	2.4	8.1	21.9	2.4	3.4	5.2
13.9	8.4	4.4	6.6	18.7	1.7	2.6	10.9
12.4	8.3	3.1	5.0	21.5	1.6	3.0	12.0
18.3	9.9	3.7	6.8	16.5	2.0	1.3	14.7
22.6	8.5	2.6	8.2	25.8	1.0	0.5	10.1
12.4	7.3	2.8	11.3	12.1	1.9	2.2	12.0
14.9	10.6	4.4	7.1	22.8	2.1	3.9	5.3
15.8	10.5	5.6	7.6	27.1	1.8	4.3	6.1
13.1	10.9	5.9	7.1	22.3	2.2	4.7	6.8
13.4	11.8	3.8	4.6	28.4	1.7	3.3	4.8
14.0	10.8	1.8	5.1	16.3	2.6	2.9	9.8

1－19(续2)

	人均天花费(美元/人天)	人均天花费构成(%)				
		长途交通	飞机	火车	汽车	轮船
浙江	189.52	26.7	20.2	2.2	1.4	2.9
外国人	189.37	26.3	20.6	3.0	1.6	1.1
香港同胞	189.81	30.0	20.6	0.7	1.1	7.6
澳门同胞	194.25	27.7	17.9	0.0	5.0	4.8
台湾同胞	190.20	34.4	20.5	9.4	1.3	3.2
安徽	173.72	25.2	19.1	3.1	1.5	1.5
外国人	173.40	27.2	18.8	4.1	1.6	2.7
香港同胞	177.10	33.7	13.4	12.1	1.8	6.4
澳门同胞	171.56	15.2	10.5	2.9	1.8	0.0
台湾同胞	173.86	40.5	25.1	4.1	1.8	9.5
福建	173.85	34.0	24.6	2.9	3.4	3.1
外国人	177.18	30.9	22.5	2.5	1.6	4.3
香港同胞	167.92	40.3	24.0	2.3	9.3	4.7
澳门同胞	177.73	37.6	24.4	6.7	3.7	2.8
台湾同胞	169.07	36.1	24.9	4.6	3.2	3.4
江西	134.94	34.8	15.9	6.5	4.5	7.9
外国人	133.75	36.2	15.5	7.8	5.0	7.9
香港同胞	141.82	32.1	21.9	5.9	4.3	0.0
澳门同胞	124.30	25.9	19.0	3.0	3.9	0.0
台湾同胞	141.82	26.7	16.8	6.2	3.7	0.0
山东	186.25	39.0	29.1	2.4	1.4	6.1
外国人	186.28	40.1	29.5	2.5	0.7	7.4
香港同胞	184.96	37.9	31.2	3.6	0.8	2.3
澳门同胞	171.25	30.4	21.4	0.0	9.0	0.0
台湾同胞	189.44	37.1	24.9	3.5	4.4	4.3

住宿	餐饮	景区游览	娱乐	购物	市内交通	邮电通讯	其他
15.0	10.1	3.2	5.4	28.5	1.5	3.5	6.1
16.4	9.2	3.5	6.0	27.3	1.6	4.0	5.7
13.9	8.8	2.7	6.6	21.4	2.5	3.6	10.5
12.6	15.1	3.1	2.8	31.6	0.0	5.4	1.7
14.9	10.7	2.3	6.7	18.1	1.4	3.0	8.5
11.9	9.8	3.7	6.1	32.1	1.0	3.4	6.8
11.6	9.8	1.7	5.5	33.7	1.1	3.7	5.7
8.3	10.1	2.3	11.0	16.6	1.1	2.7	8.1
19.1	12.3	11.2	9.1	14.5	1.9	3.0	13.7
6.1	9.4	2.6	3.9	18.9	1.0	4.0	13.6
11.1	8.9	3.6	7.4	17.8	2.6	3.2	11.4
10.7	8.7	4.9	7.6	19.6	2.3	2.4	12.9
10.4	7.5	3.5	10.8	11.2	2.0	1.7	12.6
12.5	7.9	3.9	12.2	11.9	4.3	1.5	8.2
9.1	6.0	3.1	7.1	18.4	2.3	2.7	15.2
12.3	10.5	3.1	6.4	15.1	1.8	3.6	12.4
12.6	10.5	2.9	6.6	14.6	1.4	4.1	11.1
13.0	10.2	3.6	3.6	17.8	2.9	2.6	14.2
11.3	11.8	2.9	7.9	18.8	2.7	2.9	15.8
13.4	11.0	4.7	8.3	18.8	2.2	2.9	12.0
12.6	9.0	3.8	6.7	18.7	1.6	3.5	5.1
11.8	8.6	2.6	6.6	19.2	1.6	3.7	5.8
13.2	9.1	2.2	7.6	20.1	1.6	2.9	5.4
22.0	10.5	13.4	2.6	15.5	1.6	2.2	1.8
11.4	10.0	8.1	6.3	17.6	1.6	2.6	5.3

1－19(续 3)

	人均天花费(美元/人天)	人均天花费构成(%)				
		长途交通	飞 机	火 车	汽 车	轮 船
河 南	127.75	31.8	25.2	2.3	4.3	0.0
外 国 人	125.92	31.0	25.5	2.2	3.3	0.0
香港同胞	134.21	26.0	22.4	2.6	1.0	0.0
澳门同胞	119.42	26.8	22.3	1.6	2.9	0.0
台湾同胞	139.71	37.5	23.5	2.7	11.3	0.0
湖 北	170.14	43.3	19.9	4.9	1.8	16.7
外 国 人	172.07	41.4	16.0	6.2	1.6	17.6
香港同胞	170.26	43.9	20.0	9.3	2.3	12.3
澳门同胞	163.53	48.6	18.9	8.2	2.7	18.8
台湾同胞	163.90	48.0	19.5	4.7	2.3	21.5
湖 南	170.31	36.2	23.4	4.3	4.6	3.9
外 国 人	171.04	31.6	21.6	4.0	2.4	3.6
香港同胞	167.03	43.9	18.6	5.2	12.4	7.7
澳门同胞	171.19	30.4	20.1	4.4	1.4	4.5
台湾同胞	168.97	44.0	29.9	8.4	4.2	1.5
广 东	126.89	38.6	22.4	10.5	2.1	3.6
外 国 人	127.08	38.7	24.0	10.6	1.9	2.2
香港同胞	126.65	36.8	14.9	12.6	2.5	6.8
澳门同胞	127.14	26.1	14.1	4.4	2.9	4.7
台湾同胞	126.55	29.8	19.8	3.7	3.3	3.0
广 西	162.07	37.0	21.9	8.9	4.6	1.6
外 国 人	162.50	37.0	19.0	12.3	4.7	1.0
香港同胞	166.10	35.4	24.5	4.0	6.4	0.5
澳门同胞	166.39	36.4	28.5	2.0	2.4	3.5
台湾同胞	155.16	38.2	30.1	1.8	3.0	3.3

住宿	餐饮	景区游览	娱乐	购物	市内交通	邮电通讯	其他
13.3	15.2	3.7	2.8	19.7	0.9	4.2	8.4
13.7	15.3	3.6	2.9	20.9	0.8	4.9	6.9
12.4	16.5	3.1	3.0	16.7	1.0	2.1	19.2
10.2	13.8	5.1	2.7	16.3	0.9	1.0	23.2
14.4	7.5	4.6	3.1	18.5	1.4	2.4	10.6
12.0	8.2	3.8	6.5	16.8	1.9	3.1	4.4
13.3	8.3	3.5	7.6	16.2	1.6	3.2	4.9
10.0	8.2	3.2	5.8	18.4	2.7	3.0	4.8
11.9	6.1	3.3	4.1	17.7	2.2	3.6	2.5
9.1	6.4	3.9	6.0	17.0	2.0	2.8	4.8
11.5	8.3	5.6	4.9	18.4	1.2	4.5	9.4
9.8	7.9	5.5	6.2	21.1	0.9	5.3	11.7
12.8	8.9	6.7	6.2	13.5	1.7	2.9	3.4
7.3	6.5	2.3	4.7	19.3	2.8	6.8	19.9
13.9	9.2	4.9	3.9	11.8	1.6	2.3	8.4
12.2	8.5	2.6	7.3	16.4	1.8	3.3	9.3
13.0	8.3	2.3	6.7	16.1	1.7	3.4	9.8
11.8	9.1	3.1	8.6	16.5	1.8	3.1	9.2
12.8	9.1	4.3	8.8	18.8	2.7	3.8	13.6
12.7	9.7	3.0	8.9	18.4	2.1	3.4	12.0
10.5	9.6	8.0	4.8	15.9	1.4	2.5	10.3
10.4	8.8	9.3	4.1	16.3	1.0	2.7	10.4
11.3	11.2	4.9	6.9	17.0	1.9	2.7	8.7
11.1	12.5	9.0	5.9	15.2	2.8	1.7	5.4
9.7	10.3	5.3	5.2	14.0	2.0	1.9	13.4

1－19(续4)

	人均天花费(美元/人天)	人均天花费构成(%)				
		长途交通	飞　机	火　车	汽　车	轮　船
海　　南	147.48	32.5	25.3	0.0	5.3	1.9
外国人	146.86	31.2	23.5	0.0	5.7	2.0
香港同胞	149.60	24.2	18.5	0.0	5.7	0.0
澳门同胞	147.14	24.2	21.9	0.0	2.3	0.0
台湾同胞	152.80	34.6	30.6	0.0	3.0	1.0
重　　庆	169.87	48.1	22.6	3.7	1.5	20.3
外国人	168.47	48.6	22.7	4.1	1.0	20.8
香港同胞	177.87	37.7	22.4	3.0	9.5	2.8
澳门同胞	192.97	48.3	26.6	3.4	2.0	16.3
台湾同胞	163.69	35.0	16.9	2.0	2.9	13.2
四　　川	165.53	31.9	24.7	3.0	2.0	2.2
外国人	167.18	32.3	23.3	3.0	1.7	4.3
香港同胞	167.49	49.3	27.7	18.8	1.6	1.2
澳门同胞	160.72	23.8	21.0	0.0	2.8	0.0
台湾同胞	158.10	35.5	19.8	4.2	2.7	8.8
贵　　州	160.19	31.9	22.9	5.2	3.8	0.0
外国人	160.56	28.4	17.2	8.3	2.9	0.0
香港同胞	160.11	38.2	18.2	13.1	6.9	0.0
澳门同胞	155.31	26.6	17.6	2.3	6.7	0.0
台湾同胞	159.49	31.8	25.4	1.9	4.5	0.0
云　　南	170.61	37.5	33.1	1.1	1.0	2.3
外国人	171.33	38.9	34.4	1.2	1.0	2.3
香港同胞	168.65	32.6	30.5	0.8	1.3	0.0
澳门同胞	170.34	27.9	19.4	6.3	2.2	0.0
台湾同胞	167.69	30.9	29.1	0.0	1.8	0.0

住宿	餐饮	景区游览	娱乐	购物	市内交通	邮电通讯	其他
12.0	10.4	2.5	9.9	19.7	2.2	4.2	6.6
10.6	9.2	2.5	10.1	21.3	1.3	5.0	8.8
17.1	11.4	4.7	9.2	18.0	4.0	3.6	7.8
10.6	8.0	3.4	10.7	23.0	4.3	5.7	10.1
17.6	8.0	2.3	9.8	16.2	3.9	1.6	6.0
10.1	6.8	3.1	4.7	16.8	2.4	3.0	5.0
11.0	6.6	1.3	5.8	16.0	2.2	3.1	5.4
10.0	5.3	3.1	16.5	8.7	4.4	6.9	7.4
7.9	16.0	2.2	1.4	19.1	0.6	0.9	3.6
8.8	7.8	3.7	10.0	17.1	3.3	1.7	12.6
11.8	9.7	4.8	6.5	23.2	1.2	4.9	6.0
9.0	9.2	5.7	3.4	25.4	1.2	5.7	8.1
12.3	10.4	6.7	5.1	9.8	1.0	3.6	1.8
11.5	8.5	6.9	7.9	24.4	1.6	6.0	9.4
8.0	11.5	7.9	5.7	20.4	1.3	4.6	5.1
13.7	11.7	3.7	4.4	21.5	3.5	2.8	6.8
12.7	9.8	2.7	4.7	23.1	4.5	3.2	10.9
10.3	7.9	4.3	8.1	18.7	1.7	4.1	6.7
13.8	10.4	16.2	5.4	10.2	4.4	2.8	10.2
16.8	13.0	4.3	2.6	20.3	2.8	1.8	6.6
12.0	9.2	4.1	6.0	19.4	1.1	3.5	7.2
11.2	8.8	5.3	5.6	20.2	0.9	3.4	5.7
8.5	9.9	2.1	9.2	24.1	1.0	5.1	7.5
12.5	12.3	5.4	5.6	18.8	3.8	3.8	9.9
11.1	11.2	3.0	5.4	13.9	2.0	2.3	20.2

1－19(续5)

	人均天花费(美元/人天)	人均天花费构成(%)				
		长途交通	飞机	火车	汽车	轮船
西藏	149.01	29.1	22.7	0.0	6.4	0.0
外国人	146.51	26.0	20.5	0.0	5.5	0.0
香港同胞	161.43	41.7	30.5	0.0	11.2	0.0
澳门同胞	159.75	39.9	30.6	0.0	9.3	0.0
台湾同胞	160.00	35.6	24.6	0.0	11.0	0.0
陕西	182.12	31.6	24.4	2.1	5.1	0.0
外国人	182.42	31.6	24.6	1.9	5.1	0.0
香港同胞	177.40	28.8	17.3	8.1	3.4	0.0
澳门同胞	193.53	26.5	21.3	3.4	1.8	0.0
台湾同胞	172.05	24.8	13.8	8.5	2.5	0.0
甘肃	137.12	38.4	24.0	9.8	4.6	0.0
外国人	136.51	38.2	24.9	9.5	3.8	0.0
香港同胞	143.29	40.7	26.2	6.4	8.1	0.0
澳门同胞	139.52	36.7	16.6	12.9	7.2	0.0
台湾同胞	143.86	39.7	15.7	17.9	6.1	0.0
青海	134.50	39.2	23.5	6.4	9.3	0.0
外国人	136.31	40.6	23.9	4.9	11.8	0.0
香港同胞	127.15	38.0	30.1	5.3	2.6	0.0
澳门同胞	123.08	35.1	17.9	14.8	2.4	0.0
台湾同胞	132.99	35.9	18.1	13.3	4.5	0.0
宁夏	137.59	42.9	34.1	8.8	0.0	0.0
外国人	137.58	42.2	33.4	8.8	0.0	0.0
香港同胞	140.00	41.9	41.9	0.0	0.0	0.0
澳门同胞	140.00	80.8	80.8	0.0	0.0	0.0
台湾同胞	136.33	60.4	60.4	0.0	0.0	0.0
新疆	146.67	17.8	15.4	0.9	1.5	0.0
外国人	146.22	18.1	16.3	0.3	1.5	0.0
香港同胞	142.55	14.3	11.4	0.0	2.9	0.0
澳门同胞	148.80	11.0	4.9	6.1	0.0	0.0
台湾同胞	151.87	17.0	15.0	0.4	1.5	0.0

住宿	餐饮	景区游览	娱乐	购物	市内交通	邮电通讯	其他
14.9	12.1	2.4	5.5	22.1	0.9	7.0	6.0
13.6	11.3	1.6	5.3	26.3	0.7	8.2	7.0
17.6	13.9	5.8	5.2	8.6	1.3	3.5	2.4
18.5	13.1	4.6	6.2	9.7	1.5	3.4	3.1
18.7	14.5	4.2	5.5	10.6	3.4	4.4	3.1
10.9	9.0	4.2	3.4	23.1	2.1	5.9	9.8
10.8	9.0	5.1	4.0	23.5	2.1	5.7	8.2
11.0	9.4	4.1	14.5	17.7	2.0	4.3	8.2
6.8	8.9	2.1	14.6	15.8	2.3	11.8	11.2
11.5	10.3	1.7	4.7	26.5	1.6	10.6	8.3
11.7	11.4	2.7	2.5	21.2	1.6	2.2	8.3
11.1	11.1	2.7	2.6	22.1	1.6	2.1	8.5
17.4	14.3	4.8	1.5	11.0	1.7	1.5	7.1
16.8	16.4	6.7	1.6	8.4	4.0	2.2	7.2
16.1	15.5	4.4	1.7	10.8	2.2	1.8	7.8
8.7	12.7	2.7	5.2	18.8	1.4	2.0	9.3
9.3	9.9	2.2	7.2	19.2	1.4	1.9	8.3
8.7	13.2	2.4	4.2	19.2	1.5	2.8	10.0
8.0	7.8	5.0	0.0	20.4	0.0	4.0	19.7
9.3	9.7	5.0	11.6	8.3	2.0	2.6	15.6
15.7	5.3	7.4	8.6	10.7	2.5	2.0	4.9
15.7	5.3	7.8	8.8	10.8	2.5	2.0	4.9
19.4	9.2	9.2	5.3	11.2	1.7	2.1	0.0
10.0	2.5	0.0	0.0	0.0	4.5	0.0	2.2
15.8	3.7	6.4	0.0	9.2	2.0	1.4	1.1
10.9	9.2	1.0	2.3	42.5	1.9	6.6	7.8
9.8	9.2	1.0	0.8	45.2	0.2	6.9	8.8
9.9	10.3	0.0	0.5	49.3	0.0	7.6	8.1
20.9	7.1	2.2	16.0	18.4	16.4	3.4	4.6
11.0	8.1	1.5	2.1	46.5	0.6	8.1	5.2

1-20 2005年入境过夜旅游者在各城市

	人均天花费(美元/人天)	人均天花费构成(%)				
		长途交通	飞机	火车	汽车	轮船
北京	240.66	35.3	30.9	1.1	3.3	0.0
外国人	244.01	31.7	27.0	1.0	3.7	0.0
香港同胞	230.50	30.3	25.4	3.1	1.7	0.0
澳门同胞	178.94	20.2	19.3	0.7	0.2	0.0
台湾同胞	210.91	55.5	48.4	4.7	2.4	0.0
天津	178.23	43.4	32.1	3.1	1.6	6.6
外国人	177.92	45.8	27.9	2.0	2.3	13.6
香港同胞	183.17	29.1	26.7	0.4	2.0	0.0
澳门同胞	182.00	35.5	35.5	0.0	0.0	0.0
台湾同胞	174.08	35.6	26.7	8.3	0.3	0.3
石家庄	151.97	36.5	16.2	2.9	2.0	15.4
外国人	151.85	36.0	15.8	2.9	1.9	15.4
香港同胞	160.00	34.1	26.7	0.0	7.4	0.0
澳门同胞	67.77	44.0	44.0	0.0	0.0	0.0
台湾同胞	154.49	28.8	21.6	7.2	0.0	0.0
唐山	142.02	27.8	18.3	4.3	2.8	2.4
外国人	139.66	22.9	17.1	1.4	2.0	2.4
香港同胞	134.59	25.9	7.8	15.0	3.1	0.0
澳门同胞	158.12	32.6	29.8	1.6	1.2	0.0
台湾同胞	155.19	38.6	28.7	2.3	7.6	0.0
秦皇岛	144.87	34.5	23.0	2.9	3.2	5.3
外国人	146.08	35.6	25.1	2.2	2.4	5.9
香港同胞	140.83	24.5	10.8	9.7	2.7	1.3
澳门同胞	93.46	13.8	6.4	2.8	2.8	1.8
台湾同胞	142.50	33.6	12.3	4.0	14.7	2.6

人均天花费构成（按外国人、港澳台胞分组）

住宿	餐饮	景区游览	娱乐	购物	市内交通	邮电通讯	其他
17.3	9.2	4.7	4.6	19.9	1.1	3.4	4.5
13.6	9.0	5.1	5.2	23.1	1.0	5.1	6.2
25.5	8.8	6.2	6.4	13.5	1.9	3.1	4.3
14.7	11.0	7.7	5.9	29.3	1.1	4.1	6.0
11.9	7.2	3.1	2.5	13.4	1.2	2.1	3.1
10.8	8.5	2.5	4.0	20.8	1.5	1.4	7.1
10.3	8.5	2.5	3.6	18.5	1.4	1.6	7.8
15.3	8.5	3.9	6.3	19.5	3.5	2.4	11.5
13.1	9.9	3.2	9.9	19.0	0.8	1.9	6.7
8.2	9.2	3.7	4.7	26.1	3.3	1.3	7.9
13.3	7.8	5.5	6.3	16.5	1.9	4.2	8.0
13.2	7.8	5.6	6.3	16.9	2.0	4.2	8.0
17.1	13.0	1.5	10.9	13.8	2.2	0.0	7.4
24.9	0.0	0.0	0.0	0.0	0.0	0.0	31.1
15.7	10.6	25.2	0.0	10.7	2.9	1.3	4.8
12.6	11.2	6.3	7.9	17.9	2.5	8.9	4.9
12.5	10.8	6.6	7.1	22.0	1.9	9.9	6.3
12.7	12.4	5.5	8.0	19.0	4.2	7.0	5.3
12.2	15.0	6.5	11.9	15.3	5.8	0.7	0.0
13.5	14.1	5.4	10.1	11.3	2.2	2.7	2.1
15.7	11.1	4.9	5.8	15.2	2.0	3.4	7.4
15.8	11.0	4.8	5.3	14.8	1.7	3.5	7.5
15.7	15.4	6.7	7.3	17.2	4.5	3.0	5.7
11.1	14.4	7.4	8.3	27.6	6.4	1.8	9.2
15.3	7.0	3.2	9.7	17.4	2.9	2.5	8.4

1-20(续1)

	人均天花费(美元/人天)	人均天花费构成(%)				
		长途交通	飞机	火车	汽车	轮船
保定	128.99	24.0	13.7	4.0	2.7	3.6
外国人	128.28	22.2	13.2	3.0	1.8	4.2
香港同胞	126.13	26.7	7.8	12.7	4.5	1.7
澳门同胞	-	-	-	-	-	-
台湾同胞	144.75	41.9	18.0	5.3	15.5	3.1
承德	130.61	21.9	13.5	4.6	3.8	0.0
外国人	130.27	16.8	12.1	2.6	2.1	0.0
香港同胞	135.79	20.8	0.0	15.8	5.0	0.0
澳门同胞	-	-	-	-	-	-
台湾同胞	125.00	37.0	18.5	0.0	18.5	0.0
廊坊	149.78	24.7	16.7	2.8	1.9	3.3
外国人	149.09	23.9	16.6	1.9	1.8	3.6
香港同胞	153.20	28.1	9.0	13.4	4.2	1.5
澳门同胞	158.32	0.0	0.0	0.0	0.0	0.0
台湾同胞	158.07	26.4	26.4	0.0	0.0	0.0
太原	174.11	37.5	27.2	8.3	2.0	0.0
外国人	176.08	40.1	29.3	8.9	1.9	0.0
香港同胞	140.41	42.9	25.6	12.9	4.4	0.0
澳门同胞	176.00	34.5	18.2	3.6	12.7	0.0
台湾同胞	187.26	17.6	11.8	1.3	4.5	0.0
大同	191.63	24.3	18.4	3.6	2.3	0.0
外国人	193.19	23.9	19.0	2.8	2.1	0.0
香港同胞	184.77	30.8	16.2	13.3	1.3	0.0
澳门同胞	187.97	8.0	0.0	2.8	5.2	0.0
台湾同胞	185.06	37.3	26.3	8.0	3.0	0.0

住宿	餐饮	景区游览	娱乐	购物	市内交通	邮电通讯	其他
11.0	9.5	6.4	6.1	21.0	1.9	6.3	13.8
11.0	9.3	6.7	5.7	21.9	1.3	6.7	15.2
8.8	11.8	6.3	5.8	19.1	4.4	2.1	15.0
–	–	–	–	–	–	–	–
12.5	9.5	2.9	9.0	4.3	8.8	5.8	5.3
16.1	12.1	8.2	7.9	15.4	2.2	7.9	8.3
16.3	12.2	7.9	6.6	18.7	1.5	9.0	11.0
15.8	11.4	9.9	10.4	12.7	7.2	5.5	6.3
–	–	–	–	–	–	–	–
10.1	3.8	3.0	13.8	19.0	1.6	4.9	6.8
25.7	11.4	4.5	6.4	9.7	2.8	6.3	8.5
26.4	11.1	4.4	6.1	9.6	2.6	6.3	9.6
9.0	13.9	6.6	11.3	13.4	3.4	6.6	7.7
20.0	20.0	2.0	10.0	25.0	12.0	11.0	0.0
18.1	14.3	6.0	10.1	11.7	4.3	3.7	5.4
10.8	9.8	2.6	5.0	19.8	2.1	3.7	8.7
7.0	9.7	2.5	4.7	20.7	2.2	3.8	9.3
14.0	13.6	3.9	1.2	12.2	1.6	3.4	7.2
17.3	14.7	12.8	10.9	2.6	1.1	1.4	4.7
10.6	17.3	1.9	2.9	25.0	0.5	9.5	14.7
16.5	5.7	3.9	6.9	21.7	3.0	3.1	14.9
16.1	5.9	3.6	6.9	22.5	3.4	3.0	14.7
14.1	12.2	5.2	10.5	13.5	2.3	5.0	6.4
17.7	13.1	4.9	6.3	33.7	1.5	3.1	11.7
11.0	11.2	6.3	6.4	7.0	1.8	1.8	17.2

1－20(续2)

	人均天花费(美元/人天)	人均天花费构成(%)				
		长途交通	飞　机	火　车	汽　车	轮　船
阳　　泉	183.61	31.9	31.9	0.0	0.0	0.0
外国人	184.94	33.9	33.9	0.0	0.0	0.0
香港同胞	165.00	0.0	0.0	0.0	0.0	0.0
澳门同胞	－	－	－	－	－	－
台湾同胞	－	－	－	－	－	－
长　　治	166.64	38.8	29.1	7.2	2.5	0.0
外国人	162.22	39.7	32.4	5.1	2.2	0.0
香港同胞	169.24	41.4	17.1	22.4	1.9	0.0
澳门同胞	181.76	29.7	21.9	0.0	7.8	0.0
台湾同胞	177.24	19.8	18.2	0.0	1.6	0.0
晋　　城	139.78	45.1	29.3	11.0	4.8	0.0
外国人	137.30	42.6	26.9	10.9	4.8	0.0
香港同胞	122.86	64.3	39.7	21.2	3.4	0.0
澳门同胞	192.50	70.3	36.1	19.2	15.0	0.0
台湾同胞	－	－	－	－	－	－
朔　　州	147.14	30.8	17.6	7.5	5.7	0.0
外国人	144.19	31.0	18.7	6.8	5.5	0.0
香港同胞	131.30	28.6	20.5	0.2	7.9	0.0
澳门同胞	220.00	7.2	0.0	0.0	7.2	0.0
台湾同胞	165.00	5.1	0.0	5.1	0.0	0.0
忻　　州	164.14	26.8	18.5	5.8	2.5	0.0
外国人	166.61	26.5	19.3	4.8	2.4	0.0
香港同胞	133.68	40.9	17.5	20.9	2.5	0.0
澳门同胞	198.00	17.3	0.0	11.0	6.3	0.0
台湾同胞	136.70	37.5	35.3	0.0	2.2	0.0

住宿	餐饮	景区游览	娱乐	购物	市内交通	邮电通讯	其他
17.5	8.9	0.0	5.6	5.1	0.0	7.7	23.3
16.6	7.3	0.0	6.0	5.4	0.0	8.2	22.6
32.1	33.2	0.0	0.0	0.0	0.0	0.0	34.7
–	–	–	–	–	–	–	–
–	–	–	–	–	–	–	–
11.0	10.3	3.3	6.9	16.0	2.8	3.2	7.7
10.7	10.2	3.2	7.5	13.6	3.3	3.6	8.2
11.0	10.0	2.4	5.2	23.8	1.1	2.5	2.6
10.9	13.4	7.4	6.3	10.9	4.1	3.2	14.1
5.5	10.0	2.8	23.6	14.6	1.4	3.9	18.4
10.7	2.8	4.3	7.1	16.2	4.9	4.1	4.8
10.1	2.8	4.4	8.7	17.1	5.5	3.9	4.9
13.1	1.7	3.3	0.0	4.9	0.5	7.1	5.1
11.3	1.1	1.9	0.8	11.9	0.0	1.3	1.6
–	–	–	–	–	–	–	–
16.5	12.0	2.5	8.0	12.1	3.7	2.3	12.1
16.2	11.6	2.1	8.8	11.6	4.1	2.4	12.2
17.0	12.8	2.9	6.9	18.5	2.0	2.6	8.7
13.4	19.1	7.2	3.0	17.0	0.0	1.7	31.4
16.7	7.7	5.1	0.0	29.6	3.2	3.8	28.8
14.6	14.8	3.0	6.7	15.5	3.7	5.1	9.8
14.3	14.9	2.6	7.1	15.3	4.5	5.3	9.5
13.0	14.6	3.5	0.0	16.6	0.3	4.5	6.6
16.9	15.6	8.2	2.6	16.9	0.0	5.2	17.3
5.0	16.8	2.3	0.0	15.4	1.0	5.5	16.5

1－20(续3)

	人均天花费(美元/人天)	人均天花费构成(%)				
		长途交通	飞机	火车	汽车	轮船
吕梁	131.57	23.8	8.7	11.2	4.0	0.0
外国人	134.45	22.9	7.2	11.7	4.0	0.0
香港同胞	－	－	－	－	－	－
澳门同胞	－	－	－	－	－	－
台湾同胞	79.83	46.2	43.4	0.0	2.8	0.0
晋中	132.34	39.0	27.0	8.5	3.4	0.0
外国人	131.44	40.4	28.2	8.9	3.3	0.0
香港同胞	134.93	37.2	20.0	15.4	1.8	0.0
澳门同胞	183.33	21.0	14.1	0.0	6.9	0.0
台湾同胞	121.22	34.7	24.3	7.8	2.6	0.0
临汾	190.83	30.1	20.8	7.0	2.3	0.0
外国人	200.10	28.7	21.0	5.6	2.1	0.0
香港同胞	155.53	37.2	18.2	17.4	1.6	0.0
澳门同胞	192.50	23.3	0.0	14.3	9.0	0.0
台湾同胞	181.76	34.0	32.0	0.0	2.0	0.0
运城	152.22	30.1	21.2	5.9	2.9	0.0
外国人	143.46	32.6	22.5	7.7	2.4	0.0
香港同胞	177.42	30.7	22.2	5.7	2.8	0.0
澳门同胞	179.54	22.4	11.3	0.0	11.1	0.0
台湾同胞	156.71	22.0	18.9	1.0	2.1	0.0
呼和浩特	159.70	20.6	16.9	0.3	3.4	0.0
外国人	156.53	19.6	18.7	0.3	0.6	0.0
香港同胞	158.80	13.8	13.1	0.0	0.7	0.0
澳门同胞	162.00	16.4	16.4	0.0	0.0	0.0
台湾同胞	196.02	20.3	8.4	0.0	12.0	0.0

住宿	餐饮	景区游览	娱乐	购物	市内交通	邮电通讯	其他
18.9	10.2	7.5	8.9	11.0	4.9	1.1	13.7
19.4	10.5	7.7	9.3	9.9	5.1	1.1	14.1
–	–	–	–	–	–	–	–
–	–	–	–	–	–	–	–
6.3	2.3	3.0	0.0	36.6	1.2	0.0	4.4
14.1	6.9	4.4	8.6	12.0	4.0	2.5	8.5
14.0	6.9	4.0	8.5	11.1	4.4	2.4	8.3
19.4	4.7	3.7	6.6	19.1	0.6	5.8	2.9
22.8	11.6	13.0	7.0	14.8	2.0	1.2	6.6
9.0	5.3	3.7	10.9	17.3	2.1	3.4	13.6
12.6	16.1	2.0	5.7	13.5	3.6	6.8	9.6
13.4	15.8	1.8	7.5	13.0	4.3	6.5	9.0
12.7	16.5	1.1	0.0	14.0	1.0	6.9	10.6
17.6	18.3	9.1	3.8	13.8	6.1	6.4	1.6
4.4	16.6	2.1	0.0	16.7	0.9	9.1	16.2
13.2	9.0	4.4	8.6	19.0	3.5	4.1	8.2
14.4	5.3	3.8	8.4	17.8	4.4	3.7	9.6
13.8	12.8	6.9	8.5	15.4	2.2	4.1	5.6
19.6	14.1	8.4	5.4	16.4	3.1	2.5	8.1
5.1	18.4	2.9	10.8	28.2	1.3	6.2	5.1
15.8	11.2	1.6	4.0	15.4	7.1	7.6	16.7
19.4	10.9	0.9	3.6	12.7	6.7	8.0	18.2
15.0	9.3	0.9	4.8	16.4	14.2	9.7	15.9
19.8	21.7	8.4	0.0	22.4	5.4	0.0	5.9
23.0	15.7	5.9	1.0	18.4	4.5	2.2	9.1

1－20(续4)

	人均天花费(美元/人天)	人均天花费构成(%)				
		长途交通	飞　机	火　车	汽　车	轮　船
满州里	151.75	1.1	0.0	0.3	0.8	0.0
外国人	151.75	1.1	0.0	0.3	0.8	0.0
香港同胞	－	－	－	－	－	－
澳门同胞	－	－	－	－	－	－
台湾同胞	－	－	－	－	－	－
二连浩特	161.74	12.4	0.0	5.4	7.0	0.0
外国人	161.74	12.4	0.0	5.4	7.0	0.0
香港同胞	－	－	－	－	－	－
澳门同胞	－	－	－	－	－	－
台湾同胞	－	－	－	－	－	－
包　头	159.42	19.2	16.8	0.6	1.8	0.0
外国人	157.76	16.4	14.9	0.6	0.9	0.0
香港同胞	181.67	19.5	19.2	0.0	0.3	0.0
澳门同胞	185.63	15.0	15.0	0.0	0.0	0.0
台湾同胞	162.41	27.4	20.3	0.0	7.1	0.0
沈　阳	170.49	34.5	23.3	3.4	1.4	6.4
外国人	169.93	31.2	19.9	3.1	1.3	6.9
香港同胞	187.54	43.6	32.1	7.0	1.3	3.2
澳门同胞	154.23	36.5	26.6	3.8	0.0	6.1
台湾同胞	166.55	25.0	21.8	2.0	1.2	0.0
大　连	182.98	32.7	18.3	1.0	2.4	11.1
外国人	182.54	33.1	17.4	0.8	2.4	12.5
香港同胞	184.47	33.7	23.8	1.9	3.1	4.9
澳门同胞	190.00	20.8	20.8	0.0	0.0	0.0
台湾同胞	186.24	29.0	24.8	2.3	1.9	0.0

住宿	餐饮	景区游览	娱乐	购物	市内交通	邮电通讯	其他
17.3	10.5	0.2	7.3	49.8	6.9	3.1	3.8
17.3	10.5	0.2	7.3	49.8	6.9	3.1	3.8
–	–	–	–	–	–	–	–
–	–	–	–	–	–	–	–
–	–	–	–	–	–	–	–
1.8	2.6	3.3	11.6	60.1	2.1	1.1	5.0
1.8	2.6	3.3	11.6	60.1	2.1	1.1	5.0
–	–	–	–	–	–	–	–
–	–	–	–	–	–	–	–
–	–	–	–	–	–	–	–
17.8	11.0	3.2	5.7	14.6	6.4	8.3	13.8
17.3	10.6	3.0	7.1	14.0	6.6	9.5	15.5
19.3	10.2	2.5	1.2	30.8	5.8	3.4	7.3
19.9	22.5	5.8	0.0	1.3	5.4	11.9	18.2
27.8	14.7	2.3	0.6	15.2	2.7	5.1	4.3
10.9	9.8	2.3	5.6	22.3	1.6	5.5	7.5
11.3	9.7	2.3	5.8	24.5	1.3	6.4	7.5
11.1	9.0	2.0	5.4	15.3	1.9	2.1	9.6
14.8	12.7	3.8	2.6	9.0	3.2	1.7	15.7
6.2	13.4	1.6	5.3	33.9	3.7	1.8	9.1
16.8	14.3	3.1	5.7	18.1	1.9	3.8	3.5
16.9	14.2	2.9	5.4	18.3	1.7	4.0	3.5
16.6	15.4	5.4	7.0	17.0	2.6	1.5	0.8
22.6	14.2	5.3	9.2	12.5	2.2	2.9	10.3
16.0	14.6	3.2	7.1	18.6	2.8	4.8	3.9

1－20(续5)

	人均天花费(美元/人天)	人均天花费构成(%)				
		长途交通	飞机	火车	汽车	轮船
长春	152.75	32.5	29.1	0.9	2.5	0.0
外国人	151.82	31.5	28.1	0.9	2.5	0.0
香港同胞	170.00	45.4	45.4	0.0	0.0	0.0
澳门同胞	156.63	15.4	15.4	0.0	0.0	0.0
台湾同胞	170.00	59.3	59.3	0.0	0.0	0.0
吉林	165.76	23.8	19.4	1.1	3.3	0.0
外国人	168.26	23.9	19.5	1.1	3.3	0.0
香港同胞	124.50	18.7	18.7	0.0	0.0	0.0
澳门同胞	113.74	10.0	10.0	0.0	0.0	0.0
台湾同胞	170.00	47.6	47.6	0.0	0.0	0.0
哈尔滨	187.12	31.3	19.6	3.4	2.8	5.5
外国人	185.69	31.3	19.2	3.8	2.8	5.5
香港同胞	195.53	28.5	24.6	1.5	2.4	0.0
澳门同胞	190.00	15.5	14.4	1.1	0.0	0.0
台湾同胞	185.61	32.7	24.6	2.6	5.5	0.0
牡丹江	176.82	26.5	20.2	3.3	3.0	0.0
外国人	176.83	26.5	20.2	3.3	3.0	0.0
香港同胞	–	–	–	–	–	–
澳门同胞	–	–	–	–	–	–
台湾同胞	175.00	32.6	23.6	2.5	6.5	0.0
佳木斯	191.27	39.6	32.9	2.7	2.0	2.0
外国人	191.01	40.1	33.4	2.7	2.0	2.0
香港同胞	175.00	27.8	25.6	2.2	0.0	0.0
澳门同胞	–	–	–	–	–	–
台湾同胞	220.00	21.6	21.6	0.0	0.0	0.0

住宿	餐饮	景区游览	娱乐	购物	市内交通	邮电通讯	其他
15.6	13.7	4.4	5.7	14.6	3.5	1.7	8.3
13.9	14.0	4.3	5.7	16.0	3.5	1.7	9.4
18.5	8.3	0.0	0.0	16.6	0.0	0.0	11.2
61.5	15.4	0.0	0.0	1.7	0.0	0.0	6.0
30.5	5.1	0.0	0.0	0.0	1.7	0.0	3.4
14.0	16.3	4.6	5.4	23.6	1.2	1.7	9.4
13.9	17.0	4.6	5.6	23.2	1.2	1.6	9.0
28.2	7.5	9.4	0.0	20.6	0.0	3.0	12.6
9.5	3.6	0.0	3.6	42.6	0.0	4.5	26.2
22.2	7.9	0.0	5.9	16.4	0.0	0.0	0.0
12.7	10.7	2.4	7.3	22.3	1.7	4.1	7.5
12.5	10.8	2.2	7.4	22.0	1.6	4.4	7.8
14.4	9.7	4.9	6.9	24.0	2.5	3.2	5.9
14.8	10.7	1.4	0.0	28.5	1.6	1.0	26.5
11.1	12.5	2.3	9.0	21.3	2.5	3.7	4.9
13.7	15.4	1.1	9.7	26.3	0.8	4.2	2.3
13.7	15.4	1.1	9.7	26.3	0.8	4.2	2.3
–	–	–	–	–	–	–	–
–	–	–	–	–	–	–	–
16.2	17.8	1.1	0.0	21.3	2.6	1.6	6.8
6.8	7.3	1.9	4.8	29.8	0.8	4.3	4.7
6.7	7.1	1.9	4.8	29.6	0.8	4.3	4.7
18.0	16.9	1.3	0.0	29.8	1.7	4.4	0.1
–	–	–	–	–	–	–	–
17.3	13.0	6.9	3.5	34.4	1.7	1.6	0.0

1-20(续6)

	人均天花费(美元/人天)	人均天花费构成(%)				
		长途交通	飞机	火车	汽车	轮船
上海	228.59	32.8	28.5	2.0	1.1	1.2
外国人	228.41	33.1	29.0	2.3	0.9	0.9
香港同胞	229.41	26.8	20.3	2.2	3.7	0.6
澳门同胞	223.48	20.7	16.7	1.0	3.0	0.0
台湾同胞	232.05	38.0	20.0	2.5	1.0	14.5
南京	196.68	23.4	17.1	4.1	1.3	0.9
外国人	197.54	18.2	14.2	1.7	1.1	1.2
香港同胞	197.52	27.4	20.5	4.8	1.6	0.5
澳门同胞	191.19	28.2	18.1	8.6	1.5	0.0
台湾同胞	191.33	35.8	23.2	10.4	1.5	0.7
无锡	213.21	28.1	19.6	5.6	1.9	1.0
外国人	216.81	19.4	14.6	1.5	1.9	1.4
香港同胞	209.65	25.5	19.5	4.3	1.2	0.5
澳门同胞	186.54	27.4	19.8	6.7	0.9	0.0
台湾同胞	205.38	41.8	26.0	12.6	2.4	0.8
苏州	190.94	26.0	17.6	5.4	1.9	1.1
外国人	190.16	19.4	14.4	1.7	1.9	1.4
香港同胞	192.02	23.8	18.4	3.7	1.2	0.5
澳门同胞	240.00	25.0	16.6	7.6	0.8	0.0
台湾同胞	191.22	34.8	20.3	11.2	2.6	0.7
南通	177.68	31.3	23.6	3.5	3.2	1.0
外国人	171.04	33.9	27.6	1.5	3.6	1.2
香港同胞	195.00	22.6	20.0	0.0	2.6	0.0
澳门同胞	195.00	24.1	20.9	0.0	3.2	0.0
台湾同胞	194.35	26.6	14.1	9.7	2.2	0.6

住宿	餐饮	景区游览	娱乐	购物	市内交通	邮电通讯	其他
13.9	8.4	4.4	6.6	18.7	1.7	2.6	10.9
12.4	8.3	3.1	5.0	21.5	1.6	3.0	12.0
18.3	9.9	3.7	6.8	16.5	2.0	1.3	14.7
22.6	8.5	2.6	8.2	25.8	1.0	0.5	10.1
12.4	7.3	2.8	11.3	12.1	1.9	2.2	12.0
15.4	11.6	5.2	7.7	25.0	2.6	6.0	3.1
16.4	11.8	5.3	8.2	28.6	2.6	6.4	2.5
12.1	10.5	6.7	7.1	23.1	2.5	6.1	4.5
13.4	13.0	3.9	3.6	26.7	2.1	5.2	3.9
14.7	10.1	2.1	7.6	17.5	3.5	4.4	4.3
14.8	10.0	5.9	7.0	22.2	2.0	3.7	6.3
14.8	10.0	6.1	7.9	30.3	1.5	4.3	5.7
13.8	9.5	6.6	6.8	22.2	2.0	3.6	10.0
17.6	11.7	4.8	4.7	21.3	2.1	4.1	6.3
13.8	10.3	1.7	4.6	16.4	3.0	2.4	6.0
16.3	11.3	5.7	6.8	22.0	1.9	3.8	6.2
16.1	11.0	5.4	7.1	27.8	1.3	3.7	8.2
17.0	12.7	5.9	7.0	22.0	2.1	3.5	6.0
25.9	20.5	2.4	0.8	16.2	1.0	7.5	0.7
17.2	11.8	5.7	6.1	15.8	2.7	4.0	1.9
12.4	9.1	3.1	10.8	14.0	1.8	1.7	15.8
14.0	8.0	3.4	10.3	13.2	1.8	1.8	13.6
7.6	8.7	1.6	12.5	17.5	1.3	1.6	26.6
10.5	8.4	1.6	10.5	21.1	1.6	1.1	21.1
9.2	12.4	2.2	10.7	15.5	1.6	1.8	20.0

1－20(续 7)

	人均天花费(美元/人天)	人均天花费构成(%)				
		长途交通	飞　机	火　车	汽　车	轮　船
扬　　州	183.11	31.0	24.2	3.7	1.8	1.3
外 国 人	188.17	27.0	21.9	2.0	1.7	1.4
香港同胞	149.39	41.6	34.8	4.4	1.7	0.7
澳门同胞	219.68	32.3	27.2	4.2	0.9	0.0
台湾同胞	175.35	37.9	29.3	6.7	1.2	0.7
杭　　州	190.56	25.6	19.2	2.0	0.7	3.7
外 国 人	190.36	24.2	20.3	3.0	0.9	0.0
香港同胞	191.46	40.6	21.5	0.2	0.9	18.0
澳门同胞	197.19	22.6	16.5	0.0	1.0	5.1
台湾同胞	191.13	33.6	21.1	8.9	0.7	2.9
宁　　波	189.14	28.6	20.2	3.6	1.1	3.7
外 国 人	189.20	26.0	20.6	4.2	1.2	0.0
香港同胞	188.35	28.8	24.9	2.7	1.2	0.0
澳门同胞	195.00	40.7	25.7	0.0	1.8	13.2
台湾同胞	189.40	34.2	19.7	10.4	0.8	3.3
温　　州	185.40	29.1	19.1	3.4	2.3	4.3
外 国 人	186.53	25.0	19.2	3.1	2.7	0.0
香港同胞	173.72	21.4	21.4	0.0	0.0	0.0
澳门同胞	－	－	－	－	－	－
台湾同胞	190.80	35.0	17.8	12.6	0.3	4.3
绍　　兴	188.60	31.8	24.3	0.7	3.0	3.8
外 国 人	188.24	32.9	28.5	1.5	2.9	0.0
香港同胞	190.82	18.5	16.4	0.1	2.0	0.0
澳门同胞	188.00	15.3	0.0	0.0	15.3	0.0
台湾同胞	188.78	45.1	22.4	15.5	1.8	5.4

住宿	餐饮	景区游览	娱乐	购物	市内交通	邮电通讯	其他
12.1	10.0	5.3	7.3	25.7	1.9	3.2	3.5
12.3	9.7	5.3	7.1	28.6	1.4	3.7	4.9
10.3	13.5	3.1	3.4	17.5	4.1	2.6	3.9
11.5	8.6	4.6	8.1	32.1	0.7	0.4	1.7
10.8	9.6	1.4	5.8	22.7	2.0	1.9	7.9
14.1	9.9	3.1	5.1	30.7	1.5	4.2	5.8
16.6	9.1	3.4	5.9	29.7	1.6	4.2	5.3
13.7	7.6	2.5	8.3	8.1	2.9	4.8	11.5
4.4	10.9	3.0	0.0	50.9	0.0	8.0	0.2
13.7	10.6	1.9	6.7	15.2	1.2	3.3	13.8
18.0	10.4	4.1	6.3	20.4	2.0	4.5	5.7
19.0	10.5	4.3	6.5	19.4	2.0	4.9	7.4
19.3	10.2	3.7	5.9	23.7	2.6	3.7	2.1
7.9	11.6	3.7	0.0	23.7	0.0	2.9	9.5
15.1	10.3	2.8	0.0	23.8	1.5	4.3	8.0
20.0	13.7	3.6	6.6	19.2	1.6	1.9	4.3
23.3	13.3	3.7	6.4	18.8	1.7	2.1	5.7
22.8	15.6	3.4	10.1	22.5	1.5	1.5	1.2
–	–	–	–	–	–	–	–
17.6	14.1	2.8	6.2	19.9	1.7	1.9	0.8
13.4	9.8	1.6	6.3	21.4	1.6	3.0	11.1
13.0	8.2	1.6	6.5	22.4	1.5	3.2	10.7
18.3	12.8	2.1	5.5	12.5	3.2	3.1	24.0
32.0	25.5	0.0	10.2	17.0	0.0	0.0	0.0
12.2	7.8	1.3	5.6	19.1	1.4	1.1	6.4

1－20(续8)

	人均天花费(美元/人天)	人均天花费构成(%)				
		长途交通	飞　机	火　车	汽　车	轮　船
金　　华	189.83	24.6	17.6	3.2	2.6	1.2
外 国 人	188.64	23.4	16.8	2.8	2.7	1.1
香港同胞	199.90	28.3	22.5	3.7	2.1	0.0
澳门同胞	–	–	–	–	–	–
台湾同胞	190.03	32.5	19.6	6.4	2.7	3.8
合　　肥	185.85	30.6	17.6	4.7	2.1	6.2
外 国 人	186.11	28.6	16.0	4.5	1.9	6.2
香港同胞	186.59	43.4	23.9	8.1	5.0	6.4
澳门同胞	175.00	16.1	16.1	0.0	0.0	0.0
台湾同胞	184.38	25.6	21.8	2.9	0.9	0.0
芜　　湖	180.00	36.9	16.8	2.4	17.7	0.0
外 国 人	180.00	35.9	14.5	2.4	19.0	0.0
香港同胞	180.00	53.8	46.1	0.0	7.7	0.0
澳门同胞	–	–	–	–	–	–
台湾同胞	180.00	48.1	17.3	0.0	30.8	0.0
马 鞍 山	179.40	54.5	29.1	9.0	2.4	14.0
外 国 人	179.25	53.4	17.7	18.8	2.9	14.0
香港同胞	180.00	68.3	65.9	1.5	0.9	0.0
澳门同胞	–	–	–	–	–	–
台湾同胞	180.00	55.2	51.6	0.0	3.6	0.0
铜　　陵	182.88	46.8	33.1	3.4	2.0	8.3
外 国 人	178.32	46.9	33.1	3.3	2.2	8.3
香港同胞	180.00	34.6	31.5	2.0	1.1	0.0
澳门同胞	180.00	16.0	0.0	16.0	0.0	0.0
台湾同胞	204.00	48.4	45.8	2.6	0.0	0.0

住宿	餐饮	景区游览	娱乐	购物	市内交通	邮电通讯	其他
16.7	10.0	3.5	6.8	20.8	1.5	4.0	11.8
16.7	9.7	3.3	6.4	22.0	1.5	4.3	12.7
14.1	8.3	5.0	10.3	15.8	2.7	3.5	12.0
–	–	–	–	–	–	–	–
19.2	13.9	3.1	8.7	14.9	1.8	2.6	3.3
10.2	8.0	4.8	6.6	32.0	1.4	3.0	3.4
9.5	7.7	4.2	6.0	35.9	1.3	3.7	3.1
8.8	8.5	5.1	8.2	17.7	1.7	1.1	5.5
19.7	10.5	13.1	12.6	16.5	3.0	4.1	4.4
15.5	9.4	6.9	7.2	24.6	1.6	4.7	4.5
21.9	10.1	10.5	0.9	11.2	1.4	3.6	3.5
22.9	10.5	10.5	0.9	10.9	1.4	3.5	3.5
38.5	7.7	0.0	0.0	0.0	0.0	0.0	0.0
–	–	–	–	–	–	–	–
11.5	23.1	0.0	0.0	13.5	0.0	3.8	0.0
11.1	6.4	1.4	4.1	7.4	1.0	2.3	11.8
13.5	6.0	1.4	4.2	6.5	1.2	2.0	11.8
7.5	8.1	0.0	3.8	9.0	0.8	2.5	0.0
–	–	–	–	–	–	–	–
22.2	8.5	0.0	0.0	11.4	0.0	2.7	0.0
13.6	8.4	1.9	11.5	3.2	1.7	11.0	1.9
12.6	7.5	1.8	11.9	2.4	1.5	13.7	1.7
23.3	17.4	2.0	5.3	8.3	3.4	2.7	3.0
40.0	24.0	8.0	8.0	0.0	4.0	0.0	0.0
18.1	8.0	0.0	22.9	1.1	0.0	0.0	1.5

1－20(续9)

	人均天花费(美元/人天)	人均天花费构成(%)				
		长途交通	飞机	火车	汽车	轮船
安庆	182.92	56.7	26.7	9.6	2.8	17.6
外国人	183.00	56.7	26.7	9.6	2.8	17.6
香港同胞	－	－	－	－	－	－
澳门同胞	－	－	－	－	－	－
台湾同胞	180.00	0.0	0.0	0.0	0.0	0.0
黄山	168.46	25.5	16.2	4.5	1.4	3.4
外国人	168.08	24.7	16.4	4.3	1.5	2.5
香港同胞	172.55	36.6	19.8	15.6	1.2	0.0
澳门同胞	165.00	15.4	15.4	0.0	0.0	0.0
台湾同胞	168.88	42.6	20.6	4.5	1.5	16.0
滁州	170.60	29.7	20.3	4.8	2.8	1.8
外国人	171.04	28.4	19.6	3.9	3.1	1.8
香港同胞	171.00	39.4	20.0	16.1	3.3	0.0
澳门同胞	172.50	32.5	32.5	0.0	0.0	0.0
台湾同胞	168.03	31.0	25.1	4.4	1.5	0.0
亳州	170.39	16.0	13.0	0.6	2.0	0.4
外国人	169.77	16.7	12.7	1.5	2.1	0.4
香港同胞	－	－	－	－	－	－
澳门同胞	165.00	14.4	14.4	0.0	0.0	0.0
台湾同胞	180.00	1.3	0.0	0.7	0.6	0.0
池州	180.21	29.1	26.5	1.6	1.0	0.0
外国人	181.06	31.2	29.0	1.2	1.0	0.0
香港同胞	176.25	15.9	5.6	9.6	0.7	0.0
澳门同胞	172.50	16.3	16.2	0.0	0.1	0.0
台湾同胞	175.68	19.2	15.0	3.2	1.0	0.0

住宿	餐饮	景区游览	娱乐	购物	市内交通	邮电通讯	其他
3.7	1.6	2.8	12.2	11.6	1.0	0.0	10.4
3.7	1.6	2.8	12.2	11.6	1.0	0.0	10.4
–	–	–	–	–	–	–	–
–	–	–	–	–	–	–	–
87.5	12.5	0.0	0.0	0.0	0.0	0.0	0.0
13.1	10.6	1.9	7.4	27.2	1.0	3.1	10.2
13.0	10.7	1.8	5.7	29.6	1.0	3.5	10.0
9.1	10.3	2.6	12.6	15.1	1.0	2.6	10.1
25.3	16.6	12.9	0.0	0.0	1.9	1.4	26.5
3.8	10.4	2.1	3.3	16.1	1.0	3.5	17.2
10.8	9.7	2.0	6.4	31.1	1.1	4.4	4.8
11.8	9.6	1.6	4.8	32.6	1.1	5.0	5.1
8.7	11.3	1.2	11.5	20.3	0.8	4.2	2.6
24.6	12.0	11.3	0.0	10.5	2.5	2.5	4.1
5.0	10.6	1.9	4.3	35.3	1.0	4.5	6.4
12.2	11.5	3.4	5.5	39.5	1.6	2.5	7.8
11.6	10.8	2.0	6.3	41.4	1.4	2.6	7.2
–	–	–	–	–	–	–	–
22.8	15.9	11.6	0.0	20.2	1.7	2.2	11.2
10.9	5.6	2.9	1.9	59.9	5.0	7.5	5.0
10.8	10.5	2.6	3.3	27.3	1.0	4.4	11.0
10.5	10.5	2.0	3.4	28.2	1.0	4.2	9.0
17.5	10.4	0.5	7.7	19.5	0.5	7.4	20.6
27.2	17.1	13.9	0.0	15.7	2.0	6.4	1.4
6.0	8.4	4.9	2.5	25.5	1.2	4.0	28.3

1-20(续10)

	人均天花费(美元/人天)	人均天花费构成(%)				
		长途交通	飞机	火车	汽车	轮船
宣城	180.83	45.4	35.9	4.0	2.7	2.8
外国人	184.09	42.1	28.1	6.9	2.9	4.2
香港同胞	180.00	48.4	46.9	0.0	1.5	0.0
澳门同胞	180.00	86.9	79.0	5.3	2.6	0.0
台湾同胞	172.50	37.2	33.3	1.2	2.7	0.0
福州	173.50	31.7	23.4	2.8	2.8	2.7
外国人	175.23	29.8	19.8	2.9	1.5	5.6
香港同胞	164.34	36.7	20.7	2.0	7.7	6.3
澳门同胞	208.03	39.2	23.0	6.7	6.7	2.8
台湾同胞	168.57	36.2	29.9	2.3	2.8	1.2
厦门	185.17	35.5	25.7	4.0	3.0	2.8
外国人	182.94	35.6	27.5	3.1	2.0	3.0
香港同胞	200.77	33.1	17.0	5.7	7.1	3.3
澳门同胞	204.23	28.2	25.6	0.0	0.0	2.6
台湾同胞	176.99	36.7	20.8	6.2	5.1	4.6
泉州	146.76	31.6	23.2	2.2	3.8	2.4
外国人	153.12	25.1	16.4	2.2	1.1	5.4
香港同胞	136.09	36.1	26.0	0.0	10.1	0.0
澳门同胞	145.96	21.2	20.2	0.0	1.0	0.0
台湾同胞	163.07	32.3	20.6	7.0	2.3	2.4
漳州	170.33	39.4	26.4	2.4	2.8	7.8
外国人	180.35	39.6	22.4	2.9	1.4	12.9
香港同胞	161.04	48.2	40.2	0.0	8.0	0.0
澳门同胞	181.91	27.8	23.9	0.0	3.9	0.0
台湾同胞	151.01	38.3	26.6	2.2	1.9	7.6

住宿	餐饮	景区游览	娱乐	购物	市内交通	邮电通讯	其他
9.0	8.9	4.4	7.2	10.1	0.9	1.0	13.1
9.7	7.7	4.7	9.1	13.4	0.9	0.9	11.5
7.2	32.2	1.9	0.0	8.6	0.0	1.7	0.0
6.6	2.6	0.0	0.0	2.6	1.3	0.0	0.0
9.8	9.2	5.6	5.7	15.3	1.2	1.0	15.0
8.9	9.7	3.2	8.0	19.0	2.7	3.0	13.8
8.4	8.9	3.6	7.4	19.5	2.4	3.3	16.7
9.6	11.6	3.7	11.1	12.1	2.0	1.7	11.5
9.0	9.1	4.5	11.3	16.0	2.4	1.7	6.8
8.1	6.7	3.4	10.7	11.1	1.8	2.6	19.4
11.6	7.9	4.0	7.1	17.4	3.1	3.6	10.8
11.3	7.8	3.7	7.6	17.8	3.1	3.7	10.4
11.0	6.8	5.2	11.7	14.3	1.8	2.4	13.7
23.9	13.7	3.5	8.8	17.9	2.6	1.4	0.0
9.6	7.0	3.0	6.0	22.9	2.5	1.8	10.5
14.0	8.1	5.1	8.5	13.9	1.9	1.7	15.2
13.4	7.7	5.1	6.6	21.1	1.3	2.7	17.0
13.9	8.0	1.9	12.2	9.8	2.2	1.4	14.5
17.1	7.2	2.6	12.5	6.7	4.5	1.6	26.6
12.5	6.9	2.4	7.5	13.4	1.6	1.5	21.9
10.2	6.1	4.0	14.8	10.9	2.9	2.6	9.1
9.7	5.9	3.4	19.7	10.1	2.7	1.9	7.0
12.1	6.7	4.2	4.2	7.6	2.2	2.3	12.5
16.8	6.9	2.7	17.7	9.9	4.7	2.0	11.5
7.5	4.7	4.3	10.1	15.8	3.8	4.7	10.8

1－20(续 11)

	人均天花费(美元/人天)	人均天花费构成(%)				
		长途交通	飞 机	火 车	汽 车	轮 船
武夷山	177.65	28.3	18.6	3.6	4.7	1.4
外国人	177.86	18.3	14.1	3.2	1.0	0.0
香港同胞	180.28	55.4	38.0	0.0	17.4	0.0
澳门同胞	160.00	18.0	18.0	0.0	0.0	0.0
台湾同胞	169.32	42.5	32.5	6.6	2.0	1.4
南 昌	131.68	36.7	15.8	7.3	5.0	8.6
外国人	129.16	39.2	17.3	8.0	5.3	8.6
香港同胞	138.47	33.5	22.5	6.4	4.6	0.0
澳门同胞	135.56	22.8	13.7	4.5	4.6	0.0
台湾同胞	134.06	26.1	14.6	7.5	4.0	0.0
景德镇	140.57	26.9	16.8	6.5	3.6	0.0
外国人	142.76	27.8	16.5	7.4	3.9	0.0
香港同胞	139.86	30.6	18.6	8.3	3.7	0.0
澳门同胞	128.93	22.4	16.5	2.7	3.2	0.0
台湾同胞	136.67	23.5	13.8	6.5	3.2	0.0
九 江	133.17	29.4	16.8	7.6	5.0	0.0
外国人	133.55	31.3	16.8	9.1	5.4	0.0
香港同胞	140.16	28.3	18.5	5.1	4.7	0.0
澳门同胞	116.76	28.3	20.3	3.5	4.5	0.0
台湾同胞	150.33	29.5	18.8	6.9	3.8	0.0
鹰 潭	128.96	26.3	16.5	5.3	4.5	0.0
外国人	128.03	26.6	15.6	6.1	4.9	0.0
香港同胞	134.89	33.5	24.2	4.8	4.5	0.0
澳门同胞	116.24	21.7	16.8	1.4	3.5	0.0
台湾同胞	135.70	27.2	18.3	4.8	4.1	0.0

住宿	餐饮	景区游览	娱乐	购物	市内交通	邮电通讯	其他
13.1	8.3	4.5	14.4	20.0	1.9	1.0	8.5
11.9	11.0	4.8	22.4	20.8	1.3	1.4	8.1
9.0	3.5	1.2	6.7	9.4	2.6	0.8	11.4
22.2	8.1	2.3	0.0	2.4	12.8	1.2	33.0
5.3	2.4	3.6	2.1	26.8	3.3	2.6	11.4
14.4	11.8	2.8	8.1	12.6	1.8	3.1	8.7
15.1	11.8	2.8	7.3	11.7	1.3	3.0	7.8
15.9	10.3	3.0	5.3	19.5	2.5	3.6	6.4
11.9	11.9	2.9	13.6	15.8	3.5	3.7	13.9
14.2	11.1	3.2	9.0	15.2	2.1	4.7	14.4
12.2	7.9	2.5	4.7	36.1	1.6	1.5	6.6
12.3	7.8	2.5	5.1	34.7	1.2	1.6	7.0
12.6	7.9	3.0	2.1	33.9	2.4	1.6	5.9
12.2	9.9	2.2	2.5	41.5	2.0	1.4	5.9
15.8	9.1	2.4	8.0	27.6	1.9	1.6	10.1
14.2	11.4	4.2	7.0	8.6	2.8	4.4	18.0
14.9	11.1	4.3	7.5	8.6	2.5	4.6	15.2
12.6	11.6	4.0	3.7	8.9	4.0	4.9	22.0
12.4	13.4	4.1	4.4	12.3	3.3	3.4	18.4
16.2	9.2	11.2	9.7	6.1	4.0	0.0	14.1
11.4	11.7	3.7	5.9	21.2	1.5	2.9	15.4
11.6	12.0	4.0	5.9	21.9	1.1	3.0	13.9
12.0	10.8	3.7	0.0	12.9	3.0	2.3	21.8
9.9	12.7	2.6	0.0	26.2	2.3	3.6	21.0
12.9	10.3	5.5	7.4	14.4	1.7	2.2	18.4

1-20(续12)

	人均天花费(美元/人天)	人均天花费构成(%)				
		长途交通	飞 机	火 车	汽 车	轮 船
赣 州	143.19	33.9	17.3	5.2	4.1	7.3
外国人	143.92	35.5	16.2	7.1	4.9	7.3
香港同胞	147.73	30.0	20.1	5.3	4.6	0.0
澳门同胞	120.00	25.9	20.2	2.0	3.7	0.0
台湾同胞	147.95	21.6	13.1	5.9	2.6	0.0
吉 安	131.69	27.8	16.2	7.0	4.6	0.0
外国人	127.49	25.7	13.8	7.3	4.6	0.0
香港同胞	142.49	34.0	21.1	8.4	4.5	0.0
澳门同胞	126.02	28.7	19.7	4.4	4.6	0.0
台湾同胞	147.05	33.7	19.9	9.3	4.5	0.0
济 南	192.45	36.0	31.0	1.9	1.3	1.8
外国人	194.38	37.3	33.3	1.9	0.3	1.8
香港同胞	183.33	27.9	25.5	0.0	0.7	1.7
澳门同胞	-	-	-	-	-	-
台湾同胞	194.00	32.2	25.9	2.6	3.7	0.0
青 岛	187.16	31.2	23.5	2.2	0.9	4.6
外国人	186.29	31.3	23.1	2.2	0.7	5.3
香港同胞	185.35	29.0	23.0	3.6	0.7	1.7
澳门同胞	180.00	32.3	32.3	0.0	0.0	0.0
台湾同胞	195.76	25.0	13.3	6.5	3.6	1.6
烟 台	193.52	32.4	26.3	1.4	1.1	3.6
外国人	191.96	31.6	25.8	1.3	1.2	3.3
香港同胞	223.13	35.5	29.5	0.0	0.9	5.1
澳门同胞	180.00	60.7	60.7	0.0	0.0	0.0
台湾同胞	177.67	22.9	21.2	0.0	1.7	0.0

住宿	餐饮	景区游览	娱乐	购物	市内交通	邮电通讯	其他
10.9	11.6	3.2	6.0	17.6	2.2	3.5	11.1
10.8	10.9	3.4	8.4	16.6	1.8	4.3	8.3
12.5	11.3	3.3	3.0	18.1	2.9	2.0	16.9
11.6	12.8	3.2	0.0	24.3	2.9	3.6	15.7
10.3	13.8	4.9	7.7	28.3	1.8	2.4	9.2
14.0	10.6	3.3	6.3	18.6	1.7	5.9	11.8
12.7	10.9	2.9	6.4	20.3	1.3	7.3	12.5
15.4	10.1	5.1	5.3	17.1	3.0	3.4	6.6
13.1	12.8	4.2	5.9	12.8	2.7	2.1	17.7
15.3	9.6	5.5	9.1	9.2	2.9	2.9	11.8
14.0	6.8	5.0	6.7	15.6	3.1	4.5	8.3
13.4	6.4	4.9	6.6	15.0	3.3	3.3	9.8
15.7	8.8	1.9	7.4	17.1	1.9	8.8	10.5
–	–	–	–	–	–	–	–
14.7	6.9	10.0	4.2	16.9	3.9	5.7	5.5
11.4	8.7	2.6	6.8	25.0	1.9	3.9	8.5
11.2	8.6	2.1	5.5	26.3	1.9	4.2	8.9
11.6	8.5	2.7	20.4	14.7	1.8	2.5	8.8
8.5	4.8	8.1	4.0	38.7	2.4	1.2	0.0
13.3	10.1	5.8	3.7	24.0	2.9	5.5	9.7
12.8	9.3	6.5	10.5	12.6	2.0	4.1	9.8
12.8	9.6	6.9	10.1	12.7	2.0	4.3	10.0
12.3	7.4	2.3	17.8	12.0	1.5	2.0	9.2
8.4	7.1	0.0	5.6	13.3	4.9	0.0	0.0
13.9	13.9	8.6	15.0	10.8	0.4	0.6	13.9

1－20(续13)

	人均天花费(美元/人天)	人均天花费构成(%)				
		长途交通	飞机	火车	汽车	轮船
曲阜	168.01	38.3	29.9	3.5	1.1	3.8
外国人	167.34	40.3	32.2	3.2	0.6	4.3
香港同胞	176.25	28.4	9.6	15.2	1.0	2.6
澳门同胞	165.00	10.1	0.0	0.0	10.1	0.0
台湾同胞	177.95	21.3	7.5	8.9	4.9	0.0
泰安	169.24	36.4	27.1	3.9	2.1	3.3
外国人	169.69	37.5	27.4	3.7	0.7	5.7
香港同胞	166.92	40.7	37.3	0.0	0.9	2.5
澳门同胞	167.50	18.8	10.1	0.0	8.7	0.0
台湾同胞	170.52	31.3	21.6	5.0	4.7	0.0
威海	209.80	42.4	26.5	1.9	3.9	10.1
外国人	209.86	42.5	26.6	1.9	3.9	10.1
香港同胞	240.00	25.6	25.6	0.0	0.0	0.0
澳门同胞	–	–	–	–	–	–
台湾同胞	205.12	46.5	28.5	0.0	7.6	10.4
郑州	127.02	32.7	27.2	2.0	3.5	0.0
外国人	124.52	33.1	27.8	2.1	3.2	0.0
香港同胞	157.68	23.3	20.2	2.3	0.8	0.0
澳门同胞	125.19	27.6	22.8	1.7	3.1	0.0
台湾同胞	149.68	33.4	21.5	2.1	9.8	0.0
开封	133.23	29.7	23.5	2.4	3.8	0.0
外国人	129.23	29.0	23.2	2.4	3.4	0.0
香港同胞	134.02	28.9	24.5	3.2	1.2	0.0
澳门同胞	–	–	–	–	–	–
台湾同胞	173.02	38.5	27.8	3.4	7.3	0.0

住宿	餐饮	景区游览	娱乐	购物	市内交通	邮电通讯	其他
12.5	11.2	3.3	7.3	19.6	1.4	3.7	2.7
11.6	10.9	1.9	7.3	20.5	1.3	3.9	2.3
16.0	13.9	8.5	7.4	11.7	2.7	3.4	8.0
31.6	13.2	20.4	0.0	14.9	0.0	3.3	6.5
20.4	15.3	13.7	0.0	12.8	7.3	5.0	4.2
14.8	10.9	5.3	5.5	21.6	0.9	4.2	0.4
11.4	9.1	2.0	6.2	25.1	0.8	5.8	2.1
13.2	11.0	1.8	0.0	28.4	1.3	2.7	0.9
35.9	11.9	17.7	1.8	11.0	0.7	1.9	0.3
10.1	14.5	13.3	0.0	20.9	1.0	3.4	5.5
14.3	9.2	3.3	7.5	14.5	1.8	1.7	5.3
14.3	9.3	3.3	7.5	14.4	1.8	1.6	5.3
16.8	7.6	2.4	8.4	22.4	2.4	3.6	10.8
–	–	–	–	–	–	–	–
11.6	7.6	5.3	7.2	14.1	1.7	1.5	4.5
13.5	13.9	3.5	2.9	21.3	0.8	5.0	6.4
13.9	13.8	3.5	2.9	21.7	0.8	5.3	5.0
11.6	15.9	2.6	2.9	20.6	1.1	3.2	18.8
8.7	14.8	4.2	1.7	15.8	0.7	1.2	25.3
14.0	8.4	4.7	3.2	20.2	1.7	5.4	9.0
12.7	16.3	3.6	2.3	25.8	0.8	2.9	5.9
12.6	16.3	3.6	2.3	26.5	0.8	3.3	5.6
14.5	18.3	4.1	2.0	15.6	0.5	0.6	15.5
–	–	–	–	–	–	–	–
8.2	4.7	3.2	2.5	34.7	1.3	0.0	6.9

1－20(续 14)

	人均天花费(美元/人天)	人均天花费构成(%)				
		长途交通	飞 机	火 车	汽 车	轮 船
洛 阳	127.43	32.0	24.5	2.3	5.2	0.0
外国人	128.79	31.0	25.7	2.1	3.2	0.0
香港同胞	118.95	25.8	22.1	2.7	1.0	0.0
澳门同胞	115.90	26.3	21.9	1.6	2.8	0.0
台湾同胞	131.27	38.0	22.5	2.7	12.8	0.0
三门峡	124.26	30.2	23.5	2.1	4.6	0.0
外国人	122.16	29.1	23.6	2.0	3.5	0.0
香港同胞	137.55	27.7	23.2	2.9	1.6	0.0
澳门同胞	118.39	27.0	22.4	1.6	3.0	0.0
台湾同胞	130.27	38.6	23.5	2.6	12.5	0.0
武 汉	174.92	37.9	16.6	5.9	1.7	13.7
外国人	173.85	35.6	13.2	5.8	1.5	15.1
香港同胞	178.23	39.3	17.9	9.1	2.3	10.0
澳门同胞	180.81	43.2	16.8	7.2	2.5	16.7
台湾同胞	175.78	46.2	21.7	5.6	2.6	16.3
十 堰	169.44	46.0	20.7	7.1	2.0	16.2
外国人	175.48	44.1	17.4	6.7	1.6	18.4
香港同胞	169.54	43.2	20.0	7.7	2.0	13.5
澳门同胞	159.97	59.8	24.5	16.8	2.0	16.5
台湾同胞	167.33	47.3	16.6	5.1	2.5	23.1
宜 昌	168.35	57.2	20.2	8.4	2.1	26.5
外国人	169.28	57.6	20.4	8.6	2.1	26.5
香港同胞	176.11	47.4	20.5	11.3	2.3	13.3
澳门同胞	151.16	61.1	16.2	5.7	3.1	36.1
台湾同胞	169.83	64.9	21.8	4.8	2.4	35.9

住宿	餐饮	景区游览	娱乐	购物	市内交通	邮电通讯	其他
13.8	13.7	3.8	3.1	17.9	1.0	3.6	11.1
13.5	15.1	3.5	2.9	19.8	0.9	4.1	9.2
13.3	16.9	3.4	4.3	13.0	1.5	1.7	20.1
12.3	12.9	6.4	4.1	19.1	1.1	0.8	17.0
16.7	7.9	5.1	3.2	14.3	1.4	2.4	11.0
13.6	15.9	3.8	3.1	17.1	0.8	2.6	12.9
13.9	17.4	3.7	3.1	18.4	0.7	2.9	10.8
11.2	16.2	3.1	3.7	15.0	0.9	1.9	20.3
8.4	14.7	4.1	1.6	11.6	0.7	0.0	31.9
15.1	8.4	4.8	3.1	13.3	1.3	2.1	13.3
12.8	8.6	2.8	7.6	19.5	2.0	3.0	5.8
13.4	8.6	2.8	8.8	20.0	1.8	3.2	5.8
10.4	8.0	2.8	6.1	20.1	2.8	2.1	8.4
13.9	7.5	2.9	3.8	18.3	2.7	4.2	3.5
11.2	7.4	5.5	7.2	14.9	2.3	2.4	2.9
11.3	7.5	4.9	5.5	14.5	2.0	2.9	5.4
14.0	6.9	4.5	7.5	11.9	1.5	3.0	6.6
8.9	8.5	6.0	5.4	18.4	2.3	3.0	4.3
11.9	5.2	3.6	0.0	10.1	1.9	4.1	3.4
8.4	5.8	4.1	5.7	14.7	2.0	4.1	7.9
9.6	6.1	4.8	4.9	10.2	1.3	2.5	3.4
10.7	6.1	4.7	5.0	8.6	1.0	2.2	4.1
9.7	7.8	6.2	5.4	15.9	2.3	3.8	1.5
9.1	5.2	5.4	5.1	10.1	1.7	0.4	1.9
7.4	5.3	3.4	4.7	7.4	1.1	1.3	4.5

1－20(续15)

	人均天花费(美元/人天)	人均天花费构成(%)				
		长途交通	飞 机	火 车	汽 车	轮 船
襄 樊	181.90	38.0	16.9	4.7	1.7	14.7
外 国	184.63	39.4	18.3	5.2	1.5	14.4
香港同胞	184.30	31.8	8.3	6.0	2.5	15.0
澳门同胞	176.30	37.8	19.3	0.0	2.0	16.5
台湾同胞	164.67	41.1	20.0	4.6	1.9	14.6
荆 州	129.17	61.8	30.3	8.9	3.5	19.1
外 国	148.59	67.3	17.2	8.5	2.2	39.4
香港同胞	113.96	53.5	21.9	17.2	5.1	9.3
澳门同胞	109.99	55.8	19.4	7.3	13.0	16.1
台湾同胞	106.71	59.6	38.5	15.9	3.4	1.8
湖北游船	160.73	45.6	17.4	8.1	1.9	18.2
外 国	157.30	50.0	17.0	8.4	1.7	22.9
香港同胞	161.77	40.6	16.6	8.9	1.9	13.2
澳门同胞	168.85	51.7	18.3	2.3	3.3	27.8
台湾同胞	165.61	50.2	20.6	13.9	3.1	12.6
长 沙	179.06	38.0	25.0	5.0	4.4	3.6
外 国 人	180.08	35.1	23.1	5.3	3.1	3.6
香港同胞	174.85	36.0	18.6	6.2	11.2	0.0
澳门同胞	178.72	30.4	22.4	2.4	0.0	5.6
台湾同胞	175.50	43.5	25.1	12.7	4.2	1.5
湘 潭	169.16	31.2	21.2	3.3	2.7	4.0
外 国 人	168.61	29.5	20.8	3.2	2.0	3.5
香港同胞	169.08	35.1	16.9	4.5	13.7	0.0
澳门同胞	170.05	19.0	12.7	0.0	0.0	6.3
台湾同胞	177.19	46.0	37.2	2.6	4.5	1.7

住宿	餐饮	景区游览	娱乐	购物	市内交通	邮电通讯	其他
16.1	10.7	2.6	5.8	15.3	2.2	2.9	6.4
18.5	11.2	2.7	6.8	10.0	2.0	2.7	6.7
19.0	13.0	2.3	7.6	14.1	3.1	3.5	5.6
15.6	8.6	4.0	4.1	20.7	2.4	2.6	4.2
6.4	9.2	2.5	3.9	23.4	2.2	3.1	8.2
9.8	5.2	2.4	2.7	8.5	1.8	1.3	6.5
8.4	4.6	1.6	1.4	7.7	1.1	1.4	6.5
14.4	6.5	4.4	4.2	10.6	3.8	1.3	1.3
13.1	5.6	3.3	6.8	11.7	2.1	0.4	1.2
10.3	5.1	3.5	4.6	7.5	2.4	5.0	2.0
9.3	9.7	0.9	4.4	16.8	1.3	9.5	2.5
12.7	9.9	0.4	0.0	16.3	0.6	7.3	2.8
4.6	10.0	1.6	4.1	16.8	2.4	19.0	0.9
13.7	5.7	2.5	0.0	20.0	2.1	0.0	4.3
7.6	6.7	1.7	5.6	14.9	2.7	8.2	2.4
13.8	10.4	5.6	5.0	15.7	1.9	4.9	4.7
13.1	10.2	5.5	5.9	17.3	1.7	5.6	5.6
15.2	10.0	6.3	6.2	14.2	2.7	3.5	5.9
11.4	12.2	2.4	4.4	16.3	5.7	8.0	9.2
17.2	8.4	5.3	5.4	13.2	1.9	3.3	1.8
9.8	7.4	5.9	5.3	17.0	2.2	5.5	15.7
9.2	7.1	5.8	6.4	17.5	1.1	5.9	17.5
14.6	9.3	6.9	5.7	18.1	2.7	3.0	4.6
11.5	9.4	2.3	5.3	27.4	3.9	5.9	15.3
14.3	7.7	4.2	3.4	12.2	1.8	3.2	7.2

1-20(续16)

	人均天花费(美元/人天)	人均天花费构成(%)				
		长途交通	飞机	火车	汽车	轮船
衡阳	168.30	27.3	16.1	5.4	2.8	3.0
外国人	168.67	26.5	18.9	3.8	1.4	2.4
香港同胞	167.59	30.2	14.1	2.6	5.8	7.7
澳门同胞	166.94	17.6	12.1	2.2	1.4	1.9
台湾同胞	168.33	39.6	11.5	24.8	2.4	0.9
岳阳	172.60	38.8	24.9	5.8	4.8	3.3
外国人	173.59	37.4	23.6	6.3	3.8	3.7
香港同胞	169.50	35.1	16.9	4.4	13.8	0.0
澳门同胞	170.43	29.8	18.9	5.8	0.0	5.1
台湾同胞	167.49	54.6	46.6	1.9	3.8	2.3
张家界	164.10	39.6	24.4	4.7	6.4	4.1
外国人	164.56	33.7	22.6	4.5	2.9	3.7
香港同胞	162.34	47.3	22.5	7.0	17.8	0.0
澳门同胞	164.41	33.9	27.6	0.0	0.0	6.3
台湾同胞	164.14	44.7	34.9	3.0	4.8	2.0
广州	128.13	29.8	17.3	7.7	2.1	2.7
外国人	127.69	29.7	17.7	8.3	1.8	1.9
香港同胞	129.40	31.1	14.4	8.2	3.0	5.5
澳门同胞	125.02	26.6	13.8	3.6	2.8	6.4
台湾同胞	132.00	29.9	21.5	3.4	2.4	2.6
深圳	129.84	32.2	19.0	8.0	2.1	3.1
外国人	127.79	34.6	19.9	10.7	1.8	2.2
香港同胞	131.74	33.5	16.9	6.9	2.8	6.9
澳门同胞	131.29	22.4	11.3	4.0	2.9	4.2
台湾同胞	132.08	24.8	15.3	3.8	2.8	2.9

住宿	餐饮	景区游览	娱乐	购物	市内交通	邮电通讯	其他
8.2	7.6	5.5	5.5	19.3	1.2	3.4	22.0
7.7	7.4	5.3	6.4	20.9	1.1	3.1	21.6
9.3	7.9	6.7	6.9	19.8	1.6	2.3	15.3
4.8	3.9	2.0	5.2	19.6	2.1	8.7	36.1
8.7	10.8	4.6	4.9	11.5	2.1	1.4	16.4
11.8	8.4	5.0	4.7	17.4	1.1	4.9	7.9
11.1	8.0	4.9	6.0	18.3	0.8	5.9	7.6
15.1	10.3	6.6	6.0	16.9	3.1	2.3	4.6
9.2	7.5	2.7	4.3	24.0	2.0	5.5	15.0
13.6	7.5	4.0	3.0	8.2	1.3	3.3	4.5
11.2	8.1	5.4	4.6	21.8	0.8	3.5	5.0
9.3	7.2	5.6	5.9	28.6	0.5	4.1	5.1
15.0	10.1	6.9	6.7	7.0	1.1	2.8	3.1
11.5	9.4	2.3	5.3	18.6	3.9	5.4	9.7
15.9	9.8	2.9	2.7	13.0	1.5	1.4	8.1
14.9	8.7	2.7	7.8	20.1	2.3	4.4	9.3
15.0	8.6	2.3	7.1	21.0	2.2	4.2	9.9
15.8	9.8	3.6	10.0	15.6	2.3	5.7	6.1
12.8	8.4	3.3	9.5	21.7	2.6	4.9	10.2
14.0	8.3	4.2	8.9	19.7	2.5	3.6	8.9
12.3	8.5	3.5	8.8	18.8	1.7	2.4	11.8
11.7	8.2	2.7	6.9	18.4	1.5	2.3	13.7
11.6	8.2	4.3	10.4	18.9	1.8	3.0	8.3
12.4	7.9	5.1	10.8	22.4	2.4	2.4	14.2
13.2	9.0	4.2	8.6	20.4	2.3	2.2	15.3

1－20(续17)

	人均天花费(美元/人天)	人均天花费构成(%)				
		长途交通	飞机	火车	汽车	轮船
珠海	119.75	31.0	12.6	12.2	1.8	4.4
外国人	125.28	34.1	17.0	13.4	1.6	2.1
香港同胞	113.64	32.3	3.0	20.1	1.3	7.9
澳门同胞	121.51	11.0	0.0	0.0	3.1	7.9
台湾同胞	120.44	26.7	18.6	2.1	3.3	2.7
汕头	125.15	40.7	19.2	13.3	3.6	4.6
外国人	125.54	38.7	17.8	15.4	3.2	2.3
香港同胞	125.54	43.0	20.3	8.3	4.3	10.1
澳门同胞	115.61	31.2	20.9	0.0	10.3	0.0
台湾同胞	123.93	28.0	23.1	0.0	4.9	0.0
佛山	131.66	39.2	25.4	7.6	2.8	3.4
外国人	131.70	42.2	28.5	8.5	2.2	3.0
香港同胞	132.05	31.7	14.6	8.9	3.4	4.8
澳门同胞	125.73	24.9	14.2	5.9	3.1	1.7
台湾同胞	132.18	38.4	28.2	2.4	4.9	2.9
江门	120.35	45.5	31.5	6.4	3.8	3.8
外国人	121.52	49.9	35.9	8.3	2.6	3.1
香港同胞	124.25	47.8	34.0	3.7	4.4	5.7
澳门同胞	128.89	33.5	20.7	5.3	4.6	2.9
台湾同胞	104.17	39.5	23.4	6.6	5.8	3.7
肇庆	118.05	39.4	20.8	10.1	3.2	5.3
外国人	114.88	48.5	26.1	17.4	2.2	2.8
香港同胞	120.90	34.4	15.0	8.7	3.0	7.7
澳门同胞	114.42	28.7	13.9	2.8	5.4	6.6
台湾同胞	121.58	38.7	27.5	2.7	4.0	4.5

住宿	餐饮	景区游览	娱乐	购物	市内交通	邮电通讯	其他
13.1	10.3	1.8	10.7	18.7	1.1	3.4	9.9
11.6	9.1	1.1	9.8	21.7	0.8	3.5	8.3
13.0	10.3	2.7	9.1	19.9	1.2	4.4	7.1
18.2	13.3	5.2	15.2	13.3	3.6	7.7	12.5
13.0	10.7	2.0	11.8	15.0	1.4	4.3	15.1
9.3	7.6	1.6	6.1	12.9	1.4	4.4	16.0
9.2	7.0	1.2	4.9	12.4	1.2	4.5	20.9
8.7	8.1	2.0	8.4	13.1	1.5	6.2	9.0
15.8	8.3	6.3	9.7	13.7	7.9	3.5	3.6
10.5	9.3	1.9	5.8	14.6	1.8	5.7	22.4
13.2	7.1	2.9	9.1	12.7	1.7	2.1	12.0
12.9	6.5	2.6	7.8	11.7	1.5	1.6	13.2
14.6	8.8	2.3	10.1	13.2	2.2	3.3	13.8
13.2	7.3	7.9	15.5	19.2	1.9	3.5	6.6
12.8	7.7	3.9	11.8	14.5	1.9	2.3	6.7
10.0	9.2	2.0	7.2	12.3	1.5	2.7	9.6
9.1	8.5	1.7	5.5	12.9	1.2	3.4	7.8
10.0	8.3	1.6	7.9	9.9	1.5	1.7	11.3
10.7	8.9	3.1	7.6	19.1	1.9	2.5	12.7
11.9	13.4	2.8	10.8	7.5	2.4	2.9	8.8
11.5	9.7	2.6	6.9	15.0	1.7	3.9	9.3
10.3	8.7	1.3	4.8	13.7	1.0	3.6	8.1
12.2	10.0	3.4	7.7	16.4	1.7	4.7	9.5
11.3	11.8	4.3	11.6	13.6	3.4	4.2	11.1
12.9	9.7	2.3	6.5	15.9	1.8	2.6	9.6

1－20(续18)

	人均天花费(美元/人天)	人均天花费构成(%)				
		长途交通	飞机	火车	汽车	轮船
中山	132.94	27.1	11.5	8.5	2.1	5.0
外国人	135.39	28.2	14.6	8.1	2.1	3.4
香港同胞	131.84	19.3	0.0	9.6	2.0	7.7
澳门同胞	130.67	11.3	0.0	0.0	2.7	8.6
台湾同胞	137.28	19.1	11.2	0.0	2.9	5.0
南宁	166.21	32.5	26.3	2.8	3.4	0.0
外国人	163.44	32.7	18.8	12.0	1.9	0.0
香港同胞	170.50	32.1	26.0	0.0	6.1	0.0
澳门同胞	164.16	31.2	28.1	1.6	1.5	0.0
台湾同胞	172.71	32.9	28.3	2.7	1.9	0.0
桂林	168.41	36.1	20.2	11.4	4.5	0.0
外国人	167.45	36.4	18.3	14.5	3.6	0.0
香港同胞	178.40	34.7	18.8	8.8	7.1	0.0
澳门同胞	185.74	35.6	31.7	1.6	2.3	0.0
台湾同胞	162.86	35.3	29.4	1.4	4.5	0.0
梧州	160.72	40.1	30.1	0.0	10.0	0.0
外国人	148.19	37.0	24.0	0.0	13.0	0.0
香港同胞	171.94	42.0	33.9	0.0	8.1	0.0
澳门同胞	134.67	37.9	31.7	0.0	6.2	0.0
台湾同胞	184.21	45.2	39.4	0.0	5.8	0.0
北海	156.10	38.5	27.2	5.6	2.3	3.4
外国人	160.58	42.7	29.2	8.6	1.1	3.8
香港同胞	156.85	27.9	21.4	0.0	5.9	0.6
澳门同胞	178.27	33.3	24.4	1.8	2.7	4.4
台湾同胞	126.61	37.9	29.7	1.2	2.3	4.7

住宿	餐饮	景区游览	娱乐	购物	市内交通	邮电通讯	其他
13.2	12.1	5.2	10.0	12.6	3.7	3.0	13.1
11.2	11.4	6.1	10.9	12.0	3.7	2.5	14.0
13.9	12.8	5.1	9.3	17.8	3.6	4.3	13.9
16.1	13.5	6.6	10.7	18.8	4.4	5.0	13.6
15.3	14.0	5.8	11.8	13.6	4.5	3.1	12.8
14.5	9.4	5.5	5.2	18.3	1.8	2.7	10.1
15.2	8.6	4.8	4.5	18.7	1.5	2.9	11.1
14.9	11.7	3.9	9.3	19.1	2.4	3.1	3.5
7.3	13.1	10.0	2.8	26.8	2.7	1.9	4.2
13.4	8.7	4.6	9.1	16.3	2.5	2.4	10.1
11.2	9.1	9.9	3.9	16.1	1.0	2.3	10.4
10.6	8.7	11.9	4.0	14.9	0.8	2.5	10.2
10.2	10.4	5.8	5.0	17.1	1.8	2.4	12.6
13.9	13.7	9.2	6.1	10.0	2.7	2.3	6.5
7.9	11.3	7.0	4.9	16.7	1.9	1.3	13.7
9.3	8.7	6.0	4.7	16.9	1.6	2.5	10.2
9.2	8.2	5.3	4.9	21.0	1.1	3.1	10.2
9.7	9.4	4.7	5.9	15.5	2.5	1.7	8.6
7.7	10.6	7.8	4.6	17.9	3.2	2.6	7.7
9.2	7.3	3.7	5.4	12.2	2.3	1.5	13.2
11.3	10.6	5.9	4.8	18.5	2.0	2.8	5.6
10.6	8.6	5.4	3.8	17.3	1.9	3.4	6.3
12.5	15.0	5.5	8.8	21.8	1.5	2.9	4.1
10.8	10.3	9.2	9.9	20.1	2.3	1.0	3.1
9.7	12.1	4.2	6.8	17.7	1.7	2.3	7.6

1－20(续19)

	人均天花费(美元/人天)	人均天花费构成(%)				
		长途交通	飞机	火车	汽车	轮船
玉林	150.20	36.8	23.0	8.9	4.9	0.0
外国人	159.29	37.4	15.4	16.8	5.2	0.0
香港同胞	167.75	36.3	28.0	2.7	5.6	0.0
澳门同胞	145.09	41.3	33.5	4.2	3.6	0.0
台湾同胞	142.34	36.2	27.6	3.0	5.6	0.0
百色	149.65	35.8	23.4	8.4	4.0	0.0
外国人	150.31	33.7	18.1	12.4	3.2	0.0
香港同胞	140.27	34.5	18.2	8.1	8.2	0.0
澳门同胞	164.89	41.2	36.1	2.5	2.6	0.0
台湾同胞	149.84	40.4	35.7	2.0	2.7	0.0
凭祥	152.58	35.4	21.1	11.8	2.5	0.0
外国人	143.98	36.0	16.2	17.8	2.0	0.0
香港同胞	172.97	31.2	14.0	11.2	6.0	0.0
澳门同胞	156.01	32.5	29.4	2.1	1.0	0.0
台湾同胞	154.60	36.9	33.2	2.0	1.7	0.0
海口	151.39	32.9	27.3	0.0	4.2	1.4
外国人	151.37	28.9	23.1	0.0	4.4	1.4
香港同胞	152.89	23.9	18.9	0.0	5.0	0.0
澳门同胞	144.39	19.5	14.6	0.0	4.9	0.0
台湾同胞	151.51	36.1	32.5	0.0	2.6	1.0
三亚	144.77	29.7	21.1	0.0	6.2	2.4
外国人	143.92	32.7	23.8	0.0	6.5	2.4
香港同胞	146.80	24.7	18.2	0.0	6.5	0.0
澳门同胞	148.21	25.3	24.5	0.0	0.8	0.0
台湾同胞	154.74	29.5	25.8	0.0	3.7	0.0

住宿	餐饮	景区游览	娱乐	购物	市内交通	邮电通讯	其他
14.1	10.1	5.4	5.2	12.9	1.4	2.6	11.5
13.3	9.6	5.9	5.2	13.9	1.0	2.8	10.9
12.8	10.7	5.7	6.2	11.8	1.1	5.2	10.2
12.0	11.1	9.0	5.4	16.0	1.5	1.2	2.5
15.1	10.5	5.4	5.0	10.9	1.6	1.9	13.4
9.9	10.2	4.7	4.6	15.3	1.7	2.2	15.6
11.2	10.0	6.0	3.7	15.4	1.2	2.5	16.3
10.0	10.3	3.7	7.7	20.2	1.7	2.0	9.9
9.0	11.5	8.4	5.5	13.3	3.4	1.8	5.9
7.8	10.8	5.2	3.6	10.8	1.9	1.9	17.6
8.8	11.3	5.2	4.2	17.4	2.2	2.7	12.8
11.6	10.6	6.2	3.8	16.7	1.4	2.5	11.2
9.9	10.8	3.1	6.0	18.0	2.1	3.8	15.1
11.5	14.0	8.9	6.2	16.7	3.4	0.7	6.1
6.3	10.5	4.9	3.2	16.6	2.8	3.7	15.1
10.1	9.7	2.4	10.1	18.5	2.2	3.7	10.4
8.7	9.8	2.2	9.6	20.8	1.3	4.4	14.3
15.4	10.5	4.0	11.9	18.6	3.7	4.1	7.9
9.2	6.3	3.6	21.9	16.5	3.6	7.4	12.0
16.1	8.5	1.6	11.8	16.1	3.6	1.5	4.7
12.8	10.5	3.1	10.9	20.3	2.0	4.7	6.0
11.8	8.6	2.7	12.0	19.9	1.5	5.3	5.5
18.9	12.2	6.0	8.9	13.9	4.3	3.1	8.0
11.1	8.6	3.3	8.0	24.0	4.6	5.1	10.0
21.4	7.4	3.7	10.0	13.8	4.8	1.8	7.6

1－20(续20)

	人均天花费(美元/人天)	人均天花费构成(%)				
		长途交通	飞机	火车	汽车	轮船
重庆	168.72	46.1	23.6	3.9	2.5	16.1
外国人	166.88	48.7	23.9	4.1	1.1	19.6
香港同胞	177.71	35.6	22.1	2.9	7.9	2.7
澳门同胞	197.14	47.3	25.1	3.4	2.0	16.8
台湾同胞	162.11	37.3	17.7	2.5	3.6	13.5
重庆游船	174.86	49.0	20.2	3.4	1.8	23.6
外国人	174.74	48.2	19.2	3.4	0.9	24.7
香港同胞	178.83	46.3	33.0	0.0	13.3	0.0
澳门同胞	170.00	56.0	39.8	0.0	0.0	16.2
台湾同胞	172.07	22.5	10.4	0.0	0.0	12.1
成都	172.04	36.6	24.5	5.0	1.5	5.6
外国人	171.63	34.9	25.3	2.7	1.3	5.6
香港同胞	178.11	44.5	25.2	17.8	1.5	0.0
澳门同胞	168.33	24.2	20.2	0.0	4.0	0.0
台湾同胞	169.57	36.4	23.4	10.6	2.4	0.0
绵阳	169.74	37.9	23.6	3.3	2.8	8.2
外国人	174.35	37.0	21.8	3.2	2.6	9.4
香港同胞	165.53	45.4	25.6	17.0	1.4	1.4
澳门同胞	153.74	30.8	30.8	0.0	0.0	0.0
台湾同胞	157.89	33.7	27.1	0.0	3.2	3.4
乐山	157.76	36.4	25.1	4.4	2.2	4.7
外国人	158.29	33.1	22.9	3.6	1.9	4.7
香港同胞	157.78	60.7	35.1	23.8	1.8	0.0
澳门同胞	157.50	24.8	18.1	0.0	6.7	0.0
台湾同胞	155.13	35.7	30.7	2.1	2.9	0.0

住宿	餐饮	景区游览	娱乐	购物	市内交通	邮电通讯	其他
10.3	7.3	2.1	8.6	14.9	2.4	3.1	5.2
10.9	7.1	1.5	6.1	15.4	2.2	3.1	5.0
9.2	5.1	3.1	17.2	13.2	3.9	6.1	6.6
8.9	18.3	2.6	2.2	14.4	0.7	1.0	4.6
10.5	9.7	4.5	13.6	14.1	3.6	2.2	4.5
9.9	5.8	1.1	4.9	18.8	2.5	2.3	6.0
10.7	5.6	0.9	4.9	18.4	2.4	1.9	7.0
6.0	6.9	1.8	5.5	13.5	3.2	8.2	8.6
2.8	5.3	1.4	0.0	31.5	0.4	0.6	2.0
8.2	6.0	2.9	5.5	27.4	4.2	0.5	22.8
10.7	9.1	5.6	4.0	22.4	1.5	4.8	5.3
10.5	9.0	5.3	3.5	23.9	1.5	5.4	6.0
12.6	10.5	6.6	5.3	11.2	1.3	3.6	4.4
10.9	8.9	6.0	6.8	32.9	2.6	5.2	2.5
10.0	10.3	6.9	5.7	20.6	1.5	5.1	3.5
11.0	8.2	5.8	5.3	21.8	1.3	3.5	5.2
8.8	7.9	5.3	4.4	24.3	1.2	4.0	7.1
11.8	9.3	5.5	5.0	16.1	1.2	3.1	2.6
9.2	6.2	3.1	15.4	17.3	1.5	7.3	9.2
8.7	11.5	7.7	5.9	20.6	1.4	4.1	6.4
7.6	9.6	6.8	4.0	21.1	0.9	7.8	5.8
6.5	9.9	6.3	2.9	23.6	0.8	9.2	7.7
12.7	2.9	6.9	5.0	5.3	0.9	4.2	1.4
10.7	4.2	6.9	8.6	21.6	2.9	11.3	9.0
7.0	11.4	8.0	5.6	20.1	1.3	7.5	3.4

	人均天花费(美元/人天)	人均天花费构成(%)				
		长途交通	飞　机	火　车	汽　车	轮　船
阿 坝 州	154.99	28.4	21.9	4.6	1.9	0.0
外 国 人	155.80	22.3	18.1	2.8	1.4	0.0
香港同胞	156.51	48.8	28.4	18.8	1.6	0.0
澳门同胞	159.74	19.0	17.1	0.0	1.9	0.0
台湾同胞	151.92	33.4	27.8	2.8	2.8	0.0
贵　　阳	159.45	28.5	16.8	8.4	3.3	0.0
外 国 人	159.45	27.5	16.7	8.9	1.9	0.0
香港同胞	161.71	37.9	14.8	15.0	8.1	0.0
澳门同胞	162.06	22.2	17.7	0.2	4.3	0.0
台湾同胞	157.11	25.1	19.2	1.6	4.3	0.0
安　　顺	163.87	24.5	18.7	4.1	1.7	0.0
外 国 人	163.30	20.2	12.0	6.7	1.5	0.0
香港同胞	165.00	33.4	25.8	0.0	7.6	0.0
澳门同胞	－	－	－	－	－	－
台湾同胞	165.00	23.2	18.0	1.1	4.1	0.0
黔 东 南	159.77	42.7	26.5	8.8	7.4	0.0
外 国 人	162.38	41.6	26.3	7.7	7.6	0.0
香港同胞	144.40	53.5	31.0	17.1	5.4	0.0
澳门同胞	146.88	31.9	17.4	5.3	9.2	0.0
台湾同胞	160.63	46.1	32.4	7.7	6.0	0.0
昆　　明	170.57	34.1	31.4	0.7	0.8	1.2
外 国 人	171.18	35.1	32.7	0.6	0.6	1.2
香港同胞	169.32	32.6	30.6	0.8	1.2	0.0
澳门同胞	168.76	28.1	21.8	6.3	0.0	0.0
台湾同胞	168.23	30.4	28.7	0.0	1.7	0.0
景　　洪	171.51	44.8	41.6	2.0	1.2	0.0
外 国 人	172.52	44.6	41.4	2.0	1.2	0.0
香港同胞	－	－	－	－	－	－
澳门同胞	－	－	－	－	－	－
台湾同胞	155.75	47.0	47.0	0.0	0.0	0.0

住宿	餐饮	景区游览	娱乐	购物	市内交通	邮电通讯	其他
7.3	11.5	7.4	3.9	26.6	0.8	4.9	9.2
5.7	11.3	6.7	2.4	33.1	0.6	6.3	11.6
12.3	10.5	7.2	4.9	9.6	0.4	3.5	2.8
13.7	11.0	9.9	5.1	21.4	0.3	4.1	15.5
7.6	12.6	8.7	5.9	20.9	1.3	3.8	5.8
14.8	12.0	4.0	4.7	19.9	3.8	2.9	9.4
13.5	10.0	2.8	4.7	20.9	4.6	3.1	12.9
11.1	9.4	4.4	8.2	16.4	1.6	3.8	7.2
20.3	15.9	19.6	0.0	8.9	0.6	1.1	11.4
18.4	16.6	4.6	2.7	19.7	2.5	1.3	9.1
11.5	10.1	2.5	3.4	34.9	3.1	1.6	8.4
10.1	11.8	1.8	3.6	35.1	4.3	1.9	11.2
7.8	2.8	4.3	8.8	38.0	1.2	1.9	1.8
–	–	–	–	–	–	–	–
16.0	7.5	4.1	2.1	34.0	2.5	1.4	9.2
7.7	7.1	4.3	6.1	18.5	5.1	3.6	4.9
7.6	8.2	3.6	5.5	19.7	4.9	3.6	5.3
3.1	4.4	4.0	7.8	9.0	2.0	5.8	10.4
4.9	2.8	11.6	12.8	12.1	9.6	5.2	9.1
15.7	2.9	5.6	4.1	12.4	5.2	3.4	4.6
10.7	9.3	4.0	6.3	21.7	1.1	3.4	9.4
11.1	9.0	5.2	5.8	22.2	0.8	3.6	7.2
8.5	10.0	1.9	9.4	24.2	1.0	4.9	7.5
12.3	13.8	1.6	6.8	21.6	3.8	2.4	9.6
10.3	11.3	2.9	5.4	13.8	2.0	2.4	21.5
12.6	10.1	6.0	3.6	14.4	1.9	1.5	5.1
12.6	10.0	6.2	3.8	14.1	1.7	1.7	5.3
–	–	–	–	–	–	–	–
–	–	–	–	–	–	–	–
12.0	12.3	3.1	0.0	20.2	2.8	1.1	1.5

1－20(续22)

	人均天花费(美元/人天)	人均天花费构成(%)				
		长途交通	飞　机	火　车	汽　车	轮　船
大　　理	170.23	43.1	25.5	8.6	2.6	6.4
外 国 人	171.81	43.9	26.4	8.6	2.5	6.4
香港同胞	154.01	32.4	28.8	0.0	3.6	0.0
澳门同胞	176.67	12.4	10.2	0.0	2.2	0.0
台湾同胞	164.84	30.4	24.1	0.0	6.3	0.0
拉　　萨	149.01	29.1	22.7	0.0	6.4	0.0
外 国 人	146.51	26.0	20.5	0.0	5.5	0.0
香港同胞	161.43	41.7	30.5	0.0	11.2	0.0
澳门同胞	159.75	39.9	30.6	0.0	9.3	0.0
台湾同胞	160.00	35.6	24.6	0.0	11.0	0.0
西　　安	181.88	30.1	23.0	2.1	5.0	0.0
外 国 人	182.01	30.2	23.3	1.8	5.1	0.0
香港同胞	180.78	27.2	15.7	8.1	3.4	0.0
澳门同胞	192.00	18.7	13.5	3.4	1.8	0.0
台湾同胞	175.40	22.2	11.2	8.5	2.5	0.0
咸　　阳	185.50	41.8	34.8	1.8	5.2	0.0
外 国 人	189.12	41.7	34.7	1.8	5.2	0.0
香港同胞	165.56	56.9	56.9	0.0	0.0	0.0
澳门同胞	197.35	44.4	44.4	0.0	0.0	0.0
台湾同胞	146.36	66.3	66.3	0.0	0.0	0.0
兰　　州	138.35	39.9	25.0	10.2	4.7	0.0
外 国 人	137.29	39.8	26.2	9.8	3.8	0.0
香港同胞	142.81	38.7	24.2	6.0	8.5	0.0
澳门同胞	139.52	36.7	16.6	12.9	7.2	0.0
台湾同胞	144.28	40.5	16.2	18.2	6.1	0.0
敦　　煌	136.02	37.1	23.5	9.6	4.0	0.0
外 国 人	135.94	37.0	23.8	9.3	3.9	0.0
香港同胞	150.00	66.6	0.0	49.9	16.7	0.0
澳门同胞	－	－	－	－	－	－
台湾同胞	135.00	28.4	6.0	17.5	4.9	0.0

住宿	餐饮	景区游览	娱乐	购物	市内交通	邮电通讯	其他
11.7	8.6	8.0	4.6	14.2	1.4	3.2	5.2
10.4	8.7	7.4	4.6	15.2	1.3	3.0	5.5
8.1	9.3	7.1	4.8	21.7	2.0	10.0	4.6
13.3	6.6	19.9	0.0	23.5	0.0	13.0	11.3
32.1	7.8	3.9	9.5	9.8	2.7	0.4	3.4
14.9	12.1	2.4	5.5	22.1	0.9	7.0	6.0
13.6	11.3	1.6	5.3	26.3	0.7	8.2	7.0
17.6	13.9	5.8	5.2	8.6	1.3	3.5	2.4
18.5	13.1	4.6	6.2	9.7	1.5	3.4	3.1
18.7	14.5	4.2	5.5	10.6	3.4	4.4	3.1
11.3	9.3	5.0	4.4	24.2	2.1	6.0	7.7
11.2	9.4	5.0	4.0	24.5	2.1	5.9	7.7
11.4	10.5	3.9	14.4	18.2	2.0	4.2	8.2
5.8	10.5	2.3	14.6	16.8	1.9	18.7	10.7
10.4	10.8	1.5	4.7	30.6	1.5	10.2	8.1
7.5	4.6	9.0	3.7	6.5	1.6	2.6	22.7
7.5	4.6	8.8	3.7	6.2	1.6	2.4	23.5
11.5	8.1	0.0	0.0	11.8	2.9	0.0	8.8
10.6	5.6	0.0	0.0	12.3	4.9	7.4	14.8
12.1	7.1	0.0	0.0	10.1	4.4	0.0	0.0
13.2	11.9	2.8	2.4	18.0	1.7	1.8	8.3
12.3	11.2	2.1	2.7	19.9	1.6	1.8	8.6
18.4	15.3	4.8	1.5	11.0	1.7	1.5	7.1
16.8	16.4	6.7	1.6	8.4	4.0	2.2	7.2
16.2	15.5	4.4	1.8	10.3	2.2	1.7	7.4
10.1	11.2	3.1	2.6	23.6	1.6	2.3	8.4
10.0	11.2	3.1	2.6	23.8	1.6	2.3	8.4
16.7	16.7	0.0	0.0	0.0	0.0	0.0	0.0
—	—	—	—	—	—	—	—
14.0	14.8	3.6	1.4	17.7	1.9	3.5	14.7

	人均天花费(美元/人天)	人均天花费构成(%)				
		长途交通	飞机	火车	汽车	轮船
西宁	134.50	39.2	23.5	6.4	9.3	0.0
外国人	136.31	40.6	23.9	4.9	11.8	0.0
香港同胞	127.15	38.0	30.1	5.3	2.6	0.0
澳门同胞	123.08	35.1	17.9	14.8	2.4	0.0
台湾同胞	132.99	35.9	18.1	13.3	4.5	0.0
银川	137.59	42.9	34.1	8.8	0.0	0.0
外国人	137.58	42.2	33.4	8.8	0.0	0.0
香港同胞	140.00	41.9	41.9	0.0	0.0	0.0
澳门同胞	140.00	80.8	80.8	0.0	0.0	0.0
台湾同胞	136.33	60.4	60.4	0.0	0.0	0.0
乌鲁木齐	146.61	18.2	16.0	0.7	1.5	0.0
外国人	146.40	19.3	17.3	0.3	1.7	0.0
香港同胞	142.78	14.7	11.7	0.0	3.0	0.0
澳门同胞	150.67	16.2	12.5	3.7	0.0	0.0
台湾同胞	148.82	15.9	14.1	0.4	1.4	0.0
吐鲁番	146.64	15.1	13.5	0.4	1.2	0.0
外国人	146.65	15.6	14.0	0.2	1.4	0.0
香港同胞	144.07	12.7	11.7	0.0	1.0	0.0
澳门同胞	148.00	15.4	10.4	5.0	0.0	0.0
台湾同胞	149.18	15.2	13.9	0.1	1.2	0.0
库尔勒	147.15	15.5	12.5	1.8	1.2	0.0
外国人	142.11	15.2	13.4	0.5	1.3	0.0
香港同胞	140.00	13.7	9.2	0.0	4.5	0.0
澳门同胞	148.89	10.6	3.3	7.3	0.0	0.0
台湾同胞	165.00	21.0	19.1	0.1	1.8	0.0
喀什	146.67	13.4	10.7	1.0	1.7	0.0
外国人	146.86	14.1	12.4	0.3	1.4	0.0
香港同胞	140.00	14.8	10.1	0.0	4.7	0.0
澳门同胞	140.00	7.0	0.0	7.0	0.0	0.0
台湾同胞	155.83	8.9	6.2	1.0	1.7	0.0

住宿	餐饮	景区游览	娱乐	购物	市内交通	邮电通讯	其他
8.7	12.7	2.7	5.2	18.8	1.4	2.0	9.3
9.3	9.9	2.2	7.2	19.2	1.4	1.9	8.3
8.7	13.2	2.4	4.2	19.2	1.5	2.8	10.0
8.0	7.8	5.0	0.0	20.4	0.0	4.0	19.7
9.3	9.7	5.0	11.6	8.3	2.0	2.6	15.6
15.7	5.3	7.4	8.6	10.7	2.5	2.0	4.9
15.7	5.3	7.8	8.8	10.8	2.5	2.0	4.9
19.4	9.2	9.2	5.3	11.2	1.7	2.1	0.0
10.0	2.5	0.0	0.0	0.0	4.5	0.0	2.2
15.8	3.7	6.4	0.0	9.2	2.0	1.4	1.1
10.3	9.0	0.9	1.7	43.3	1.6	6.7	8.3
9.5	9.1	0.9	0.7	44.3	0.1	6.8	9.3
9.8	10.2	0.0	0.4	49.5	0.0	8.1	7.3
18.8	6.6	2.0	12.9	23.6	11.0	4.3	4.6
10.2	8.7	0.7	1.4	47.7	0.7	10.2	4.5
10.4	9.7	0.8	1.9	39.9	1.8	8.6	11.8
9.9	9.3	0.8	0.7	42.9	0.4	9.3	11.1
10.0	11.1	0.0	0.0	41.0	0.0	10.4	14.8
11.7	11.0	2.3	17.2	16.8	18.4	2.7	4.5
11.5	8.4	1.8	4.1	33.8	0.2	6.0	19.0
14.3	7.6	2.4	5.1	34.8	3.8	6.8	9.6
11.3	8.6	1.5	1.1	41.6	0.2	8.4	12.1
9.7	8.4	0.0	6.7	36.2	0.0	16.1	9.2
24.5	6.1	2.6	19.0	10.1	18.5	1.6	7.0
14.8	6.0	5.2	4.3	37.7	0.9	5.7	4.4
11.5	9.2	1.3	1.9	52.2	2.0	5.4	3.1
10.2	9.1	1.3	1.0	54.3	0.4	6.2	3.4
10.0	10.0	0.0	0.0	60.2	0.0	3.7	1.3
34.3	0.0	2.5	18.3	12.6	20.2	1.6	3.5
12.1	8.1	2.0	1.4	53.2	0.3	7.2	6.8

二

入境游客停留时间

2－1　2005 年入境过夜旅游者停留时间
（按外国人、港澳台胞、团体及散客分组）

		调查人数（人）	1～3 天（%）	4～7 天（%）	8～14 天（%）	15 天以上（%）
全　国	**总计**	**12 685**	**43.5**	**36.5**	**11.5**	**8.5**
	团体	4 216	34.7	47.3	12.0	6.0
	散客	8 469	47.9	31.2	11.2	9.7
外国人	小计	8 411	38.7	38.3	13.4	9.6
	团体	3 447	39.5	41.3	12.4	6.8
	散客	4 964	38.1	36.3	14.1	11.5
香港同胞	小计	2 636	67.1	26.0	4.2	2.7
	团体	291	17.9	77.3	4.5	0.3
	散客	2 345	73.3	19.7	4.1	2.9
澳门同胞	小计	284	59.2	26.8	7.4	6.6
	团体	42	52.4	40.5	4.8	2.3
	散客	242	60.3	24.4	7.9	7.4
台湾同胞	小计	1 354	24.4	48.0	14.5	13.1
	团体	436	6.7	75.7	14.4	3.2
	散客	918	32.8	34.9	14.4	17.9

2－2　2005年入境过夜旅游者停留时间
（按性别、职业、团体及散客分组）

		调查人数（人）	1～3天（%）	4～7天（%）	8～14天（%）	15天以上（%）
全　国	**总计**	**12 685**	**43.5**	**36.5**	**11.5**	**8.5**
	团体	4 216	34.7	47.3	12.0	6.0
	散客	8 469	47.9	31.2	11.2	9.7
男　性	小计	7 986	43.0	36.5	11.7	8.8
	团体	2 133	34.4	47.6	11.9	6.1
	散客	5 853	46.1	32.4	11.7	9.8
女　性	小计	4 699	44.5	36.7	11.1	7.7
	团体	2 083	35.1	47.0	12.2	5.7
	散客	2 616	51.9	28.4	10.2	9.5
政府工作	小计	373	46.6	38.9	7.5	7.0
人　员	团体	185	47.0	39.5	8.1	5.4
	散客	188	46.3	38.3	6.9	8.5
专业技术	小计	2 167	40.1	35.3	13.3	11.3
人　员	团体	521	37.2	35.9	15.7	11.2
	散客	1 646	41.1	35.1	12.6	11.2
职　员	小计	1 542	50.4	37.4	7.5	4.7
	团体	604	37.1	52.0	7.6	3.3
	散客	938	59.0	27.9	7.4	5.7
技工/工人	小计	636	48.6	32.1	10.2	9.1
	团体	166	39.8	51.2	6.6	2.4
	散客	470	51.7	25.3	11.5	11.5
商贸人员	小计	3 767	45.3	36.3	11.2	7.2
	团体	759	40.1	47.3	10.1	2.5
	散客	3 008	46.7	33.6	11.5	8.2
服务员/	小计	395	60.5	29.9	5.1	4.5
推销员	团体	116	47.4	48.3	3.4	0.9
	散客	279	65.9	22.2	5.8	6.1
退休人员	小计	943	33.4	36.4	17.8	12.4
	团体	507	21.3	42.4	20.7	15.6
	散客	436	47.5	29.4	14.4	8.7
家庭妇女	小计	839	40.5	40.2	11.4	7.9
	团体	377	30.5	52.3	13.3	3.9
	散客	462	48.7	30.3	10.0	11.0
军　人	小计	49	44.9	38.8	4.1	12.2
	团体	20	30.0	50.0	0.0	20.0
	散客	29	55.2	31.0	6.9	6.9
学　生	小计	1 004	40.2	34.4	14.7	10.7
	团体	511	39.9	41.5	14.9	3.7
	散客	493	40.6	27.0	14.6	17.8
其　他	小计	970	37.4	42.8	10.8	9.0
	团体	450	22.7	63.8	9.1	4.4
	散客	520	50.2	24.6	12.3	12.9

2-3 2005年入境过夜旅游者停留时间

(按年龄、旅游目的、团 体及散 客分组)

		调查人数(人)	1~3天(%)	4~7天(%)	8~14天(%)	15天以上(%)
全　　国	**总计**	**12 685**	**43.5**	**36.5**	**11.5**	**8.5**
	团体	4 216	34.7	47.3	12.0	6.0
	散客	8 469	47.9	31.2	11.2	9.7
65岁及以上	小计	711	26.6	40.2	17.9	15.3
	团体	390	20.3	45.1	18.2	16.4
	散客	321	34.3	34.3	17.4	14.0
45~64岁	小计	4 307	39.5	38.0	13.9	8.6
	团体	1 476	31.9	45.2	15.0	7.9
	散客	2 831	43.4	34.3	13.3	9.0
25~44岁	小计	6 275	48.0	35.6	9.1	7.3
	团体	1 677	38.2	51.0	8.2	2.6
	散客	4 598	51.6	29.9	9.4	9.1
15~24岁	小计	1 310	43.8	35.1	11.9	9.2
	团体	627	39.9	45.1	11.5	3.5
	散客	683	47.4	25.9	12.4	14.3
14岁及以下	小计	82	56.1	24.4	11.0	8.5
	团体	46	54.3	28.3	13.0	4.4
	散客	36	58.3	19.4	8.4	13.9
观光游览	小计	3 739	36.8	44.7	12.0	6.5
	团体	2 560	34.3	47.9	11.7	6.1
	散客	1 179	42.2	37.8	12.7	7.3
休闲度假	小计	1 816	47.9	33.3	11.7	7.1
	团体	714	35.4	42.4	15.0	7.2
	散客	1 102	55.9	27.3	9.6	7.2
探亲访友	小计	1 447	54.8	24.1	10.6	10.5
	团体	67	41.8	29.9	14.9	13.4
	散客	1 380	55.4	23.8	10.4	10.4
商　　务	小计	4 286	43.3	35.2	11.9	9.6
	团体	537	41.7	45.8	9.3	3.2
	散客	3 749	43.5	33.6	12.3	10.6
会　　议	小计	406	49.0	38.9	9.1	3.0
	团体	48	35.4	47.9	14.6	2.1
	散客	358	50.8	37.7	8.4	3.1
宗教朝拜	小计	42	45.2	35.7	7.2	11.9
	团体	15	26.7	40.0	20.0	13.3
	散客	27	55.6	33.3	0.0	11.1
文体交流	小计	326	23.9	51.8	11.7	12.6
	团体	163	8.6	73.6	11.7	6.1
	散客	163	39.3	30.1	11.6	19.0
其　　他	小计	623	53.0	25.7	8.3	13.0
	团体	112	41.1	44.6	9.8	4.5
	散客	511	55.6	21.5	8.0	14.9

2－4　2005年外国过夜旅游者停留时间
（按国别分组）

	调查人数（人）	1～3天		4～7天		8～14天		15天以上	
		（人）	（%）	（人）	（%）	（人）	（%）	（人）	（%）
日　　本	1 271	470	37.0	605	47.6	118	9.3	78	6.1
菲 律 宾	76	36	47.4	28	36.8	7	9.2	5	6.6
泰　　国	116	50	43.1	47	40.5	11	9.5	8	6.9
新 加 坡	326	116	35.6	138	42.3	51	15.6	21	6.5
印　　尼	78	17	21.8	34	43.6	20	25.6	7	9.0
马来西亚	224	42	18.8	110	49.1	57	25.4	15	6.7
韩　　国	1 447	678	46.9	640	44.2	83	5.7	46	3.2
朝　　鲜	95	87	91.6	7	7.3	0	0.0	1	1.1
蒙　　古	225	215	95.6	8	3.6	2	0.8	0	0.0
印　　度	109	37	33.9	38	34.9	16	14.7	18	16.5
英　　国	353	91	25.8	167	47.3	61	17.3	34	9.6
法　　国	262	24	9.1	68	26.0	105	40.1	65	24.8
德　　国	108	24	22.3	32	29.6	25	23.1	27	25.0
意 大 利	59	13	22.0	28	47.5	12	20.3	6	10.2
荷　　兰	84	20	23.8	26	31.0	16	19.0	22	26.2
瑞　　典	69	17	24.6	28	40.6	19	27.5	5	7.3
俄 罗 斯	1 037	674	65.0	297	28.6	47	4.5	19	1.9
瑞　　士	42	8	19.0	17	40.5	10	23.8	7	16.7
美　　国	941	193	20.5	312	33.2	225	23.9	211	22.4
加 拿 大	231	61	26.4	86	37.2	46	19.9	38	16.5
澳大利亚	274	67	24.5	91	33.2	64	23.4	52	18.9
非洲国家	76	28	36.8	25	32.9	10	13.2	13	17.1
南美国家	19	4	21.1	10	52.6	3	15.8	2	10.5
其他国家	889	281	31.6	381	42.9	123	13.8	104	11.7

2-5 2005年入境过夜旅游者平均停留时间

单位:天/人

	平均停留	团　体	散　客
总平均	**6.0**	**5.6**	**6.1**
外国人	6.5	5.7	7.0
香港同胞	3.6	4.9	3.4
澳门同胞	4.8	4.4	4.9
台湾同胞	7.8	6.0	8.7
男　性	6.1	5.7	6.3
女　性	5.7	5.6	5.9
65岁及以上	7.9	7.9	7.9
45～64岁	6.2	6.2	6.3
25～44岁	5.5	4.9	5.8
15～24岁	6.2	5.2	7.2
14岁及以下	5.8	4.9	6.9
观光游览	5.7	5.6	5.8
休闲度假	5.4	6.0	5.1
探亲访友	5.9	7.7	5.8
商　务	6.4	5.0	6.6
会　议	4.6	5.1	4.6
宗教朝拜	6.9	8.3	6.1
文体交流	7.1	6.0	8.3
其　他	6.7	4.7	7.1
政府工作人员	5.3	5.1	5.6
专业技术人员	6.8	6.7	6.8
职　员	4.7	4.8	4.7
技工/工人	5.8	4.6	6.2
服务员/推销员	5.7	4.9	5.9
商贸人员	4.3	4.2	4.4
退休人员	7.0	7.8	6.0
家庭妇女	6.0	5.6	6.3
军　人	5.5	6.9	4.6
学　生	6.9	5.5	8.3
其　他	6.2	5.4	6.9

2-6 2005 年入境过夜旅游者平均停留时间
(按外国人、港澳台胞、团体及散客、性别、年龄分组)

单位:天/人

		平均停留	性别		年龄				
			男	女	14 岁及以下	15～24 岁	25～44 岁	45～64 岁	65 岁及以上
全国	**平均**	**6.0**	**6.1**	**5.7**	**5.8**	**6.2**	**5.5**	**6.2**	**7.9**
	团体	5.6	5.7	5.6	4.9	5.2	4.9	6.2	7.9
	散客	6.1	6.3	5.9	6.9	7.2	5.8	6.3	7.9
外国人	小计	6.5	6.6	6.2	5.4	6.9	6.1	6.6	7.9
	团体	5.7	5.7	5.6	4.7	5.3	4.7	6.3	8.2
	散客	7.0	7.0	7.0	7.2	8.9	6.8	6.8	7.5
香港同胞	小计	3.6	3.4	3.8	3.5	3.9	3.2	3.8	6.5
	团体	4.9	5.1	4.8	5.0	4.4	4.8	5.3	5.3
	散客	3.4	3.3	3.6	3.1	3.7	3.1	3.6	7.0
澳门同胞	小计	4.8	4.5	5.1	3.2	4.9	4.3	4.8	8.5
	团体	4.4	4.5	4.2	0.0	4.6	4.7	3.2	7.0
	散客	4.9	4.5	5.2	3.2	5.0	4.2	5.2	8.7
台湾同胞	小计	7.8	8.3	6.9	18.0	7.2	7.7	7.8	9.4
	团体	6.0	6.0	6.0	8.5	5.1	5.7	6.2	7.4
	散客	8.7	9.1	7.8	22.8	9.0	8.5	8.5	11.3

2-7 2005年入境过夜旅游者平均停留时间

		平均停留	职业				
			政府工作人员	专业技术人员	职员	技工工人	商贸人员
全国	**平均**	**6.0**	**5.3**	**6.8**	**4.7**	**5.8**	**5.7**
	团体	5.6	5.1	6.7	4.8	4.6	4.9
	散客	6.1	5.6	6.8	4.7	6.2	5.9
外国人	小计	6.5	5.6	7.5	5.4	6.5	6.0
	团体	5.7	5.0	6.9	4.8	4.3	4.9
	散客	7.0	6.5	7.7	6.0	7.4	6.4
香港同胞	小计	3.6	4.0	3.7	2.9	3.3	3.3
	团体	4.9	5.8	5.8	4.5	5.4	3.8
	散客	3.4	3.7	3.6	2.7	3.1	3.3
澳门同胞	小计	4.8	3.0	3.9	3.9	3.7	5.9
	团体	4.4	4.0	3.4	4.3	2.3	8.3
	散客	4.9	2.5	4.0	3.7	4.3	5.7
台湾同胞	小计	7.8	6.9	8.7	6.4	7.3	7.9
	团体	6.0	5.8	5.8	5.3	6.5	5.7
	散客	8.7	7.6	9.3	7.4	7.9	8.2

（按外国人、港澳台胞、团体及散客、职业分组）

单位：天/人

服务员推销员	退休人员	家庭妇女	军人	学生	其他
4.3	**7.0**	**6.0**	**5.5**	**6.9**	**6.2**
4.2	7.8	5.6	6.9	5.5	5.4
4.4	6.0	6.3	4.6	8.3	6.9
4.9	7.4	6.2	6.5	7.4	6.6
4.1	8.1	5.4	6.9	5.6	5.3
5.7	6.1	7.0	5.9	9.6	8.2
2.8	4.5	4.5	3.3	4.7	3.5
4.7	5.4	5.5	–	4.5	4.3
2.6	4.3	4.3	3.3	4.7	3.5
4.4	6.3	6.5	2.0	5.2	3.4
0.0	4.4	7.0	–	2.0	3.5
4.4	6.7	6.4	2.0	5.4	3.4
7.4	8.4	8.0	3.3	8.3	8.2
5.0	7.4	6.6	–	5.5	6.3
8.8	9.2	10.3	3.3	11.3	10.2

2－8　2005 年入境过夜旅游者平均停留时间

		平均停留	旅游目的		
			观光游览	休闲度假	探亲访友
全国	**平均**	**6.0**	**5.7**	**5.4**	**5.9**
	团体	5.6	5.6	6.0	7.7
	散客	6.1	5.8	5.1	5.8
外国人	小计	6.5	5.9	6.9	7.1
	团体	5.7	5.7	6.3	7.3
	散客	7.0	6.7	7.6	7.1
香港同胞	小计	3.6	4.1	2.5	3.7
	团体	4.9	5.0	4.6	4.3
	散客	3.4	3.6	2.3	3.7
澳门同胞	小计	4.8	4.8	3.1	5.6
	团体	4.4	4.6	3.4	5.0
	散客	4.9	5.0	3.0	5.7
台湾同胞	小计	7.8	6.3	6.0	9.3
	团体	6.0	5.9	5.3	13.0
	散客	8.7	7.2	6.7	9.1

(按外国人、港澳台胞、团体及散客、旅游目的分组)

单位:天/人

商务	会议	宗教朝拜	文化/体育/科技交流	其他
6.4	**4.6**	**6.9**	**7.1**	**6.7**
5.0	5.1	8.3	6.0	4.7
6.6	4.6	6.1	8.3	7.1
6.6	5.1	8.0	7.1	7.1
4.9	5.1	9.5	6.0	4.7
7.0	5.1	7.4	8.5	7.7
3.8	2.7	2.5	5.7	3.3
6.1	4.5	5.5	5.1	5.0
3.7	2.7	1.0	6.2	3.2
5.9	2.8	–	5.0	5.6
4.0	7.0	–	–	4.5
6.0	2.5	–	5.0	5.7
9.3	7.1	6.2	11.7	8.0
8.2	4.3	7.4	10.3	5.1
9.4	7.4	4.8	12.1	8.7

2-9 2005年外国过夜旅游者

	平均停留	职业				
		政府工作人员	专业技术人员	职员	技工工人	商贸人员
日本	5.7	6.6	7.5	5.6	6.8	5.0
菲律宾	5.4	10.0	6.2	6.6	6.1	5.2
泰国	5.9	16.0	5.9	5.8	3.7	6.3
新加坡	6.2	6.4	5.5	5.3	8.5	5.6
印尼	7.4	3.0	5.5	9.5	–	7.5
马来西亚	7.6	5.8	7.0	9.2	9.1	7.5
韩国	4.7	3.9	4.8	4.4	3.5	5.0
朝鲜	3.3	3.8	3.2	3.0	3.0	3.0
蒙古	1.8	1.5	2.5	1.8	1.8	1.7
印度	7.9	4.0	6.7	3.0	3.0	8.0
英国	7.4	4.2	8.6	4.8	8.8	6.9
法国	10.3	12.1	8.3	9.3	12.0	8.3
德国	10.8	12.3	11.4	8.4	16.7	7.7
意大利	7.3	8.0	6.8	5.5	10.5	5.8
荷兰	10.9	–	11.0	5.1	5.0	9.5
瑞典	7.2	–	6.6	7.5	8.0	5.9
俄罗斯	3.8	3.7	3.6	3.9	3.9	4.6
瑞士	9.6	–	10.1	5.0	17.3	6.8
美国	9.7	8.7	10.5	7.0	10.0	8.3
加拿大	8.9	8.7	8.2	6.7	10.1	7.8
澳大利亚	9.1	9.2	9.3	10.3	8.3	6.8
非洲国家	8.3	3.0	8.0	12.8	–	7.5
南美国家	6.8	6.0	3.2	–	–	7.3
其他国家	7.0	4.0	8.1	4.8	5.5	7.2

平均停留时间(按国别、职业分组)

单位:天/人

服务员推销员	退休人员	家庭妇女	军人	学生	其他
3.7	5.8	6.1	5.3	4.9	5.4
3.0	4.7	5.2	–	7.0	3.6
2.6	6.0	4.3	–	3.5	6.3
5.0	6.3	8.6	15.0	8.0	9.8
–	5.8	7.4	–	12.3	4.6
7.8	8.5	7.2	–	7.7	6.4
4.2	4.1	4.7	3.0	5.7	4.4
3.0	3.0	4.6	–	3.0	3.1
1.7	2.8	1.7	2.0	1.7	1.7
10.3	–	7.5	–	15.3	8.0
4.0	8.1	10.1	–	8.4	6.8
7.0	12.0	11.8	–	10.3	11.3
–	11.3	20.0	–	22.0	6.0
–	3.5	5.5	–	15.0	5.6
5.0	13.3	15.2	9.0	13.5	18.7
8.0	8.0	10.3	–	6.8	8.1
3.5	2.7	2.4	–	3.6	5.1
7.0	11.3	–	–	5.3	18.5
12.2	13.7	10.7	3.0	11.3	6.9
–	8.1	5.9	–	8.9	14.5
7.0	12.6	6.3	–	12.5	8.4
–	27.0	4.0	2.0	17.5	2.0
6.0	5.0	–	–	9.0	14.5
3.8	7.8	6.6	7.8	8.9	7.3

2－10　2005年外国过夜旅游者平均停留时间
（按国别、旅游目的分组）

单位：天/人

	平均停留	旅游目的							
		观光游览	休闲度假	探亲访友	商务	会议	宗教朝拜	文体交流	其他
日本	5.7	4.5	4.6	7.9	6.1	5.9	5.0	6.0	7.2
菲律宾	5.4	4.2	5.4	5.6	8.1	4.8	－	4.3	4.6
泰国	5.9	4.6	4.6	8.8	6.6	4.3	－	5.0	6.8
新加坡	6.2	5.5	5.8	8.2	5.9	4.2	－	5.6	10.1
印尼	7.4	7.6	8.7	5.7	6.9	3.5	5.0	16.0	9.5
马来西亚	7.6	7.7	5.9	7.1	8.6	3.7	－	4.0	9.0
韩国	4.7	3.8	4.1	5.7	5.7	4.4	7.5	6.5	6.7
朝鲜	3.3	3.0	－	8.0	4.4	－	－	－	－
蒙古	1.8	2.6	2.2	1.7	2.4	1.9	3.0	2.7	2.0
印度	7.9	7.2	4.5	13.0	8.9	4.5	－	11.5	5.7
英国	7.4	5.7	7.1	8.8	8.0	8.0	－	16.3	13.0
法国	10.3	11.0	11.2	10.0	8.2	4.9	－	8.8	16.3
德国	10.8	10.6	15.2	25.0	9.6	6.3	－	－	16.3
意大利	7.3	6.5	7.9	10.3	7.5	4.8	2.0	17.0	3.3
荷兰	10.9	12.2	12.8	15.0	9.2	3.0	4.0	3.0	30.0
瑞典	7.2	9.1	7.3	13.0	5.6	3.5	－	－	3.0
俄罗斯	3.8	3.8	4.0	3.1	3.8	4.8	30.0	3.5	2.4
瑞士	9.6	9.6	13.3	12.7	6.9	－	－	10.8	－
美国	9.7	9.7	11.1	13.8	8.5	8.0	6.2	6.8	12.8
加拿大	8.9	6.9	9.9	12.9	7.9	3.3	14.0	2.5	12.7
澳大利亚	9.1	9.4	10.5	11.4	7.3	4.5	－	8.9	11.8
非洲国家	8.3	10.7	7.3	8.8	8.3	2.0	－	－	9.0
南美国家	6.8	11.0	14.5	5.0	5.0	2.0	－	－	－
其他国家	7.0	6.3	8.7	8.1	6.9	4.9	2.4	8.2	5.6

2－11 2005年外国过夜旅游者平均停留时间
（按国别、性别、年龄分组）

单位：天/人

	平均停留	性别		年龄				
		男	女	14岁及以下	15～24岁	25～44岁	45～64岁	65岁及以上
日本	5.7	5.8	5.2	12.0	5.4	6.0	5.3	5.9
菲律宾	5.4	4.1	8.5	－	6.1	4.7	9.3	6.5
泰国	5.9	6.2	5.1	－	5.1	6.4	4.0	－
新加坡	6.2	6.2	6.3	8.5	6.3	5.7	6.6	8.8
印尼	7.4	7.4	7.5	4.0	7.2	7.8	7.0	7.9
马来西亚	7.6	7.5	7.6	－	6.8	7.8	7.4	10.8
韩国	4.7	4.9	4.5	3.1	4.6	4.7	5.5	4.1
朝鲜	3.3	3.1	3.6	－	3.3	3.2	3.0	5.1
蒙古	1.8	2.0	1.7	1.5	1.9	1.7	1.6	3.5
印度	7.9	8.0	7.5	－	7.5	7.4	11.4	－
英国	7.4	7.0	8.3	8.0	7.2	7.6	7.6	6.9
法国	10.3	10.5	10.1	－	11.5	7.0	10.4	12.1
德国	10.8	10.1	15.7	－	14.9	8.7	22.0	7.6
意大利	7.3	8.0	5.0	5.0	6.0	7.1	14.4	4.0
荷兰	10.9	9.7	12.9	30.0	9.9	9.7	20.2	15.3
瑞典	7.2	5.6	9.7	－	6.8	7.3	4.7	12.0
俄罗斯	3.8	4.1	3.5	2.2	3.2	4.3	3.8	3.3
瑞士	9.6	9.1	11.6	7.0	8.5	10.6	5.3	13.5
美国	9.7	9.6	9.8	10.3	9.9	8.3	9.6	13.6
加拿大	8.9	8.7	9.1	－	9.0	8.8	9.0	7.4
澳大利亚	9.1	9.0	9.2	7.0	9.8	8.0	10.4	10.0
非洲国家	8.3	8.2	8.4	－	6.5	8.2	14.3	－
南美国家	6.8	7.3	4.3	－	6.9	6.7	9.0	5.0
其他国家	7.0	7.2	6.6	3.0	7.9	6.5	6.1	11.7

2－12　2005 年入境过夜旅游者在各城市平均停留时间
（按外国人、港澳台胞分组）

单位:天/人

	平均停留	外国人	香港同胞	澳门同胞	台湾同胞
北　京	4.1	4.2	3.2	3.5	3.9
天　津	4.0	4.3	2.4	2.6	2.6
石家庄	2.2	2.3	2.3	1.0	1.7
唐　山	1.6	1.6	1.7	1.2	1.2
秦皇岛	3.5	3.6	3.3	4.0	2.3
保　定	2.7	2.6	3.3	–	3.3
承　德	1.1	1.1	1.2	–	1.2
廊　坊	2.7	2.8	1.5	2.0	2.4
太　原	2.1	2.1	1.9	2.2	2.0
大　同	1.9	1.9	1.3	2.7	1.7
阳　泉	1.7	1.7	2.0	–	–
长　治	3.0	3.0	3.4	2.6	2.3
晋　城	3.1	3.1	3.7	2.0	–
朔　州	2.0	2.1	2.0	1.0	2.0
忻　州	1.4	1.4	1.3	1.4	2.0
吕　梁	1.9	1.9	–	–	1.0
晋　中	1.8	1.8	2.0	2.7	1.5
临　汾	1.5	1.7	1.1	2.0	1.0
运　城	2.2	2.0	2.0	3.0	3.1
呼和浩特	2.3	2.4	1.9	2.5	1.9
满州里	2.7	2.7	–	–	–
二连浩特	1.8	1.8	–	–	–
包　头	2.3	2.4	2.0	2.0	2.0
沈　阳	3.2	3.4	2.1	3.3	2.7
大　连	4.4	4.5	4.0	3.6	4.0
长　春	6.4	6.7	3.0	4.0	2.0
吉　林	3.4	3.4	3.0	3.4	1.0

2－12(续1)

单位:天/人

	平均停留	外国人	香港同胞	澳门同胞	台湾同胞
哈尔滨	3.4	3.6	2.5	3.0	2.5
牡丹江	2.6	2.6	－	－	2.0
佳木斯	3.2	3.1	3.0	－	5.0
上海	3.3	3.3	2.9	2.4	3.1
南京	1.7	1.9	1.3	1.1	1.3
无锡	1.6	1.8	1.5	1.2	1.3
苏州	2.2	2.3	2.9	2.5	1.4
南通	2.3	2.4	2.0	2.0	2.0
扬州	2.1	2.0	2.6	1.8	2.5
杭州	2.4	2.5	1.8	2.0	1.8
宁波	2.3	2.3	2.4	2.0	2.0
温州	2.3	2.3	2.1	－	2.2
绍兴	1.6	1.6	1.4	1.0	1.8
金华	3.5	3.7	2.3	－	2.1
合肥	3.2	3.5	2.0	2.3	2.6
芜湖	6.6	7.3	3.0	－	2.0
马鞍山	6.6	7.9	1.3	－	2.0
铜陵	3.0	3.0	3.0	2.0	3.0
安庆	2.3	2.3	－	－	1.0
黄山	2.3	2.3	2.6	2.3	2.3
滁州	2.8	3.2	2.1	1.5	1.4
亳州	5.1	5.3	－	1.0	6.3
池州	2.5	2.7	1.8	1.5	1.4
宣城	1.9	2.2	2.3	2.0	1.0
福州	3.0	3.2	2.7	1.9	2.9
厦门	3.8	4.3	2.6	3.3	2.9
泉州	3.7	4.9	3.3	2.7	2.8
漳州	2.4	2.6	1.8	1.3	2.9
武夷山	2.8	2.6	3.3	3.0	2.3
南昌	3.9	4.6	2.6	2.2	3.4
景德镇	1.7	1.8	1.3	1.8	1.8
九江	3.4	3.7	2.4	2.0	3.7
鹰潭	1.7	1.6	1.8	1.8	2.0
赣州	2.1	2.4	2.1	1.0	1.7
吉安	1.9	1.9	2.1	1.9	2.0

2－12(续2)　　　　单位:天/人

	平均停留	外国人	香港同胞	澳门同胞	台湾同胞
济　南	2.1	2.2	1.9	－	1.8
青　岛	3.2	3.5	2.0	2.0	2.4
烟　台	3.5	3.6	2.0	1.0	3.5
曲　阜	1.2	1.2	1.8	1.0	1.8
泰　安	1.8	2.0	1.1	1.0	1.7
威　海	3.0	3.1	2.5	－	2.5
郑　州	2.5	2.6	1.8	2.3	2.2
开　封	1.2	1.2	1.4	－	1.0
洛　阳	1.4	1.4	1.6	1.6	1.4
三门峡	1.9	1.9	1.8	1.4	1.7
武　汉	2.0	2.1	1.8	1.7	1.7
十　堰	1.5	1.8	1.5	1.1	1.3
宜　昌	1.3	1.2	1.5	1.2	1.4
襄　樊	2.4	2.8	1.5	1.6	1.7
荆　州	1.1	1.2	1.1	1.1	1.1
湖北游船	3.1	3.2	3.0	2.9	3.3
长　沙	4.4	4.5	4.0	3.9	3.8
湘　潭	2.7	2.5	3.5	3.3	3.4
衡　阳	3.3	3.7	2.3	2.2	3.1
岳　阳	3.8	3.9	3.3	2.8	3.7
张家界	2.8	2.8	2.7	2.8	2.7
广　州	3.4	3.6	2.8	2.7	2.8
深　圳	3.0	3.5	2.4	2.0	3.0
珠　海	2.2	2.9	1.7	1.6	2.2
汕　头	2.6	2.9	2.0	1.8	2.0
佛　山	3.8	4.5	2.0	2.4	3.1
江　门	3.6	5.1	2.2	2.0	3.0
肇　庆	2.1	2.6	1.6	1.8	2.5
中　山	1.8	2.7	1.5	1.4	1.9
南　宁	3.2	3.6	2.6	2.2	2.2
桂　林	2.1	2.1	2.3	2.3	2.3
梧　州	1.6	1.8	1.6	1.3	1.3
北　海	2.2	2.0	2.2	2.2	2.6
玉　林	3.1	2.2	2.7	2.2	3.8
百　色	2.0	2.1	2.0	1.8	2.0
凭　祥	2.1	2.1	2.2	2.4	1.8

2－12(续3)　　　　单位:天/人

	平均停留	外国人	香港同胞	澳门同胞	台湾同胞
海　口	2.9	3.0	2.5	2.0	2.5
三　亚	2.9	2.9	2.9	2.7	2.9
重　庆	3.4	3.5	2.7	2.2	3.4
重庆游船	3.5	3.6	3.2	3.0	3.6
成　都	3.0	3.0	2.6	3.2	2.9
绵　阳	1.4	1.5	1.2	1.0	1.3
乐　山	1.9	2.0	2.1	1.5	1.5
阿坝州	1.7	1.8	1.6	1.7	1.4
贵　阳	3.2	3.1	3.0	3.1	3.7
安　顺	2.3	2.5	2.6	–	2.0
黔东南	1.7	1.7	2.0	1.3	1.8
昆　明	2.9	3.0	2.4	2.4	3.0
景　洪	2.3	2.4	–	–	2.0
大　理	2.5	2.7	1.8	1.3	2.7
拉　萨	7.3	7.5	7.5	5.2	6.5
西　安	2.4	2.4	2.3	2.2	2.1
咸　阳	1.9	1.8	2.8	1.5	2.3
兰　州	2.0	2.1	2.0	1.9	2.0
敦　煌	1.5	1.5	2.0	–	1.0
西　宁	2.8	2.9	2.2	2.0	2.6
银　川	1.4	1.4	1.2	1.0	1.4
乌鲁木齐	2.2	2.2	2.3	1.9	2.5
吐鲁番	2.1	2.0	2.1	1.6	2.6
库尔勒	2.4	2.4	2.0	2.2	2.5
喀　什	2.4	2.3	2.8	2.2	2.5

2－13 2005年入境过夜旅游者在各城市平均停留时间

（按性别、年龄分组）

单位：天/人

	平均停留	性别		年龄				
		男	女	14岁及以下	15～24岁	25～44岁	45～64岁	65岁及以上
北京	4.1	4.1	4.1	5.3	4.3	4.0	4.2	4.2
天津	4.0	4.7	2.9	1.7	3.4	4.4	4.1	2.2
石家庄	2.2	2.4	1.9	2.0	1.9	2.4	2.2	1.7
唐山	1.6	1.6	1.6	–	1.5	1.4	1.8	2.0
秦皇岛	3.5	3.6	3.4	–	5.0	3.6	3.2	3.0
保定	2.7	2.7	2.6	–	2.5	2.4	3.0	3.5
承德	1.1	1.1	1.1	1.0	1.2	1.1	1.1	1.2
廊坊	2.7	2.8	2.5	–	2.2	3.2	2.2	2.3
太原	2.1	2.2	2.0	–	2.4	2.2	2.0	1.9
大同	1.9	2.0	1.8	–	1.7	2.0	1.9	1.7
阳泉	1.7	1.7	–	–	–	1.6	2.0	–
长治	3.0	2.9	3.1	7.0	2.3	3.2	2.6	2.0
晋城	3.1	3.2	2.9	–	–	3.7	3.0	3.0
朔州	2.0	2.1	2.0	–	2.0	1.9	2.2	2.0
忻州	1.4	1.4	1.5	–	1.5	1.5	1.4	1.0
吕梁	1.9	2.1	1.6	–	2.6	1.7	1.6	1.5
晋中	1.8	1.8	1.8	–	1.6	1.9	1.8	1.6
临汾	1.5	1.8	1.0	–	1.0	2.5	1.0	1.6
运城	2.2	2.0	2.7	–	1.3	1.9	2.6	2.6
呼和浩特	2.3	2.4	2.2	–	1.8	2.6	2.1	2.0
满州里	2.7	2.7	2.7	2.0	2.8	2.7	2.7	3.0
二连浩特	1.8	2.0	1.7	–	2.5	1.7	1.9	2.7
包头	2.3	2.4	2.2	2.0	2.3	2.4	2.3	2.1
沈阳	3.2	3.5	2.8	4.0	2.1	3.0	3.6	3.8
大连	4.4	4.4	4.4	3.5	4.4	4.2	4.6	5.4
长春	6.4	7.1	4.0	–	2.0	7.5	5.8	4.0
吉林	3.4	4.4	2.9	–	3.0	5.2	3.0	4.1

单位:天/人

	平均停留	性别		年龄				
		男	女	14岁及以下	15～24岁	25～44岁	45～64岁	65岁及以上
哈尔滨	3.4	3.8	2.7	2.0	2.7	3.7	3.5	2.6
牡丹江	2.6	2.6	2.5	1.9	2.3	2.6	2.6	3.2
佳木斯	3.2	3.5	2.6	－	3.2	2.9	3.4	2.7
上　海	3.3	3.4	3.1	3.8	3.5	3.3	3.3	3.2
南　京	1.7	1.8	1.5	1.0	1.2	1.8	1.7	1.6
无　锡	1.6	1.7	1.5	－	1.7	1.7	1.5	1.3
苏　州	2.2	2.4	1.7	4.5	1.9	2.3	1.7	3.5
南　通	2.3	2.2	2.5	－	3.8	2.3	2.0	2.1
扬　州	2.1	2.1	2.1	－	2.4	2.0	2.0	3.0
杭　州	2.4	2.6	2.2	－	2.0	2.4	2.8	1.8
宁　波	2.3	2.4	1.9	－	2.6	2.2	2.3	2.5
温　州	2.3	2.3	2.3	－	2.0	2.2	2.4	4.5
绍　兴	1.6	1.7	1.5	－	1.3	1.5	1.9	1.5
金　华	3.5	3.8	2.2	1.0	4.5	3.5	3.3	1.0
合　肥	3.2	3.4	2.7	－	2.2	3.3	3.3	2.4
芜　湖	6.6	6.6	－	－	－	8.5	1.8	－
马鞍山	6.6	7.1	5.4	－	2.0	4.3	10.3	－
铜　陵	3.0	3.2	2.5	－	2.5	2.2	3.8	－
安　庆	2.3	2.3	2.5	－	2.0	1.6	3.1	－
黄　山	2.3	2.4	2.3	1.6	2.7	2.4	2.2	2.2
滁　州	2.8	3.7	1.7	2.0	1.5	4.3	2.5	1.2
亳　州	5.1	5.2	4.9	－	30.0	3.9	4.6	4.4
池　州	2.5	2.5	2.7	1.0	2.4	2.4	2.9	3.0
宣　城	1.9	1.8	2.6	－	1.2	2.1	1.7	2.3
福　州	3.0	2.9	3.1	5.0	3.0	3.4	2.4	2.8
厦　门	3.8	4.4	2.5	3.2	2.4	3.6	4.6	2.8
泉　州	3.7	3.8	3.4	－	3.7	3.8	3.7	2.9
漳　州	2.4	2.4	2.4	－	2.5	2.4	2.5	2.0
武夷山	2.8	2.7	2.9	－	2.7	3.1	2.6	2.8
南　昌	3.9	3.7	4.4	－	3.8	4.3	3.6	3.4
景德镇	1.7	1.7	1.7	－	1.7	1.7	1.7	1.8
九　江	3.4	3.7	2.7	－	2.5	4.1	2.9	2.6
鹰　潭	1.7	1.8	1.5	－	1.5	1.6	1.8	1.6
赣　州	2.1	2.1	2.0	－	2.0	2.0	2.2	1.6
吉　安	1.9	2.0	1.9	－	1.8	2.0	1.8	1.8

2－13(续2) 单位:天/人

	平均停留	性别		年龄				
		男	女	14岁及以下	15～24岁	25～44岁	45～64岁	65岁及以上
济南	2.1	1.9	2.4	14.0	2.1	2.1	1.9	1.2
青岛	3.2	3.5	2.7	2.0	3.1	2.9	3.6	4.4
烟台	3.5	3.2	4.0	–	7.0	3.5	2.8	3.0
曲阜	1.2	1.2	1.3	–	1.1	1.2	1.3	1.1
泰安	1.8	2.3	1.3	1.0	1.3	1.3	2.2	3.5
威海	3.0	3.1	2.4	–	5.0	3.2	2.8	1.7
郑州	2.5	2.3	2.8	2.0	3.1	3.1	1.8	1.8
开封	1.2	1.3	1.1	–	1.0	1.3	1.1	1.3
洛阳	1.4	1.4	1.4	–	1.3	1.6	1.3	1.2
三门峡	1.9	1.7	2.0	–	1.9	2.3	1.6	1.4
武汉	2.0	2.2	1.8	1.3	1.7	2.1	2.3	1.6
十堰	1.5	1.5	1.5	–	1.3	1.4	1.7	1.3
宜昌	1.3	1.2	1.3	–	1.1	1.3	1.3	1.4
襄樊	2.4	2.4	2.3	3.5	1.0	2.5	2.3	1.7
荆州	1.1	1.2	1.1	–	1.1	1.1	1.2	1.2
湖北游船	3.1	3.1	3.2	–	3.2	3.1	3.1	3.0
长沙	4.4	4.5	4.3	4.3	4.4	4.4	4.7	3.6
湘潭	2.7	2.8	2.6	4.0	3.3	3.6	2.5	1.3
衡阳	3.3	3.5	3.1	4.0	3.8	3.2	3.3	3.0
岳阳	3.8	4.2	3.3	4.0	4.0	3.9	3.7	2.8
张家界	2.8	2.9	2.7	3.5	2.8	3.0	2.8	2.4
广州	3.4	3.6	3.2	6.3	3.4	3.3	3.6	3.4
深圳	3.0	3.1	2.9	–	2.9	3.1	2.9	3.4
珠海	2.2	2.4	1.9	2.0	1.9	2.2	2.5	1.8
汕头	2.6	2.6	2.5	–	2.6	2.2	2.8	3.3
佛山	3.8	4.1	3.2	3.0	3.4	3.6	4.2	4.2
江门	3.6	4.2	2.9	3.0	2.7	3.6	4.1	3.4
肇庆	2.1	2.3	1.9	–	1.8	2.3	2.0	1.9
中山	1.8	1.9	1.5	2.1	1.4	1.8	1.8	1.5
南宁	3.2	3.4	3.0	5.0	2.9	2.9	3.8	2.0
桂林	2.1	2.2	2.1	1.0	2.3	2.2	2.2	1.9
梧州	1.6	1.7	1.4	–	1.4	2.1	1.4	1.2
北海	2.2	2.0	2.5	–	2.2	2.2	2.1	1.5
玉林	3.1	2.9	3.3	1.0	1.0	3.4	3.4	1.9
百色	2.0	2.3	1.7	1.5	1.7	2.0	2.2	1.6
凭祥	2.1	2.2	2.0	–	3.0	2.0	2.1	1.7

单位:天/人

	平均停留	性别		年龄				
		男	女	14岁及以下	15～24岁	25～44岁	45～64岁	65岁及以上
海口	2.9	3.0	2.7	3.0	2.9	2.8	2.9	2.6
三亚	2.9	3.0	2.8	3.0	2.9	2.9	3.1	2.4
重庆	3.4	3.6	3.0	3.0	3.4	3.5	3.4	1.7
重庆游船	3.5	3.4	3.7	3.5	3.8	3.7	3.3	3.6
成都	3.0	3.2	2.6	-	2.7	3.0	3.1	2.7
绵阳	1.4	1.5	1.1	1.0	1.8	1.5	1.3	1.0
乐山	1.9	1.9	2.0	2.5	1.6	2.1	1.8	1.9
阿坝州	1.7	1.7	1.7	1.5	1.9	1.7	1.6	1.7
贵阳	3.2	3.2	3.1	2.5	3.0	3.4	3.1	2.9
安顺	2.3	2.5	2.2	1.5	4.0	1.7	1.9	3.4
黔东南	1.7	1.7	1.7	-	1.6	1.7	1.6	2.2
昆明	2.9	3.0	2.9	5.5	3.0	3.0	2.7	3.2
景洪	2.3	2.3	2.3	-	-	2.2	2.3	3.2
大理	2.5	2.3	4.2	-	5.0	3.6	2.5	1.0
拉萨	7.3	7.4	7.0	4.5	7.7	7.6	7.2	6.6
西安	2.4	2.5	2.2	2.0	2.6	2.7	2.3	2.2
咸阳	1.9	2.0	1.7	-	2.3	2.2	1.6	1.9
兰州	2.0	2.1	2.0	1.5	2.1	2.1	1.9	2.3
敦煌	1.5	1.5	1.6	1.5	1.9	1.9	1.4	1.2
西宁	2.8	2.9	2.6	-	2.5	3	2.3	3.2
银川	1.4	1.4	1.4	-	1.5	1.4	1.4	1.5
乌鲁木齐	2.2	2.3	2.1	1.7	2.8	2.4	2.1	1.9
吐鲁番	2.1	2	2.3	2	1.8	2.4	1.9	1.6
库尔勒	2.4	2.6	2.1	2	3.8	2.5	2.3	1.5
喀什	2.4	2.5	2.2	1.5	4.1	2.5	2.1	1.9

2－14　2005年入境过夜旅游者在各城市

	平均停留	职业				
		政府工作人员	专业技术人员	职员	技工工人	商贸人员
北　京	4.1	4.3	4.4	3.5	3.3	4.5
天　津	4.0	3.4	5.8	3.0	7.3	3.3
石家庄	2.2	2.0	2.3	2.3	2.0	2.3
唐　山	1.6	2.0	1.7	1.3	1.7	1.7
秦皇岛	3.5	1.5	3.6	4.2	5.9	2.9
保　定	2.7	1.0	3.0	1.7	1.4	2.1
承　德	1.1	1.1	1.0	1.1	1.0	1.1
廊　坊	2.7	2.7	3.4	2.9	2.6	2.1
太　原	2.1	1.8	2.0	2.4	1.5	2.4
大　同	1.9	2.5	2.1	1.6	2.6	2.3
阳　泉	1.7	1.5	1.9	1.8	1.0	1.6
长　治	3.0	2.7	3.5	3.0	3.0	2.9
晋　城	3.1	2.9	3.0	5.0	–	1.0
朔　州	2.0	2.7	2.0	1.7	3.0	1.9
忻　州	1.4	1.8	1.4	1.3	1.8	1.3
吕　梁	1.9	2.0	3.0	2.0	–	1.8
晋　中	1.8	2.6	1.6	1.1	2.0	2.3
临　汾	1.5	1.7	1.3	1.0	1.7	1.3
运　城	2.2	2.0	2.2	1.7	2.5	2.0
呼和浩特	2.3	–	2.4	2.2	2.4	2.8
满洲里	2.7	–	3.5	3.0	2.3	2.7
二连浩特	1.8	2.0	1.7	1.8	3.3	1.8
包　头	2.3	2.0	2.3	2.8	2.5	2.3
沈　阳	3.2	3.1	3.4	3.0	3.0	3.4
大　连	4.4	4.5	4.7	4.1	4.9	4.4
长　春	6.4	–	8.9	3.5	4.2	3.7
吉　林	3.4	3.0	3.9	12.3	3.1	3.7

平均停留时间(按职业分组)

单位:天/人

服务员推销员	退休人员	家庭妇女	军人	学生	其他
3.7	3.9	3.7	6.0	4.9	4.4
2.6	2.3	2.8	3.4	4.0	2.8
2.0	2.0	2.3	–	2.6	2.1
2.0	1.5	3.5	–	–	1.3
–	2.1	1.0	–	3.0	3.0
4.0	3.8	4.5	–	2.8	3.3
1.0	1.2	1.1	1.0	1.1	1.0
1.4	2.3	1.4	4.0	2.3	1.3
–	1.7	1.7	–	3.0	2.0
3.0	1.7	1.4	–	2.2	1.7
2.0	–	–	–	–	–
–	3.0	–	2.0	2.9	2.0
–	–	2.0	4.0	4.0	–
–	2.0	–	1.0	2.0	3.0
1.3	1.0	2.0	–	1.5	1.4
–	1.0	1.0	1.3	2.0	2.0
1.5	1.9	1.0	1.8	1.5	1.8
–	1.0	1.0	–	1.0	3.6
1.0	2.3	4.5	–	1.0	3.0
1.5	–	2.0	–	1.9	2.7
2.0	3.0	2.0	–	3.0	2.3
1.7	1.8	1.6	2.0	3.5	1.7
2.0	2.2	–	3.0	–	3.0
4.0	3.6	1.8	4.3	2.4	3.4
3.8	4.1	4.6	–	4.4	4.2
–	4.5	4.2	–	–	7.3
–	3.7	3.6	3.0	1.8	2.2

2－14(续 1)

	平均停留	职业				
		政府工作人员	专业技术人员	职员	技工工人	商贸人员
哈尔滨	3.4	2.2	5.1	2.2	7.3	3.3
牡丹江	2.6	2.7	2.8	2.7	2.6	2.6
佳木斯	3.2	2.0	3.0	2.7	2.0	3.4
上海	3.3	3.9	3.8	3.0	3.3	3.2
南京	1.7	1.7	2.0	1.6	1.7	1.9
无锡	1.6	1.0	1.8	1.2	1.7	2.2
苏州	2.2	2.2	3.2	1.6	1.5	2.2
南通	2.3	－	2.5	2.1	1.9	2.5
扬州	2.1	2.5	2.0	2.0	3.0	2.4
杭州	2.4	2.1	2.6	1.9	4.4	3.1
宁波	2.3	2.1	1.9	2.0	2.0	2.5
温州	2.3	1.0	1.7	3.1	2.0	2.3
绍兴	1.6	1.0	1.6	1.4	2.3	1.7
金华	3.5	－	2.3	1.0	1.0	3.7
合肥	3.2	4.8	4.0	2.7	6.3	2.3
芜湖	6.6	－	5.6	－	30.0	4.0
马鞍山	6.6	－	5.7	10.3	21.0	2.0
铜陵	3.0	3.0	5.3	1.0	－	2.4
安庆	2.3	－	1.8	1.0	5.3	2.1
黄山	2.3	2.5	2.6	2.2	2.5	2.5
滁州	2.8	2.3	5.9	1.6	5.9	2.3
亳州	5.1	1.0	5.0	2.6	－	13.4
池州	2.5	2.0	3.1	2.7	1.3	2.6
宣城	1.9	－	1.0	2.5	－	2.2
福州	3.0	2.9	4.0	2.3	2.4	2.5
厦门	3.8	4.3	5.3	2.5	6.2	3.6
泉州	3.7	1.7	4.0	2.9	4.0	4.0
漳州	2.4	1.0	2.3	1.8	2.4	2.9
武夷山	2.8	2.5	2.9	2.9	3.7	2.8
南昌	3.9	3.6	5.4	3.7	3.7	3.1
景德镇	1.7	2.0	2.0	1.4	2.3	1.5
九江	3.4	2.0	5.5	3.0	7.5	3.2
鹰潭	1.7	2.0	1.7	1.5	9.0	1.3
赣州	2.1	1.0	2.2	2.8	1.0	1.8
吉安	1.9	2.0	2.2	2.0	1.9	1.7

单位:天/人

服务员推销员	退休人员	家庭妇女	军人	学生	其他
2.7	2.6	3.1	2.0	3.2	2.5
3.3	3.0	2.2	3.0	2.0	2.2
–	4.0	2.5	–	3.8	4.0
3.2	3.1	2.6	3.0	4.0	3.4
1.0	1.2	1.3	–	1.1	1.9
2.0	1.1	1.1	–	1.0	4.0
1.3	2.1	2.2	1.0	2.2	2.1
2.3	1.0	2.5	–	3.0	2.5
1.5	2.4	1.5	2.0	1.7	1.3
2.0	1.9	1.8	–	1.9	1.8
–	2.7	1.6	–	2.0	2.3
1.0	7.0	1.5	–	2.0	2.3
1.0	1.0	1.5	–	1.0	1.8
3.7	1.3	–	–	–	3.8
3.0	3.3	3.5	–	2.3	3.0
–	–	–	–	–	1.0
–	–	–	–	–	2.0
–	7.0	1.0	–	2.0	2.2
7.0	–	2.0	–	–	–
2.3	2.1	2.0	1.4	2.6	2.3
2.0	1.2	1.5	–	1.5	1.5
–	2.0	4.8	–	30.0	–
2.5	1.0	4.0	–	2.2	1.7
–	1.4	–	2.0	2.0	1.0
5.1	2.6	5.6	3.5	2.8	3.0
2.0	2.5	2.2	3.0	2.8	3.2
3.0	3.5	3.8	–	7.0	2.9
3.2	2.2	1.8	–	1.0	2.6
–	2.7	2.7	–	2.5	2.8
2.0	2.7	3.4	8.0	1.5	4.1
1.5	1.8	1.2	–	1.7	1.7
3.0	2.7	2.2	–	1.0	2.4
2.0	1.7	1.4	–	1.8	1.6
2.5	1.8	2.0	–	2.0	1.7
2.0	1.8	1.7	–	2.0	1.9

	平均停留	职业				
		政府工作人员	专业技术人员	职员	技工工人	商贸人员
济南	2.1	2.1	2.1	2.1	3.0	1.8
青岛	3.2	3.1	5.5	2.6	4.7	3.0
烟台	3.5	2.1	4.1	2.5	4.2	3.6
曲阜	1.2	1.2	1.0	1.5	1.5	1.5
泰安	1.8	1.6	2.5	1.1	11.7	1.3
威海	3.0	2.0	3.3	3.6	1.0	3.1
郑州	2.5	2.5	2.5	1.6	3.2	2.4
开封	1.2	1.0	1.3	1.3	1.5	1.9
洛阳	1.4	3.1	1.4	1.5	1.2	1.6
三门峡	1.9	2.5	1.8	1.4	2.3	1.9
武汉	2.0	1.9	2.9	1.8	2.5	2.2
十堰	1.5	1.0	1.4	1.9	1.7	1.6
宜昌	1.3	1.2	1.3	1.2	1.3	1.3
襄樊	2.4	2.0	3.4	2.0	3.1	1.3
荆州	1.1	1.7	1.1	1.1	1.0	1.2
湖北游船	3.1	3.1	3.4	2.5	4.0	3.3
长沙	4.4	4.0	5.3	4.5	4.7	4.2
湘潭	2.7	4.4	5.3	1.8	1.1	3.4
衡阳	3.3	3.2	4.1	2.1	2.3	2.6
岳阳	3.8	4.5	5.5	2.8	2.4	4.2
张家界	2.8	3.0	4.0	2.6	2.7	2.8
广州	3.4	3.1	3.5	2.7	4.3	3.8
深圳	3.0	2.5	3.4	2.7	2.9	3.4
珠海	2.2	2.6	3.1	1.6	2.9	2.6
汕头	2.6	2.5	2.2	2.3	1.3	2.6
佛山	3.8	3.7	3.8	3.2	6.3	4.1
江门	3.6	3.2	3.5	2.5	5.4	4.7
肇庆	2.1	2.3	2.8	1.7	2.0	2.5
中山	1.8	1.3	1.5	1.4	1.3	2.7
南宁	3.2	2.0	3.3	3.2	5.0	3.2
桂林	2.1	1.8	2.0	2.1	2.3	2.7
梧州	1.6	2.0	1.8	1.8	1.2	2.0
北海	2.2	2.7	1.4	1.8	2.0	2.4
玉林	3.1	1.0	3.3	4.1	2.3	1.3
百色	2.0	2.0	2.5	1.7	1.5	2.1
凭祥	2.1	5.0	1.8	2.0	2.0	2.1

单位:天/人

服务员推销员	退休人员	家庭妇女	军人	学生	其他
–	1.3	3.3	–	3.5	1.3
2.8	2.8	1.5	2.0	2.6	2.2
1.0	3.2	5.5	–	2.5	4.0
1.0	1.2	1.0	–	1.1	1.0
2.0	1.0	1.9	–	1.0	1.1
1.0	2.5	2.6	–	2.0	–
2.6	1.9	1.8	–	2.4	4.2
1.0	1.1	1.0	1.0	1.0	1.2
1.0	1.2	1.1	2.0	1.0	1.9
1.3	1.3	1.6	–	1.7	3.0
2.1	1.5	1.9	–	1.6	1.8
1.3	1.1	1.3	–	1.0	1.5
1.3	1.4	1.3	–	1.3	1.0
1.0	2.0	–	–	1.0	2.1
1.0	1.3	1.0	–	1.0	1.0
3.0	2.9	3.6	–	–	3.1
3.8	4.2	4.5	3.8	4.2	3.7
–	1.6	3.4	–	4.7	2.5
8.5	3.6	2.8	3.0	5.2	3.4
2.6	2.7	3.2	–	5.1	7.3
2.5	2.6	2.6	2.0	2.9	2.6
3.0	3.0	2.8	2.9	3.3	3.1
2.3	3.1	3.0	3.4	3.1	3.2
2.6	1.7	1.6	1.3	1.9	2.2
2.4	3.7	2.8	3.7	2.0	2.9
2.4	3.7	2.4	2.0	2.6	2.4
1.9	3.7	3.9	2.0	2.8	3.0
2.5	1.6	1.8	2.0	1.9	2.1
1.6	1.6	2.0	–	1.4	1.3
4.0	2.0	3.1	–	3.0	3.1
2.0	2.0	1.9	2.0	2.1	2.4
–	1.2	1.5	–	1.0	1.2
–	2.8	2.0	3.0	–	1.7
2.8	2.2	4.3	–	1.7	4.5
1.0	3.0	1.6	–	1.6	3.0
–	2.2	2.0	–	1.0	2.1

2-14(续3)

	平均停留	职业				
		政府工作人员	专业技术人员	职员	技工 工人	商贸人员
海口	2.9	2.9	3.2	2.8	4.3	2.8
三亚	2.9	3.0	2.9	3.0	2.7	2.9
重庆	3.4	4.2	5.5	2.0	4.8	3.2
重庆游船	3.5	5.0	3.8	3.6	4.0	3.9
成都	3.0	3.6	3.7	2.3	3.0	3.3
绵阳	1.4	1.0	1.8	1.2	1.8	1.7
乐山	1.9	2.0	2.3	2.1	1.9	1.7
阿坝州	1.7	1.6	1.9	1.6	1.3	1.9
贵阳	3.2	3.2	3.2	3.3	2.4	2.9
安顺	2.3	2.7	2.4	2.3	-	2.4
黔东南	1.7	-	2.0	1.9	1.0	1.9
昆明	2.9	3.4	3.6	2.7	2.5	2.9
景洪	2.3	2.5	2.3	2.5	2.0	2.3
大理	2.5	2.0	1.8	5.8	2.0	2.5
拉萨	7.3	5.8	6.2	7.9	7.1	7.4
西安	2.4	2.1	2.8	2.1	3.9	2.3
咸阳	1.9	1.0	3.1	1.3	1.6	1.6
兰州	2.0	1.8	2.4	2.0	1.9	2.1
敦煌	1.5	1.5	1.8	1.5	2.1	1.6
西宁	2.8	2.8	2.5	3.5	2.0	3.5
银川	1.4	1.9	1.3	1.3	2.0	1.6
乌鲁木齐	2.2	2.4	2.7	2.0	2.0	2.4
吐鲁番	2.1	2.0	2.3	2.0	1.3	2.4
库尔勒	2.4	2.5	2.8	2.1	5.0	2.3
喀什	2.4	2.7	3.5	1.9	5.0	2.7

单位:天/人

服务员推销员	退休人员	家庭妇女	军人	学生	其他
2.5	2.5	2.0	5.3	3.3	2.8
2.7	3.2	2.8	2.0	2.7	3.1
2.3	2.0	3.3	3.5	3.1	2.3
3.7	2.9	3.1	3.0	3.3	3.0
2.7	2.8	2.1	15.0	2.7	3.0
–	1.1	1.0	–	2.0	1.9
1.7	1.6	1.9	1.7	1.7	1.7
1.7	1.6	1.5	2.0	1.8	1.5
5.3	3.1	3.1	1.7	2.9	3.7
1.0	2.6	1.7	–	5.0	1.6
–	1.6	1.2	–	1.7	1.0
2.7	2.8	3.1	2.3	2.9	2.5
2.0	2.7	7.0	–	1.0	2.0
1.3	1.2	1.0	–	–	1.0
8.2	6.9	6.6	–	6.5	6.9
2.1	2.3	2.1	3.0	1.8	2.6
–	1.4	1.8	–	2.3	1.2
2.3	1.7	1.9	2.0	1.9	2.3
2.0	1.2	1.4	–	1.9	2.0
4.4	2.2	2.3	1.0	2.0	2.8
–	1.5	2.5	–	1.3	1.3
2.1	1.9	2.6	–	2.1	1.6
–	1.8	2.9	–	1.5	1.8
–	1.5	2.6	–	2.0	2.0
2.0	1.8	2.0	–	2.0	1.8

2－15　2005年入境过夜旅游者在各城市平均停留时间

(按旅游目的分组)

单位:天/人

	平均停留	旅游目的							
		观光游览	休闲度假	探亲访友	商务	会议	宗教朝拜	文体交流	其他
北　京	4.1	3.8	4.1	4.2	4.9	2.9	3.8	4.0	6.5
天　津	4.0	2.4	2.5	2.9	5.3	3.0	2.7	6.2	5.0
石家庄	2.2	1.6	2.5	1.9	2.4	2.1	1.5	2.5	1.9
唐　山	1.6	1.8	1.5	2.0	1.6	1.3	–	1.6	1.5
秦皇岛	3.5	2.2	3.6	1.5	4.4	2.6	–	3.8	1.0
保　定	2.7	2.8	2.8	3.5	2.5	2.3	–	1.0	3.0
承　德	1.1	1.1	1.1	1.5	1.0	2.0	–	1.0	1.0
廊　坊	2.7	2.1	1.7	1.9	2.9	3.0	3.0	3.1	4.2
太　原	2.1	2.2	1.6	2.4	2.3	1.5	1.9	2.0	2.2
大　同	1.9	1.7	2.1	3.0	2.8	–	2.0	2.0	2.5
阳　泉	1.7	–	–	–	1.7	–	–	1.7	–
长　治	3.0	2.6	2.8	3.3	3.1	3.5	–	3.8	2.7
晋　城	3.1	2.7	2.6	–	3.0	5.5	–	4.5	3.0
朔　州	2.0	2.0	1.0	2.0	1.9	–	–	2.3	3.0
忻　州	1.4	1.4	1.3	–	1.5	–	1.8	–	–
吕　梁	1.9	–	2.0	–	2.3	–	1.5	2.1	1.0
晋　中	1.8	1.4	1.8	1.7	2.3	1.8	1.5	2.3	3.0
临　汾	1.5	1.4	1.0	3.8	2.0	–	–	1.0	1.0
运　城	2.2	1.6	2.4	4.7	1.9	3.0	–	–	2.0
呼和浩特	2.3	2.4	1.9	–	2.7	2.4	–	2.3	2.3
满州里	2.7	2.8	2.5	3.0	2.7	2.7	–	–	2.8
二连浩特	1.8	2.3	2.0	1.7	2.0	1.0	–	3.0	2.3
包　头	2.3	2.1	2.6	3.6	2.2	2.2	–	2.3	3.0
沈　阳	3.2	2.9	2.6	3.4	4.3	3.1	3.3	3.5	1.5
大　连	4.4	4.2	3.7	5.7	4.6	4.6	4.7	4.1	3.8
长　春	6.4	2.0	3.0	4.9	6.6	4.0	–	3.4	8.4
吉　林	3.4	2.9	3.6	11.6	4.3	3.3	–	7.4	2.9

2-15(续1) 单位:天/人

	平均停留	旅游目的							
		观光游览	休闲度假	探亲访友	商务	会议	宗教朝拜	文体交流	其他
哈尔滨	3.4	3.1	2.7	3.0	4.7	2.4	3.0	2.3	3.9
牡丹江	2.6	2.5	2.6	2.1	2.7	3.0	3.0	2.2	2.9
佳木斯	3.2	3.4	2.1	3.6	2.5	3.5	5.0	3.1	5.0
上海	3.3	2.9	3.3	3.6	3.4	3.2	3.3	3.9	4.2
南京	1.7	1.3	1.4	1.3	2.1	1.7	5.5	1.6	1.8
无锡	1.6	1.1	1.0	–	2.1	2.0	1.0	2.3	2.3
苏州	2.2	1.4	1.3	6.0	3.5	2.0	1.0	2.0	1.6
南通	2.3	2.8	2.5	2.1	2.2	3.3	–	2.0	2.4
扬州	2.1	2.1	1.7	1.6	2.1	2.0	3.0	3.0	–
杭州	2.4	1.9	1.9	5.0	3.3	2.8	1.3	2.0	3.2
宁波	2.3	1.8	1.8	–	2.5	2.2	1.0	2.0	2.5
温州	2.3	2.2	2.3	2.0	2.4	1.0	–	1.0	2.6
绍兴	1.6	1.5	2.0	1.0	1.8	1.3	1.0	1.5	1.0
金华	3.5	1.2	2.3	–	3.9	–	–	1.5	1.0
合肥	3.2	2.3	2.7	3.1	3.3	2.6	–	2.6	5.7
芜湖	6.6	2.0	–	–	6.7	10.0	–	–	–
马鞍山	6.6	2.0	–	8.5	6.7	–	–	–	2.0
铜陵	3.0	1.0	1.0	3.7	2.4	1.0	–	3.7	4.7
安庆	2.3	–	–	4.0	2.1	2.0	–	–	7.0
黄山	2.3	2.2	2.3	5.3	6.6	4.3	1.7	2.7	2.0
滁州	2.8	1.4	1.4	2.8	6.7	1.0	1.8	3.6	1.2
亳州	5.1	1.8	2.0	–	13.4	1.0	1.0	4.5	8.0
池州	2.5	1.8	3.1	2.5	2.6	2.0	2.0	3.4	2.2
宣城	1.9	1.8	1.0	2.5	1.8	1.0	5.0	–	–
福州	3.0	2.8	2.6	4.4	2.8	2.0	2.5	4.4	1.8
厦门	3.8	3.1	2.9	2.8	4.8	3.6	2.3	3.3	3.7
泉州	3.7	3.8	2.5	4.0	3.9	2.2	1.3	3.5	5.3
漳州	2.4	1.9	2.6	2.1	3.3	1.0	2.0	2.0	2.0
武夷山	2.8	2.8	2.3	–	4.0	2.0	–	2.0	–
南昌	3.9	2.5	3.1	5.5	2.5	2.0	3.0	4.2	6.0
景德镇	1.7	1.7	1.9	1.0	1.5	1.2	1.3	2.2	1.0
九江	3.4	2.6	2.0	2.0	7.7	2.3	2.0	2.6	2.6
鹰潭	1.7	1.4	1.7	1.5	1.6	–	2.4	2.6	1.3
赣州	2.1	1.8	1.4	2.5	2.3	1.0	2.0	2.0	1.8
吉安	1.9	1.9	2.0	2.0	1.7	1.3	1.7	3.0	1.0

	平均停留	旅游目的							
		观光游览	休闲度假	探亲访友	商务	会议	宗教朝拜	文体交流	其他
济　南	2.1	2.3	1.7	4.4	1.8	2.1	1.0	1.7	－
青　岛	3.2	2.3	2.4	2.4	3.9	2.2	－	4.9	3.2
烟　台	3.5	2.0	2.4	4.6	3.9	3.6	1.0	1.4	4.3
曲　阜	1.2	1.1	1.3	－	2.2	－	－	1.1	1.0
泰　安	1.8	1.2	1.3	1.3	9.7	2.5	1.0	1.0	－
威　海	3.0	2.7	3.3	2.7	2.9	2.7	12.0	2.9	1.0
郑　州	2.5	1.6	1.7	3.8	2.7	2.6	1.0	6.4	1.7
开　封	1.2	1.2	1.1	1.0	2.3	－	1.0	1.0	1.0
洛　阳	1.4	1.3	1.5	1.6	2.1	1.7	1.4	1.8	1.0
三门峡	1.9	1.3	1.7	2.5	2.9	1.0	1.0	6.6	－
武　汉	2.0	1.9	1.8	1.8	2.4	2.1	1.0	1.4	2.2
十　堰	1.5	1.3	1.4	－	1.7	1.3	1.3	1.8	1.3
宜　昌	1.3	1.3	1.3	1.6	1.1	1.0	－	1.0	1.0
襄　樊	2.4	1.4	1.3	3.0	1.7	1.5	1.4	4.0	3.0
荆　州	1.1	1.0	1.0	1.5	1.4	2.0	－	1.3	－
湖北游船	3.1	2.9	3.4	3.7	2.0	－	－	－	－
长　沙	4.4	3.9	5.3	3.8	5.2	4.4	3.6	4.1	5.2
湘　潭	2.7	1.6	2.1	5.0	4.3	4.7	3.5	4.4	4.8
衡　阳	3.3	3.0	3.0	3.7	3.2	2.7	3.7	3.6	7.8
岳　阳	3.8	3.1	3.7	3.3	4.7	4.7	3.5	4.9	10.0
张家界	2.8	2.6	3.2	4.9	4.4	4.4	3.5	4.7	8.3
广　州	3.4	2.6	3.1	3.2	3.9	2.7	3.6	3.7	4.2
深　圳	3.0	2.7	2.8	3.0	3.5	2.2	2.1	3.2	3.9
珠　海	2.2	1.9	2.0	3.2	3.2	3.3	－	2.8	2.6
汕　头	2.6	2.7	2.6	2.7	2.5	2.1	3.0	2.9	1.0
佛　山	3.8	3.1	3.0	2.5	4.5	2.9	3.0	3.3	2.4
江　门	3.6	2.9	3.2	3.0	5.4	1.9	－	2.8	2.0
肇　庆	2.1	1.7	2.0	2.0	3.5	1.0	1.2	2.8	2.5
中　山	1.8	1.6	1.5	1.5	3.0	2.3	1.0	1.0	1.7
南　宁	3.2	3.0	3.3	2.8	2.7	2.7	－	2.0	6.4
桂　林	2.1	2.1	2.0	3.6	1.9	4.2	2.0	2.7	3.5
梧　州	1.6	1.1	2.0	1.3	2.3	－	3.0	1.0	1.0
北　海	2.2	1.7	2.3	2.3	2.1	5.0	6.0	2.0	2.0
玉　林	3.1	1.6	1.2	3.6	4.1	－	－	2.0	3.2
百　色	2.0	2.1	1.9	2.3	2.4	1.5	－	－	1.5
凭　祥	2.1	2.0	2.0	－	2.1	2.0	－	2.5	2.0

单位:天/人

	平均停留	旅游目的							
		观光游览	休闲度假	探亲访友	商务	会议	宗教朝拜	文体交流	其他
海　　口	2.9	2.2	3.0	3.1	3.4	2.3	6.0	3.0	3.3
三　　亚	2.9	2.8	3.0	2.7	3.3	2.9	3.3	2.5	2.1
重　　庆	3.4	1.8	2.4	3.6	5.4	3.2	2.0	2.8	7.7
重庆游船	3.5	3.2	4.3	3.7	3.6	3.0	3.0	4.0	4.0
成　　都	3.0	2.6	2.8	3.0	4.1	2.7	3.7	2.4	3.4
绵　　阳	1.4	1.1	1.0	2.0	1.8	1.0	1.0	1.7	2.1
乐　　山	1.9	1.7	2.0	1.9	2.9	1.3	1.9	1.6	–
阿 坝 州	1.7	1.5	1.9	1.7	2.3	2.2	2.7	2.6	2.0
贵　　阳	3.2	3.2	3.2	3.5	3.3	1.6	2.0	2.6	1.7
安　　顺	2.3	2.3	2.0	–	4.0	4.0	–	3.0	–
黔 东 南	1.7	1.6	1.6	3.3	1.8	2.0	–	1.8	–
昆　　明	2.9	2.6	3.1	3.9	3.4	3.1	2.8	3.6	3.0
景　　洪	2.3	2.3	2.3	2.0	2.0	3.0	–	2.0	7.0
大　　理	2.5	2.5	3.6	–	3.5	–	–	1.0	–
拉　　萨	7.3	7.6	7.2	7.4	6.2	5.0	7.2	6.3	6.4
西　　安	2.4	2.1	2.2	2.4	4.3	2.2	2.3	2.1	6.3
咸　　阳	1.9	1.5	2.3	3.0	2.5	1.0	–	1.3	1.3
兰　　州	2.0	1.8	2.2	2.5	2.2	2.0	1.5	2.2	2.5
敦　　煌	1.5	1.6	1.4	1.0	–	–	1.0	1.3	1.8
西　　宁	2.8	2.2	2.6	6.0	6.0	2.8	2.2	3.5	2.4
银　　川	1.4	1.6	1.4	1.3	1.6	1.3	–	1.2	1.0
乌鲁木齐	2.2	2.3	2.3	2.0	2.4	2.0	3.0	1.9	1.9
吐 鲁 番	2.1	2.2	1.9	2.0	2.2	1.7	3.0	2.0	1.7
库 尔 勒	2.4	2.3	2.7	–	2.5	2.0	–	2.0	–
喀　　什	2.4	2.4	2.5	–	2.5	2.0	3.0	2.0	2.0

三

入境游客来华(内地)旅游次数

3－1　2005 年入境游客来华(内地)旅游次数

(按团体及散客、外国人、港澳台胞分组)

		调查人数		次数构成(%)		
		(人)	(%)	第 1 次	第 2～3 次	≥4 次
全　　国	**总计**	**15 197**	**100**	**26.7**	**23.0**	**50.3**
	团体	4 890	100	53.4	26.1	20.5
	散客	10 307	100	14.0	21.6	64.4
外 国 人	小计	9 591	100	38.2	26.8	35.0
	团体	4 030	100	59.4	24.4	16.2
	散客	5 561	100	22.7	28.6	48.7
香港同胞	小计	3 659	100	3.8	11.8	84.4
	团体	356	100	17.6	34.6	47.8
	散客	3 303	100	2.3	9.4	88.3
澳门同胞	小计	532	100	5.5	24.6	69.9
	团体	61	100	24.6	32.8	42.6
	散客	471	100	2.9	23.6	73.5
台湾同胞	小计	1 415	100	16.0	25.9	58.1
	团体	443	100	31.2	33.4	35.4
	散客	972	100	9.2	22.4	68.4

3－2　2005 年入境游客来华(内地)旅游次数

		过夜旅游者		次数构成(%)		
		(人)	(%)	第 1 次	第 2～3 次	≥4 次
全　　国	**总 计**	**12 685**	**83.5**	**27.9**	**24.4**	**47.7**
	团 体	4 216	86.2	53.8	27.4	18.8
	散 客	8 469	82.2	15.0	22.9	62.1
外 国 人	小 计	8 411	87.7	37.8	27.4	34.8
	团 体	3 447	85.5	60.0	26.0	14.0
	散 客	4 964	89.3	22.5	28.3	49.2
香港同胞	小 计	2 636	72.0	4.5	13.6	81.9
	团 体	291	81.7	19.2	34.4	46.4
	散 客	2 345	71.0	2.7	11.0	86.3
澳门同胞	小 计	284	53.4	6.7	31.7	61.6
	团 体	42	68.9	19.0	40.5	40.5
	散 客	242	51.4	4.5	30.2	65.3
台湾同胞	小 计	1 354	95.7	16.4	25.5	58.1
	团 体	436	98.4	31.4	33.3	35.3
	散 客	918	94.4	9.4	21.8	68.8

（按过夜与不过夜、团体及散客、外国人、港澳台胞分组）

一日游游客		次数构成（%）		
（人）	（%）	第1次	第2～3次	≥4次
2 512	**16.5**	**20.4**	**16.2**	**63.4**
674	13.8	50.3	17.7	32.0
1 838	17.8	9.4	15.7	74.9
1 180	12.3	40.4	23.1	36.5
583	14.5	55.6	15.4	29.0
597	10.7	25.6	30.5	43.9
1 023	28.0	2.1	7.2	90.7
65	18.3	10.8	35.4	53.8
958	29.0	1.5	5.3	93.2
248	46.6	4.1	16.5	79.4
19	31.1	36.8	15.8	47.4
229	48.6	1.3	16.6	82.1
61	4.3	6.6	34.4	59.0
7	1.6	14.2	42.9	42.9
54	5.6	5.6	33.3	61.1

3-3 2005年入境游客来华(内地)旅游次数
(按团体及散客、性别、年龄分组)

		调查人数		次数构成(%)		
		(人)	(%)	第1次	第2~3次	≥4次
全　国	**总计**	**15 197**	**100**	**26.7**	**23.0**	**50.3**
	团体	4 890	100	53.4	26.1	20.5
	散客	10 307	100	14.0	21.6	64.4
男　性	小计	9 254	100	22.8	22.6	54.6
	团体	2 456	100	51.4	27.1	21.5
	散客	6 798	100	12.6	20.9	66.5
女　性	小计	5 943	100	32.7	23.7	43.6
	团体	2 434	100	55.3	25.1	19.6
	散客	3 509	100	16.9	22.9	60.2
65岁及以上	小计	810	100	41.4	25.5	33.1
	团体	446	100	58.7	25.8	15.5
	散客	364	100	20.0	25.3	54.7
45~64岁	小计	4 999	100	26.3	23.3	50.4
	团体	1 752	100	50.8	26.3	22.9
	散客	3 247	100	13.1	21.7	65.2
25~44岁	小计	7 614	100	22.0	22.9	55.1
	团体	1 961	100	48.4	28.9	22.7
	散客	5 653	100	12.8	20.8	66.4
15~24岁	小计	1 651	100	41.6	21.8	36.6
	团体	679	100	68.9	18.9	12.2
	散客	972	100	22.4	23.9	53.7
14岁及以下	小计	123	100	39.0	22.8	38.2
	团体	52	100	75.0	13.5	11.5
	散客	71	100	12.7	29.6	57.7

3－4　2005年入境游客来华(内地)旅游次数
(按团体及散客、职业分组)

		调查人数		次数构成(%)		
		(人)	(%)	第1次	第2～3次	≥4次
全　国	**总计**	**15 197**	**100**	**26.7**	**23.0**	**50.3**
	团体	4 890	100	53.4	26.1	20.5
	散客	10 307	100	14.0	21.6	64.4
政府工作人员	小计	468	100	39.3	25.9	34.8
	团体	247	100	56.3	27.1	16.6
	散客	221	100	20.4	24.4	55.2
专业技术人员	小计	2 448	100	24.0	25.1	50.9
	团体	607	100	49.6	34.8	15.6
	散客	1 841	100	15.6	21.9	62.5
职　员	小计	1 978	100	28.7	21.5	49.8
	团体	710	100	59.7	25.2	15.1
	散客	1 268	100	11.3	19.4	69.3
技工/工人	小计	815	100	26.7	25.8	47.5
	团体	214	100	53.3	25.7	21.0
	散客	601	100	17.3	25.8	56.9
商贸人员	小计	4 217	100	16.1	22.0	61.9
	团体	916	100	33.7	30.6	35.7
	散客	3 301	100	11.2	19.6	69.2
服务员/推销员	小计	548	100	18.3	20.4	61.3
	团体	131	100	50.4	29.8	19.8
	散客	417	100	8.2	17.5	74.3
退休人员	小计	1 130	100	37.0	25.4	37.6
	团体	585	100	60.7	24.4	14.9
	散客	545	100	11.6	26.4	62.0
家庭妇女	小计	1 072	100	29.7	21.5	48.8
	团体	428	100	49.8	23.6	26.6
	散客	644	100	16.3	20.2	63.5
军　人	小计	62	100	35.5	35.5	29.0
	团体	21	100	57.1	28.6	14.3
	散客	41	100	24.4	39.0	36.6
学　生	小计	1 228	100	48.0	21.8	30.2
	团体	541	100	76.3	15.0	8.7
	散客	687	100	25.7	27.1	47.2
其　他	小计	1 231	100	30.2	23.3	46.5
	团体	490	100	53.7	23.3	23.0
	散客	741	100	14.7	23.2	62.1

3－5　2005 年入境游客来华(内地)旅游次数
(按团体及散客、旅游目的分组)

		调查人数		次数构成(%)		
		(人)	(%)	第 1 次	第 2～3 次	≥4 次
全　　国	**总 计**	**15 197**	**100**	**26.7**	**23.0**	**50.3**
	团 体	4 890	100	53.4	26.1	20.5
	散 客	10 307	100	14.0	21.6	64.4
观光游览	小 计	4 313	100	48.9	24.0	27.1
	团 体	2863	100	61.1	23.1	15.8
	散 客	1 450	100	25.0	25.8	49.2
休闲度假	小 计	2 375	100	26.6	24.3	49.1
	团 体	859	100	51.1	32.5	16.4
	散 客	1 516	100	12.7	19.8	67.5
探亲访友	小 计	1 780	100	8.6	18.3	73.1
	团 体	73	100	32.9	31.5	35.6
	散 客	1 707	100	7.5	17.7	74.8
商　　务	小 计	4 826	100	14.0	20.9	65.1
	团 体	694	100	26.5	32.6	40.9
	散 客	4 132	100	11.9	18.9	69.2
会　　议	小 计	497	100	20.6	24.7	54.7
	团 体	60	100	53.3	21.7	25.0
	散 客	437	100	16.0	25.2	58.8
宗教朝拜	小 计	52	100	28.8	25.0	46.2
	团 体	16	100	37.5	43.8	18.7
	散 客	36	100	25.0	16.7	58.3
文体交流	小 计	354	100	49.4	23.5	27.1
	团 体	170	100	75.9	13.5	10.6
	散 客	184	100	25.0	32.6	42.4
其　　他	小 计	1 000	100	19.5	33.6	46.9
	团 体	155	100	29.7	28.4	41.9
	散 客	845	100	17.6	34.6	47.8

3－6　2005 年入境游客到各省(区、市)旅游次数

	调查人数		次数构成(%)		
	(人)	(%)	第 1 次	第 2～3 次	≥4 次
北　京	1 835	100	47.7	32.6	19.7
天　津	500	100	51.6	35.0	13.4
河　北	890	100	60.1	30.8	9.1
山　西	690	100	77.5	16.4	6.1
内蒙古	500	100	31.4	18.2	50.4
辽　宁	617	100	48.3	33.1	18.6
吉　林	412	100	33.0	50.7	16.3
黑龙江	699	100	53.4	36.6	10.0
上　海	1 799	100	38.9	35.4	25.7
江　苏	1 019	100	56.0	30.4	13.5
浙　江	900	100	44.9	32.0	23.1
安　徽	1 397	100	73.7	19.5	6.7
福　建	996	100	45.1	31.9	23.0
江　西	700	100	74.1	19.4	6.4
山　东	813	100	58.1	27.1	14.9
河　南	801	100	76.0	18.6	5.4
湖　北	1 079	100	62.6	30.0	7.4
湖　南	1 537	100	79.9	16.2	3.9
广　东	4 959	100	34.3	35.1	30.6
广　西	958	100	64.5	26.3	9.2
海　南	900	100	63.4	29.7	6.9
重　庆	610	100	63.0	26.7	10.3
四　川	2 122	100	68.7	23.5	7.9
贵　州	599	100	65.4	28.4	6.2
云　南	809	100	66.3	24.8	8.9
西　藏	200	100	63.0	20.0	17.0
陕　西	1 101	100	79.0	16.4	4.5
甘　肃	705	100	85.8	11.9	2.3
青　海	250	100	77.6	20.4	2.0
宁　夏	150	100	71.3	26.0	2.7
新　疆	648	100	69.4	23.9	6.6

3－7 2005年外国游客到各省(区、市)旅游次数

	外国游客		次数构成(%)		
	(人)	(%)	第1次	第2～3次	≥4次
北　京	1 588	86.5	49.2	31.4	19.4
天　津	408	81.6	53.2	33.6	13.2
河　北	762	85.6	60.8	30.4	8.8
山　西	540	78.3	78.5	15.7	5.8
内蒙古	472	94.4	28.2	18.6	53.2
辽　宁	516	83.6	46.9	32.9	20.2
吉　林	385	93.4	30.6	51.9	17.5
黑龙江	624	89.3	52.7	37.2	10.1
上　海	1 592	88.5	40.0	35.1	24.9
江　苏	693	68.0	51.4	33.2	15.4
浙　江	736	81.8	45.0	31.4	23.6
安　徽	1 131	81.0	74.4	19.0	6.6
福　建	571	57.3	48.9	29.9	21.2
江　西	447	63.9	78.7	17.7	3.6
山　东	639	78.6	57.0	28.0	15.0
河　南	620	77.4	75.6	18.9	5.5
湖　北	683	63.3	63.1	29.6	7.3
湖　南	1 117	72.7	79.4	16.0	4.6
广　东	2 377	47.9	43.7	35.4	20.9
广　西	617	64.4	72.6	21.9	5.5
海　南	740	82.2	66.6	27.4	6.0
重　庆	444	72.8	68.5	21.8	9.7
四　川	1 497	70.5	68.0	23.5	8.5
贵　州	431	72.0	64.0	29.5	6.5
云　南	613	75.8	69.8	22.5	7.7
西　藏	164	82.0	63.4	19.5	17.1
陕　西	1 035	94.0	80.0	15.7	4.3
甘　肃	634	89.9	86.0	11.8	2.2
青　海	186	74.4	79.6	18.3	2.1
宁　夏	134	89.3	71.6	25.4	3.0
新　疆	458	70.7	71.8	22.5	5.7

3－8　2005 年香港游客到各省(区、市)旅游次数

	香港游客		次数构成(%)		
	(人)	(%)	第 1 次	第 2～3 次	≥4 次
北　京	146	8.0	36.3	37.7	26.0
天　津	43	8.6	44.2	39.5	16.3
河　北	68	7.6	60.3	29.4	10.3
山　西	62	9.0	74.2	17.7	8.1
内蒙古	12	2.4	100.0	0.0	0.0
辽　宁	48	7.8	47.9	43.8	8.3
吉　林	8	1.9	75.0	25.0	0.0
黑龙江	43	6.2	58.1	32.6	9.3
上　海	98	5.4	33.7	31.6	34.7
江　苏	145	14.2	62.8	27.6	9.6
浙　江	93	10.3	48.4	32.3	19.3
安　徽	110	7.9	63.6	25.5	10.9
福　建	227	22.8	39.6	33.9	26.5
江　西	115	16.4	64.3	27.0	8.7
山　东	79	9.7	64.6	25.3	10.1
河　南	68	8.5	79.4	17.6	3.0
湖　北	186	17.2	61.8	30.1	8.1
湖　南	202	13.1	83.2	12.9	3.9
广　东	1 371	27.6	21.9	34.4	43.7
广　西	142	14.8	50.0	36.6	13.4
海　南	74	8.2	50.0	40.5	9.5
重　庆	86	14.1	48.8	38.4	12.8
四　川	216	10.2	67.1	23.6	9.3
贵　州	65	10.9	66.2	26.2	7.6
云　南	93	11.5	52.7	35.5	11.8
西　藏	12	6.0	66.7	16.6	16.7
陕　西	32	2.9	59.4	25.0	15.6
甘　肃	34	4.8	88.2	8.8	3.0
青　海	26	10.4	76.9	19.2	3.9
宁　夏	5	3.3	80.0	20.0	0.0
新　疆	70	10.8	55.7	35.7	8.6

3－9　2005年澳门游客到各省(区、市)旅游次数

	澳门游客		次数构成(%)		
	(人)	(%)	第1次	第2～3次	≥4次
北　京	26	1.4	30.8	57.7	11.5
天　津	15	3.0	53.3	33.3	13.3
河　北	12	1.3	41.7	33.3	25.0
山　西	41	5.9	61.0	24.4	14.6
内蒙古	6	1.2	100.0	0.0	0.0
辽　宁	12	1.9	66.7	16.7	16.7
吉　林	17	4.1	58.8	41.2	0.0
黑龙江	10	1.4	60.0	40.0	0.0
上　海	20	1.1	35.0	50.0	15.0
江　苏	26	2.6	76.9	15.4	7.7
浙　江	7	0.8	57.1	42.9	0.0
安　徽	24	1.7	70.8	16.7	12.5
福　建	44	4.4	45.5	31.8	22.7
江　西	70	10.0	82.9	12.9	4.3
山　东	12	1.5	91.7	0.0	8.3
河　南	28	3.5	82.1	14.3	3.6
湖　北	73	6.8	65.8	28.8	5.5
湖　南	60	3.9	90.0	10.0	0.0
广　东	484	9.8	23.3	34.1	42.6
广　西	49	5.1	61.2	28.6	10.2
海　南	26	2.9	50.0	38.5	11.5
重　庆	14	2.3	42.9	42.9	14.3
四　川	61	2.9	70.5	26.2	3.3
贵　州	18	3.0	61.1	33.3	5.5
云　南	15	1.9	46.7	26.7	26.7
西　藏	11	5.5	45.5	45.5	9.0
陕　西	7	0.6	71.4	28.6	0.0
甘　肃	11	1.6	72.7	18.2	9.2
青　海	2	0.8	50.0	50.0	0.0
宁　夏	1	0.7	0.0	100.0	0.0
新　疆	50	7.7	66.0	26.0	8.0

3－10　2005 年台湾游客到各省(区、市)旅游次数

	台湾游客		次数构成(%)		
	(人)	(%)	第 1 次	第 2～3 次	≥4 次
北　京	75	4.1	45.3	38.7	16.0
天　津	34	6.8	41.2	47.1	11.8
河　北	48	5.4	54.2	37.5	8.3
山　西	47	6.8	85.1	14.9	0.0
内蒙古	10	2.0	60.0	30.0	10.0
辽　宁	41	6.6	61.0	26.8	12.2
吉　林	2	0.5	100.0	0.0	0.0
黑龙江	22	3.1	59.1	27.3	13.6
上　海	89	4.9	25.8	41.6	32.6
江　苏	155	15.2	67.1	23.2	9.7
浙　江	64	7.1	37.5	37.5	25.0
安　徽	132	9.4	76.5	19.7	3.8
福　建	154	15.5	39.0	36.4	24.7
江　西	68	9.7	51.5	25.0	23.5
山　东	83	10.2	55.4	25.3	19.3
河　南	85	10.6	74.1	18.8	7.1
湖　北	137	12.7	59.1	32.8	8.0
湖　南	158	10.3	75.3	24.1	0.6
广　东	727	14.7	34.5	36.2	29.3
广　西	150	15.7	46.0	34.0	20.0
海　南	60	6.7	46.7	40.0	13.3
重　庆	66	10.8	48.5	40.9	10.6
四　川	348	16.4	72.1	22.7	5.2
贵　州	85	14.2	72.9	23.5	3.5
云　南	88	10.9	59.1	29.5	11.4
西　藏	13	6.5	69.2	7.7	23.1
陕　西	27	2.5	66.7	33.3	0.0
甘　肃	26	3.7	84.6	15.4	0.0
青　海	36	14.4	69.4	30.6	0.0
宁　夏	10	6.7	70.0	30.0	0.0
新　疆	70	10.8	70.0	20.0	10.0

四

入境游客的行程

4－1　2005年入境游客游览城市座数所占比重

		口岸调查人数（人）	口岸调查人数（%）	1座（%）	2座（%）	3座（%）	4座（%）
全　　国	**总计**	**15 197**	**100**	**53.8**	**19.5**	**11.3**	**5.6**
	团体	4 890	100	50.6	14.9	11.2	6.8
	散客	10 307	100	55.4	21.6	11.4	4.9
外国人	小计	9 591	100	50.5	20.0	11.7	6.0
	团体	4 030	100	54.7	14.9	8.4	5.9
	散客	5 561	100	47.2	23.7	14.1	6.1
香港同胞	小计	3 659	100	68.6	17.6	6.8	3.2
	团体	356	100	35.0	16.6	17.7	12.9
	散客	3 303	100	72.2	17.7	5.6	2.2
澳门同胞	小计	532	100	53.4	18.3	14.7	4.7
	团体	61	100	42.6	19.7	24.6	3.3
	散客	471	100	54.9	18.1	13.4	4.9
台湾同胞	小计	1 415	100	38.8	21.2	19.3	8.6
	团体	443	100	26.9	12.9	30.2	10.8
	散客	972	100	44.2	25.0	14.3	7.6

(按外国人、港澳台胞、团体及散客分组)

5座 (%)	6座 (%)	7座 (%)	8座 (%)	9座 (%)	10座以上 (%)
4.1	**1.6**	**0.9**	**1.8**	**0.3**	**1.1**
6.6	2.4	1.4	4.6	0.8	0.7
3.0	1.2	0.6	0.5	0.1	1.3
4.5	1.9	1.0	2.6	0.5	1.3
5.6	2.3	1.3	5.3	0.9	0.7
3.8	1.6	0.8	0.7	0.2	1.8
2.1	0.5	0.3	0.3	0.1	0.5
13.8	1.1	0.6	1.7	0.0	0.6
0.8	0.4	0.3	0.2	0.1	0.5
4.3	1.9	1.5	0.6	0.0	0.6
4.9	3.3	1.6	0.0	0.0	0.0
4.3	1.7	1.5	0.6	0.0	0.6
6.5	2.1	0.9	0.9	0.3	1.4
10.6	4.3	2.3	1.1	0.2	0.7
4.6	1.1	0.3	0.8	0.3	1.8

4－2　2005年入境游客游览城市座数所占比重

		口岸调查人数 (人)	(%)	1座 (%)	2座 (%)	3座 (%)	4座 (%)
全　国	**总计**	**15 197**	**100**	**53.8**	**19.5**	**11.3**	**5.6**
	团体	4 890	100	50.7	14.9	11.2	6.8
	散客	10 307	100	55.3	21.6	11.4	4.9
男　性	小计	9 254	100	51.9	20.6	12.2	5.7
	团体	2 456	100	48.6	15.3	12.6	7.1
	散客	6 798	100	53.1	22.6	12.0	5.3
女　性	小计	5 943	100	56.7	17.6	10.0	5.3
	团体	2 434	100	52.8	14.5	9.9	6.6
	散客	3 509	100	59.4	19.8	10.1	4.3
65岁及以上	小计	810	100	40.6	16.7	12.7	8.0
	团体	446	100	35.0	11.2	12.6	9.2
	散客	364	100	47.5	23.4	12.9	6.6
45～64岁	小计	4 999	100	47.6	20.8	12.7	6.5
	团体	1 752	100	45.1	14.0	10.5	7.7
	散客	3 247	100	49.0	24.5	13.9	5.9
25～44岁	小计	7 614	100	58.6	19.6	10.4	4.6
	团体	1 961	100	57.1	17.1	11.3	5.5
	散客	5 653	100	59.2	20.5	10.0	4.3
15～24岁	小计	1 651	100	56.2	16.6	10.6	5.9
	团体	679	100	56.8	13.6	11.2	7.1
	散客	972	100	55.8	18.7	10.2	5.1
14岁及以下	小计	123	100	58.5	12.2	13.8	5.7
	团体	52	100	51.9	9.6	23.1	5.8
	散客	71	100	63.4	14.1	7.0	5.6

（按性别、年龄、团体及散客分组）

5座（%）	6座（%）	7座（%）	8座（%）	9座（%）	10座以上（%）
4.1	1.6	0.9	1.8	0.3	1.1
6.6	2.4	1.4	4.6	0.8	0.6
3.0	1.2	0.6	0.5	0.2	1.3
3.9	1.5	0.8	1.8	0.4	1.2
6.3	2.1	1.5	5.3	0.5	0.7
3.0	1.3	0.5	0.6	0.2	1.4
4.5	1.7	1.0	1.9	0.3	1.0
6.9	2.7	1.2	3.8	0.9	0.7
2.8	1.0	0.8	0.5	0.1	1.2
8.0	3.3	2.1	5.9	1.2	1.5
11.0	5.2	3.1	9.9	1.8	1.0
4.4	1.1	0.8	1.1	0.3	1.9
5.1	1.5	1.2	3.1	0.4	1.1
8.9	2.4	1.9	7.8	0.7	1.0
3.0	1.0	0.8	0.6	0.2	1.1
3.0	1.3	0.4	0.7	0.3	1.1
4.3	1.6	0.5	1.6	0.7	0.3
2.5	1.2	0.4	0.3	0.2	1.4
4.9	2.0	1.1	1.3	0.2	1.2
5.0	2.9	0.9	1.5	0.6	0.4
4.7	1.3	1.2	1.1	0.3	1.6
2.4	0.9	3.3	1.6	0.8	0.8
1.9	1.9	3.8	0.1	1.9	0.0
2.8	0.1	2.8	2.8	0.0	1.4

4-3　2005 年入境游客游览城市座数所占比重

		口岸调查人数 (人)	(%)	1 座 (%)	2 座 (%)	3 座 (%)	4 座 (%)
全　　国	**总 计**	**15 197**	**100**	**53.8**	**19.5**	**11.3**	**5.6**
	团 体	4 890	100	50.6	14.9	11.2	6.8
	散 客	10 307	100	55.4	21.6	11.4	4.9
政府工作人员	小 计	468	100	57.7	17.5	9.2	3.6
	团 体	247	100	62.8	9.7	6.9	3.2
	散 客	221	100	52.0	26.2	11.8	4.1
专业技术人员	小 计	2 448	100	50.5	20.5	12.1	6.2
	团 体	607	100	45.4	12.9	11.8	9.1
	散 客	1 841	100	52.1	23.0	12.2	5.2
职　　员	小 计	1 978	100	62.0	18.0	9.8	3.5
	团 体	710	100	55.9	16.4	10.6	5.1
	散 客	1 268	100	65.8	18.9	9.3	2.6
技工/工人	小 计	815	100	65.3	16.4	8.5	6.0
	团 体	214	100	61.7	13.1	11.2	7.0
	散 客	601	100	66.5	17.5	7.5	5.7
商贸人员	小 计	4 217	100	51.3	22.9	12.4	5.2
	团 体	916	100	57.3	17.2	11.3	3.8
	散 客	3301	100	49.8	24.5	12.7	5.6
服务员/推销员	小 计	548	100	62.4	15.3	11.9	3.5
	团 体	131	100	45.8	18.3	14.5	6.1
	散 客	417	100	67.7	14.4	11.0	2.6
退休人员	小 计	1 130	100	44.0	15.9	11.9	7.8
	团 体	585	100	35.4	9.6	11.8	9.1
	散 客	545	100	53.0	22.8	12.1	6.4
家庭妇女	小 计	1 072	100	53.6	18.2	11.2	6.7
	团 体	428	100	41.2	17.3	13.6	11.7
	散 客	644	100	62.1	18.8	9.6	3.4
军　　人	小 计	62	100	58.1	12.9	14.5	9.7
	团 体	21	100	33.3	14.3	28.6	19.0
	散 客	41	100	70.8	12.2	7.3	4.9
学　　生	小 计	1 228	100	51.3	17.5	10.7	7.0
	团 体	541	100	51.6	15.2	11.9	7.2
	散 客	687	100	51.1	19.2	9.8	6.9
其　　他	小 计	1 231	100	53.5	19.3	11.0	5.3
	团 体	490	100	53.7	17.3	8.8	6.3
	散 客	741	100	53.5	20.6	12.6	4.6

（按职业、团体及散客分组）

5座（%）	6座（%）	7座（%）	8座（%）	9座（%）	10座以上（%）
4.1	1.6	0.9	1.8	0.3	1.1
6.6	2.4	1.4	4.6	0.8	0.7
3.0	1.2	0.6	0.5	0.1	1.3
5.8	0.9	0.0	4.7	0.0	0.6
8.5	0.8	0.0	7.7	0.0	0.4
2.7	0.9	0.0	1.4	0.0	0.9
3.9	1.4	1.1	2.1	0.3	1.9
6.5	2.5	3.0	6.3	1.0	1.5
3.0	1.0	0.5	0.8	0.1	2.1
2.8	1.1	0.5	1.6	0.2	0.5
4.9	1.8	0.7	4.1	0.4	0.1
1.6	0.7	0.3	0.2	0.0	0.6
1.0	0.6	0.4	0.6	0.2	1.0
2.3	0.5	0.9	2.3	0.5	0.5
0.5	0.7	0.2	0.0	0.2	1.2
3.7	1.4	0.6	0.9	0.3	1.3
4.9	1.6	0.7	2.0	0.4	0.8
3.3	1.3	0.5	0.6	0.3	1.4
4.0	0.7	0.9	1.1	0.0	0.2
8.4	0.0	2.3	4.6	0.0	0.0
2.6	1.0	0.5	0.0	0.0	0.2
6.8	3.4	1.6	6.5	1.2	0.9
10.1	5.5	3.1	12.5	1.9	1.0
3.3	1.1	0.0	0.2	0.4	0.7
5.2	2.1	0.6	1.6	0.1	0.7
9.6	2.3	0.2	3.7	0.2	0.2
2.3	1.9	0.8	0.2	0.0	0.9
1.6	0.0	1.6	0.0	0.0	1.6
4.8	0.0	0.0	0.0	0.0	0.0
0.0	0.0	2.4	0.0	0.0	2.4
6.1	2.6	1.7	1.3	0.6	1.2
6.1	3.7	1.1	1.7	0.9	0.6
6.1	1.7	2.2	1.0	0.3	1.7
4.6	1.6	1.3	1.4	0.5	1.5
6.7	1.8	1.4	2.0	1.2	0.8
3.2	1.5	1.2	0.9	0.0	1.9

4－4　2005年入境游客游览城市座数所占比重

		口岸调查人数（人）	（%）	1座（%）	2座（%）	3座（%）	4座（%）
全　国	**总计**	**15 197**	**100**	**53.8**	**19.5**	**11.3**	**5.6**
	团体	4 890	100	50.6	14.9	11.2	6.8
	散客	10 307	100	55.4	21.6	11.4	4.9
观光游览	小计	4 313	100	50.1	15.3	12.1	7.4
	团体	2 863	100	51.1	12.2	10.9	7.7
	散客	1 450	100	48.1	21.3	14.4	7.0
休闲度假	小计	2 375	100	53.1	17.5	11.7	5.8
	团体	859	100	39.8	17.1	12.9	8.2
	散客	1 516	100	60.7	17.7	11.0	4.4
探亲访友	小计	1 780	100	65.6	19.2	7.0	3.2
	团体	73	100	36.9	24.7	15.1	11.0
	散客	1 707	100	66.8	19.0	6.6	2.9
商　务	小计	4 826	100	51.6	23.6	12.5	5.1
	团体	694	100	62.3	18.7	9.8	2.7
	散客	4 132	100	49.9	24.4	12.9	5.5
会　议	小计	497	100	63.4	22.1	8.5	3.0
	团体	60	100	58.3	25.0	11.7	3.3
	散客	437	100	64.1	21.7	8.0	3.0
宗教朝拜	小计	52	100	48.1	25.0	9.6	5.8
	团体	16	100	6.3	49.8	6.3	12.5
	散客	36	100	66.6	13.9	11.1	2.8
文体交流	小计	354	100	47.6	24.6	11.9	4.8
	团体	170	100	52.9	20.0	11.2	2.9
	散客	184	100	43.0	28.8	12.5	6.5
其　他	小计	1 000	100	57.6	19.2	10.7	4.9
	团体	155	100	55.6	16.8	13.5	5.8
	散客	845	100	57.9	19.7	10.2	4.7

（按旅游目的、团体及散客分组）

5座（%）	6座（%）	7座（%）	8座（%）	9座（%）	10座以上（%）
4.1	1.6	0.9	1.8	0.3	1.1
6.6	2.4	1.4	4.6	0.8	0.7
3.0	1.2	0.6	0.5	0.1	1.3
6.6	2.3	1.1	3.5	0.6	1.0
7.5	3.0	1.2	4.9	0.8	0.7
5.0	1.0	1.0	0.7	0.1	1.4
3.9	1.4	1.3	3.8	0.7	0.8
6.2	1.7	2.6	9.1	1.5	0.9
2.6	1.2	0.6	0.8	0.3	0.7
2.5	1.0	0.5	0.1	0.1	0.8
5.5	2.7	1.4	2.7	0.0	0.0
2.3	0.9	0.5	0.0	0.1	0.9
3.2	1.1	0.6	0.6	0.2	1.5
4.3	0.6	0.7	0.4	0.1	0.4
3.1	1.2	0.5	0.6	0.2	1.7
1.8	0.0	0.4	0.6	0.0	0.2
1.7	0.0	0.0	0.0	0.0	0.0
1.8	0.0	0.5	0.7	0.0	0.2
7.7	0.0	1.9	0.0	0.0	1.9
18.8	0.0	6.3	0.0	0.0	0.0
2.8	0.0	0.0	0.0	0.0	2.8
4.0	4.2	1.7	0.6	0.0	0.6
5.9	4.7	1.8	0.6	0.0	0.0
2.2	3.8	1.6	0.5	0.0	1.1
2.3	1.9	0.8	0.6	0.0	2.0
5.8	1.3	0.6	0.0	0.0	0.6
1.7	2.0	0.8	0.7	0.0	2.3

五

入境游客的流向

5－1 2005年入境游客的流向

国别(或地区)	调查人数	出境后将前往的		
		香港	澳门	台湾
总计	**26 906**	**8 783**	**1 251**	**1 653**
香港	8 251	7 303	203	159
澳门	1 187	179	905	40
台湾地区	1 721	227	32	1 371
日本	3 219	155	13	21
菲律宾	104	14	3	0
泰国	315	23	5	2
新加坡	785	74	6	6
印尼	141	15	2	1
马来西亚	454	37	1	3
韩国	2 481	57	5	5
朝鲜	146	5	0	0
蒙古	420	3	0	0
印度	153	16	7	2
英国	520	82	1	2
法国	468	38	1	0
德国	297	28	0	4
意大利	179	17	4	1
荷兰	158	21	1	1
瑞典	133	13	1	0
俄罗斯	1 988	8	2	0
瑞士	115	11	1	3
美国	1 358	206	7	10
加拿大	422	56	1	4
澳大利亚	380	66	1	6
非洲国家	86	18	4	0
南美国家	41	6	2	1
其他国家	1 384	105	43	11

（按国别或地区分组）

单位：人

国家（地区）							
日本	菲律宾	泰国	新加坡	印度尼西亚	马来西亚	韩国	朝鲜
3 316	**95**	**332**	**755**	**132**	**405**	**2 472**	**137**
204	3	20	48	8	13	32	9
13	0	3	4	0	1	4	0
21	2	4	6	1	0	7	0
2 875	4	8	15	1	2	43	0
0	76	0	1	0	1	1	0
14	1	231	9	3	1	3	0
16	0	10	613	1	6	8	0
3	1	1	4	107	1	1	0
9	2	4	2	1	362	4	0
35	1	5	5	0	0	2 322	1
5	0	0	0	0	0	2	126
0	1	0	1	0	0	2	0
7	0	1	8	0	2	2	0
7	0	2	4	0	0	1	0
8	1	1	3	2	1	4	0
5	0	0	2	1	1	0	0
6	0	2	2	1	0	0	0
4	0	1	0	0	0	0	0
2	0	0	2	0	0	2	0
2	1	1	3	0	1	1	0
5	1	0	1	0	2	0	1
42	1	16	5	2	7	13	0
8	0	3	3	0	0	4	0
10	0	2	6	1	0	2	0
1	0	1	0	0	0	3	0
2	0	0	0	0	0	0	0
12	0	16	8	3	4	11	0

5-1(续)

国别(或地区)	调查人数	出境后将前往的						
		蒙古	印度	英国	法国	德国	意大利	荷兰
总计	**26 906**	**412**	**122**	**459**	**428**	**269**	**155**	**140**
香港	8 251	0	7	22	12	6	9	7
澳门	1 187	0	1	0	0	1	3	3
台湾地区	1 721	0	1	4	1	2	1	0
日本	3 219	0	2	6	6	2	1	0
菲律宾	104	0	1	0	0	0	0	1
泰国	315	0	0	2	2	3	0	0
新加坡	785	0	0	2	5	1	0	4
印尼	141	0	0	1	0	0	1	0
马来西亚	454	0	0	0	0	1	0	1
韩国	2 481	0	0	1	4	2	3	1
朝鲜	146	0	0	0	0	0	1	1
蒙古	420	404	0	1	0	1	1	2
印度	153	2	100	0	0	0	0	0
英国	520	0	0	383	6	1	0	2
法国	468	1	0	2	371	4	1	4
德国	297	1	1	3	1	235	2	1
意大利	179	0	0	1	3	1	120	2
荷兰	158	1	2	3	1	2	1	105
瑞典	133	0	0	2	2	0	0	1
俄罗斯	1 988	0	1	0	0	0	0	0
瑞士	115	0	1	0	1	1	2	0
美国	1 358	0	2	14	3	1	2	3
加拿大	422	1	1	4	2	1	4	0
澳大利亚	380	1	1	3	5	3	1	1
非洲国家	86	0	1	0	0	0	0	0
南美国家	41	0	0	0	0	0	0	0
其他国家	1 384	1	0	5	3	1	2	1

单位:人

国家（地区）								
瑞典	俄罗斯	瑞士	美国	加拿大	澳大利亚	非洲国家	南美国家	其他国家
125	**2 005**	**107**	**1 224**	**400**	**298**	**65**	**44**	**1 322**
6	6	8	74	20	15	6	5	46
0	2	0	2	4	0	1	0	21
0	0	1	13	5	1	0	0	21
2	6	2	37	3	3	3	1	8
0	1	0	0	2	0	0	1	2
0	0	1	6	2	1	0	1	5
0	1	2	5	5	6	1	0	13
0	0	1	1	0	0	0	0	1
1	0	0	7	3	4	0	9	3
0	2	1	16	6	2	0	0	7
1	1	1	1	0	0	0	1	1
0	1	0	0	1	0	0	0	2
0	0	0	3	0	0	0	0	3
1	0	1	13	3	3	0	0	8
2	1	2	8	1	0	2	0	10
0	0	2	3	0	1	0	2	4
1	2	1	9	4	0	0	0	2
1	0	0	3	3	1	0	3	4
104	0	1	0	1	0	0	0	2
0	1 964	0	2	0	1	0	0	1
0	0	78	3	1	1	0	0	2
0	5	3	981	14	1	3	1	16
0	3	0	13	305	3	0	0	6
0	0	1	10	9	248	0	0	3
1	0	0	1	0	1	46	1	8
0	1	0	3	2	0	0	17	7
5	9	1	10	6	6	3	2	1 116

5-2 2005年入境游客的流向

	本地区调查人数	将前往的					
		北京	天津	河北	山西	内蒙古	辽宁
总计	**15 430**	**2 416**	**172**	**137**	**535**	**24**	**213**
北京	3 047	0	26	33	147	5	62
天津	306	44	0	2	7	1	2
河北	386	58	3	8	3	2	3
山西	802	158	6	2	118	3	18
内蒙古	31	8	0	0	4	3	0
辽宁	212	42	3	1	9	0	30
吉林	183	49	0	1	3	0	4
黑龙江	118	17	0	1	1	1	10
上海	2 043	616	9	25	96	1	16
江苏	929	186	4	6	28	2	5
浙江	625	113	2	7	13	1	8
安徽	93	11	0	0	2	0	0
福建	248	38	4	7	0	1	1
江西	256	40	1	0	2	0	2
山东	350	58	3	1	12	0	9
河南	391	29	0	2	12	0	4
湖北	353	42	3	0	2	1	2
湖南	228	28	1	2	1	0	2
广东	1 816	354	96	13	20	2	7
广西	281	62	1	5	2	0	2
海南	68	14	0	2	4	0	1
重庆	363	135	3	2	0	0	3
四川	978	84	3	7	9	1	9
贵州	218	22	1	1	3	0	1
云南	214	29	2	4	5	0	1
西藏	25	3	0	1	0	0	2
陕西	655	164	1	3	25	0	6
甘肃	81	5	0	1	3	0	2
青海	35	3	0	0	0	0	0
宁夏	13	2	0	0	0	0	0
新疆	82	2	0	0	4	0	1

（按省〈区、市〉分组）

单位：人

省（区、市）								
吉林	黑龙江	上海	江苏	浙江	安徽	福建	江西	山东
93	**111**	**2 413**	**676**	**790**	**106**	**265**	**171**	**311**
27	18	862	84	83	13	32	28	39
3	2	41	4	2	1	6	0	4
0	2	128	4	9	2	14	2	3
0	2	176	40	45	0	1	1	19
0	0	4	2	0	1	0	0	3
1	4	26	9	10	0	1	0	7
5	5	29	8	8	1	3	1	4
0	42	10	2	1	0	3	0	5
24	5	0	200	262	29	20	17	43
7	3	276	139	74	15	6	6	9
2	0	122	36	188	8	11	7	6
0	0	9	10	9	26	0	4	2
1	1	16	4	5	1	117	2	1
1	0	73	1	16	1	7	56	7
0	1	37	11	6	1	2	0	125
0	0	31	3	1	0	0	0	1
0	0	45	4	5	0	2	1	3
0	2	20	14	1	3	3	1	1
4	8	176	35	26	1	19	35	11
3	5	30	5	2	0	0	1	1
0	0	10	3	2	0	0	1	1
2	6	65	13	8	1	4	0	3
4	1	87	5	8	0	8	2	3
6	2	23	1	2	0	1	1	0
1	0	23	7	3	1	2	0	2
0	0	1	1	0	0	0	0	0
2	1	83	31	13	1	1	5	7
0	0	1	0	0	0	0	0	0
0	0	7	0	1	0	2	0	0
0	0	0	0	0	0	0	0	1
0	1	2	0	0	0	0	0	0

5－2(续)

	本地区调查人数	将前往的						
		河南	湖北	湖南	广东	广西	海南	重庆
总计	**15 430**	**351**	**456**	**334**	**2 033**	**531**	**149**	**280**
北京	3 047	40	80	41	545	144	43	106
天津	306	1	5	10	125	9	6	3
河北	386	1	16	19	38	11	6	2
山西	802	6	31	21	41	16	3	4
内蒙古	31	0	2	0	0	0	0	0
辽宁	212	2	1	5	6	7	4	2
吉林	183	0	3	7	17	4	3	0
黑龙江	118	3	0	1	6	5	1	1
上海	2 043	25	57	29	197	51	15	40
江苏	929	4	16	23	20	21	7	9
浙江	625	1	9	7	21	10	3	11
安徽	93	0	1	5	7	2	1	1
福建	248	0	5	1	25	2	2	0
江西	256	0	3	3	32	1	0	0
山东	350	3	4	7	11	15	4	4
河南	391	199	5	9	1	5	4	1
湖北	353	1	77	13	34	13	0	30
湖南	228	2	13	75	26	3	1	5
广东	1 816	12	42	17	714	66	22	18
广西	281	5	5	3	32	49	0	6
海南	68	1	0	1	9	3	11	1
重庆	363	2	20	8	25	3	2	0
四川	978	1	20	16	26	11	3	14
贵州	218	0	3	7	22	41	2	1
云南	214	1	4	1	10	15	2	5
西藏	25	0	1	1	1	1	1	1
陕西	655	41	26	3	36	16	2	14
甘肃	81	0	4	1	1	2	0	0
青海	35	0	2	0	5	0	0	0
宁夏	13	0	1	0	0	1	1	1
新疆	82	0	0	0	0	4	0	0

单位:人

省（区、市）								
四川	贵州	云南	西藏	陕西	甘肃	青海	宁夏	新疆
1 087	**114**	**499**	**104**	**808**	**121**	**24**	**5**	**101**
145	27	120	28	210	20	4	1	34
12	1	8	0	7	0	0	0	0
16	2	7	1	23	1	0	0	2
13	4	14	1	44	11	1	0	3
0	0	2	1	1	0	0	0	0
6	0	21	1	9	4	0	1	0
9	1	10	0	8	0	0	0	0
3	1	1	2	1	0	0	0	0
72	12	48	8	106	16	0	0	4
20	3	17	5	14	0	0	0	4
7	2	7	1	18	0	2	0	2
1	1	1	0	0	0	0	0	0
5	1	5	0	3	0	0	0	0
1	0	1	0	6	2	0	0	0
6	1	5	2	18	3	0	1	0
6	3	3	1	66	1	2	0	2
14	0	6	0	48	1	4	1	1
13	2	2	0	6	0	0	0	1
37	6	26	9	26	8	1	0	5
6	13	16	2	13	11	0	0	1
1	0	1	1	1	0	0	0	0
11	4	10	3	28	1	0	0	1
604	1	19	3	20	4	3	0	2
3	11	59	0	5	0	0	0	0
10	13	65	2	6	0	0	0	0
2	0	2	0	1	4	1	0	1
50	5	21	15	56	11	1	1	14
6	0	2	9	13	11	3	0	17
1	0	0	9	1	2	1	0	1
5	0	0	0	0	1	0	0	0
2	0	0	0	50	9	1	0	6

六

入境过夜旅游者住宿设施的选择

6－1 2005年入境过夜旅游者住宿设施的选择
（按外国人、港澳台胞、团体及散客分组）

单位：%

		合计	宾馆饭店	公寓	私人住所	车船	其他
全国	**总计**	**100**	**59.8**	**10.3**	**24.2**	**1.0**	**4.7**
	团体	100	93.4	1.1	2.2	2.3	1.0
	散客	100	48.3	13.4	31.8	0.6	5.9
外国人	小计	100	65.2	11.2	17.9	1.2	4.5
	团体	100	93.6	0.9	1.7	2.8	1.0
	散客	100	53.4	15.4	24.5	0.8	5.9
香港同胞	小计	100	50.6	6.6	40.3	0.2	2.3
	团体	100	93.9	0.4	4.0	0.3	1.4
	散客	100	43.7	7.6	46.1	0.2	2.4
澳门同胞	小计	100	40.7	1.1	48.1	2.1	8.0
	团体	100	81.4	3.8	14.8	0.0	0.0
	散客	100	34.7	0.6	53.1	2.4	9.2
台湾同胞	小计	100	43.6	9.5	39.7	0.4	6.8
	团体	100	92.7	2.5	3.5	0.2	1.1
	散客	100	32.8	11.0	47.7	0.4	8.1

6－2 2005年入境过夜旅游者住宿设施的选择
（按性别、年龄、团体及散客分组）

单位：%

		合 计	宾馆饭店	公 寓	私人住所	车 船	其 他
全 国	**总 计**	**100**	**59.8**	**10.3**	**24.2**	**1.0**	**4.7**
	团 体	100	93.4	1.1	2.2	2.3	1.0
	散 客	100	48.3	13.4	31.8	0.6	5.9
男 性	小 计	100	59.9	11.6	22.1	1.0	5.4
	团 体	100	92.8	1.5	2.4	2.3	1.0
	散 客	100	51.7	14.2	27.0	0.7	6.4
女 性	小 计	100	59.6	7.7	28.3	1.1	3.3
	团 体	100	94.1	0.7	1.9	2.4	0.9
	散 客	100	40.5	11.5	42.8	0.5	4.7
65岁及以上	小 计	100	67.6	3.1	23.2	3.1	3.0
	团 体	100	92.0	0.4	1.6	5.5	0.5
	散 客	100	43.2	6.0	44.7	0.6	5.5
45～64岁	小 计	100	67.5	6.1	22.0	1.1	3.3
	团 体	100	94.4	0.5	1.8	2.8	0.5
	散 客	100	56.5	8.4	30.1	0.6	4.4
25～44岁	小 计	100	56.4	12.6	26.2	0.7	4.1
	团 体	100	94.5	1.9	2.3	0.7	0.6
	散 客	100	47.7	15.0	31.7	0.7	4.9
15～24岁	小 计	100	48.0	17.4	21.7	1.2	11.7
	团 体	100	89.6	1.4	3.2	2.2	3.6
	散 客	100	30.5	24.2	29.5	0.6	15.2
14岁及以下	小 计	100	47.3	0.4	49.2	0.3	2.8
	团 体	100	89.0	0.4	2.2	0.0	8.4
	散 客	100	28.0	0.4	70.9	0.4	0.3

6－3 2005年入境过夜旅游者住宿设施的选择

（按职业、团体及散客分组）

单位：%

		合计	宾馆饭店	公寓	私人住所	车船	其他
全国	**总计**	**100**	**59.8**	**10.3**	**24.2**	**1.0**	**4.7**
	团体	100	93.4	1.1	2.2	2.3	1.0
	散客	100	48.3	13.4	31.8	0.6	5.9
政府工作人员	小计	100	71.1	2.3	23.4	1.1	2.1
	团体	100	94.8	1.9	0.5	1.8	1.0
	散客	100	55.2	2.5	38.8	0.6	2.9
专业技术人员	小计	100	55.9	13.5	27.3	1.2	2.1
	团体	100	92.3	0.9	2.8	3.5	0.5
	散客	100	48.4	16.1	32.3	0.8	2.4
职员	小计	100	72.0	4.6	15.2	1.4	6.8
	团体	100	94.4	1.2	1.6	2.4	0.4
	散客	100	59.2	6.5	22.9	1.0	10.4
技工/工人	小计	100	70.9	5.0	19.1	2.1	2.9
	团体	100	93.2	4.3	0.5	1.3	0.7
	散客	100	65.7	5.2	23.4	2.2	3.5
商贸人员	小计	100	65.1	11.4	19.9	0.2	3.4
	团体	100	96.0	1.3	1.9	0.5	0.3
	散客	100	59.7	13.2	23.1	0.1	3.9
服务员/推销员	小计	100	58.9	2.5	36.9	0.8	0.9
	团体	100	99.2	0.2	0.2	0.2	0.2
	散客	100	45.1	3.3	49.5	1.0	1.1
退休人员	小计	100	73.7	4.8	17.6	3.2	0.7
	团体	100	92.6	0.2	1.8	5.1	0.3
	散客	100	48.6	10.8	38.6	0.5	1.5
家庭妇女	小计	100	52.1	5.4	40.4	0.8	1.3
	团体	100	92.0	0.3	5.7	1.4	0.6
	散客	100	29.9	8.3	59.8	0.4	1.6
军人	小计	100	93.4	1.1	4.1	0.3	1.1
	团体	100	100.0	0.0	0.0	0.0	0.0
	散客	100	86.6	2.2	8.2	0.8	2.2
学生	小计	100	43.5	18.3	19.8	1.0	17.4
	团体	100	89.7	1.5	2.9	2.4	3.5
	散客	100	24.6	25.2	26.7	0.4	23.1
其他	小计	100	46.3	10.0	37.3	0.6	5.8
	团体	100	94.9	1.3	0.7	0.9	2.2
	散客	100	27.9	13.2	51.1	0.6	7.2

6－4　2005 年入境过夜旅游者住宿设施的选择
（按旅游目的、团体及散客分组）

单位：%

		合计	宾馆饭店	公寓	私人住所	车船	其他
全国	**总计**	**100**	**59.8**	**10.3**	**24.2**	**1.0**	**4.7**
	团体	100	93.4	1.1	2.2	2.3	1.0
	散客	100	48.3	13.4	31.8	0.6	5.9
观光游览	小计	100	86.8	4.1	5.6	2.3	1.2
	团体	100	95.1	0.3	0.9	3.0	0.7
	散客	100	71.3	11.0	14.3	1.0	2.4
休闲度假	小计	100	82.6	1.5	13.3	1.0	1.6
	团体	100	95.7	0.5	1.3	1.8	0.7
	散客	100	73.0	2.3	22.0	0.5	2.2
探亲访友	小计	100	26.3	6.0	63.0	1.0	3.7
	团体	100	58.5	8.1	27.3	0.4	5.7
	散客	100	24.5	5.8	65.0	1.1	3.6
商务	小计	100	55.1	13.3	26.7	0.2	4.7
	团体	100	92.2	2.3	5.1	0.2	0.2
	散客	100	52.3	14.2	28.4	0.0	5.1
会议	小计	100	85.7	4.6	7.7	0.3	1.7
	团体	100	98.8	0.8	0.0	0.0	0.4
	散客	100	83.8	5.1	8.8	0.4	1.9
宗教朝拜	小计	100	69.8	11.8	9.7	1.4	7.3
	团体	100	84.7	0.0	4.8	0.8	9.7
	散客	100	58.5	20.7	13.4	1.9	5.5
文体交流	小计	100	42.7	27.8	20.5	0.7	8.3
	团体	100	89.0	2.3	2.8	2.8	3.1
	散客	100	26.8	36.5	26.7	0.0	10.0
其他	小计	100	20.9	22.4	36.7	2.3	17.7
	团体	100	80.7	9.1	2.4	2.2	5.6
	散客	100	16.6	23.4	39.2	2.2	18.6

七

入境游客对旅游服务质量的评价

7－1　2005 年入境游客对旅游服务质量的评价

单位：%

	合　计	最　好（5 分）	好（4 分）	尚　好（3 分）	差（2 分）	最　差（1 分）
宾馆饭店	100	27.3	41.3	27.2	3.3	0.9
餐　　饮	100	21.6	38.8	31.1	6.9	1.6
交　　通	100	15.9	28.6	34.1	15.7	5.7
娱　　乐	100	17.8	31.3	36.2	10.3	4.4
购　　物	100	21.0	34.2	33.2	9.2	2.4
导游服务	100	26.0	33.2	29.4	8.4	3.0
邮电通讯	100	21.6	31.5	33.8	9.4	3.7

7－2　2005年外国游客对旅游服务质量的评价

单位：%

	合　计	最　好（5分）	好（4分）	尚　好（3分）	差（2分）	最　差（1分）
宾馆饭店	100	34.5	39.5	21.6	3.4	1.0
餐　饮	100	27.9	37.8	25.7	6.6	2.0
交　通	100	20.2	28.9	30.4	14.6	5.9
娱　乐	100	22.1	30.2	31.7	10.5	5.5
购　物	100	26.0	33.4	29.4	8.5	2.7
导游服务	100	33.4	31.5	23.4	7.8	3.9
邮电通讯	100	27.4	28.8	29.4	9.9	4.5

7－3　2005年香港游客对旅游服务质量的评价

单位:%

	合　计	最　好 (5分)	好 (4分)	尚　好 (3分)	差 (2分)	最　差 (1分)
宾馆饭店	100	12.0	45.9	38.6	2.7	0.8
餐　　饮	100	10.2	43.1	40.0	6.1	0.6
交　　通	100	7.6	29.6	41.5	16.7	4.6
娱　　乐	100	9.6	35.3	45.6	8.0	1.5
购　　物	100	12.0	36.1	41.3	9.4	1.2
导游服务	100	11.6	36.3	41.7	9.1	1.3
邮电通讯	100	9.8	37.0	43.2	8.3	1.7

7－4　2005年澳门游客对旅游服务质量的评价

单位：%

	合计	最好 (5分)	好 (4分)	尚好 (3分)	差 (2分)	最差 (1分)
宾馆饭店	100	23.9	31.9	37.0	4.7	2.5
餐　　饮	100	16.3	32.0	41.9	7.6	2.2
交　　通	100	15.3	25.8	38.3	16.6	4.0
娱　　乐	100	19.7	29.6	34.2	12.9	3.6
购　　物	100	24.5	34.6	31.1	7.1	2.7
导游服务	100	20.5	29.6	39.1	7.7	3.1
邮电通讯	100	19.9	27.2	39.4	8.7	4.8

7-5 2005年台湾游客对旅游服务质量的评价

单位：%

	合计	最好 (5分)	好 (4分)	尚好 (3分)	差 (2分)	最差 (1分)
宾馆饭店	100	20.5	44.3	31.0	3.2	1.0
餐　　饮	100	11.3	36.5	39.5	10.3	2.4
交　　通	100	9.3	25.2	38.1	20.2	7.2
娱　乐	100	11.4	28.4	40.5	14.8	4.9
购　　物	100	10.7	34.0	36.3	14.1	4.9
导游服务	100	20.4	36.3	29.7	11.2	2.4
邮电通讯	100	19.5	34.1	31.1	10.6	4.7

7－6　2005年入境游客对旅游服务质量的评价

（按外国人、港澳台胞分组）

		调查人数		外国人		香港同胞		澳门同胞		台湾同胞	
		（人）	（%）	（人）	（%）	（人）	（%）	（人）	（%）	（人）	（%）
宾馆饭店	小计	14 089	100.0	8 846	100.0	3 458	100.0	489	100.0	1 296	100.0
	1分	129	0.9	81	1.0	24	0.8	12	2.5	12	1.0
	2分	464	3.3	304	3.4	95	2.7	23	4.7	42	3.2
	3分	3 832	27.2	1 913	21.6	1 336	38.6	181	37.0	402	31.0
	4分	5 815	41.3	3 498	39.5	1 587	45.9	156	31.9	574	44.3
	5分	3 849	27.3	3 050	34.5	416	12.0	117	23.9	266	20.5
餐　　饮	小计	13 990	100.0	8 785	100.0	3 439	100.0	484	100.0	1 282	100.0
	1分	230	1.6	169	2.0	21	0.6	10	2.2	30	2.4
	2分	963	6.9	583	6.6	211	6.1	37	7.6	132	10.3
	3分	4 345	31.1	2 260	25.7	1 375	40.0	203	41.9	507	39.5
	4分	5 425	38.8	3 321	37.8	1 481	43.1	155	32.0	468	36.5
	5分	3027	21.6	2 452	27.9	351	10.2	79	16.3	145	11.3
交　　通	小计	13 701	100.0	8 603	100.0	3 380	100.0	465	100.0	1 253	100.0
	1分	772	5.7	509	5.9	155	4.6	19	4.0	89	7.2
	2分	2 146	15.7	1 252	14.6	564	16.7	77	16.6	253	20.2
	3分	4 674	34.1	2 615	30.4	1 403	41.5	178	38.3	478	38.1
	4分	3 925	28.6	2 488	28.9	1 001	29.6	120	25.8	316	25.2
	5分	2 184	15.9	1 739	20.2	257	7.6	71	15.3	117	9.3
娱　　乐	小计	11 665	100.0	7 202	100.0	3 045	100.0	412	100.0	1 006	100.0
	1分	507	4.4	397	5.5	46	1.5	15	3.6	49	4.9
	2分	1 205	10.3	759	10.5	244	8.0	53	12.9	149	14.8
	3分	4 217	36.2	2 281	31.7	1 388	45.6	141	34.2	407	40.5
	4分	3 656	31.3	2 174	30.2	1 074	35.3	122	29.6	286	28.4
	5分	2 080	17.8	1 591	22.1	293	9.6	81	19.7	115	11.4

7-6(续)

		调查人数		外国人		香港同胞		澳门同胞		台湾同胞	
		(人)	(%)	(人)	(%)	(人)	(%)	(人)	(%)	(人)	(%)
购　物	小计	11 401	100.0	7 030	100.0	2 994	100.0	408	100.0	969	100.0
	1分	280	2.4	185	2.7	37	1.2	11	2.7	47	4.9
	2分	1 048	9.2	600	8.5	282	9.4	29	7.1	137	14.1
	3分	3 782	33.2	2 067	29.4	1 236	41.3	127	31.1	352	36.3
	4分	3 899	34.2	2 349	33.4	1 080	36.1	141	34.6	329	34.0
	5分	2 392	21.0	1 829	26.0	359	12.0	100	24.5	104	10.7
导游服务	小计	9 853	100.0	6061	100.0	2 720	100.0	297	100.0	775	100.0
	1分	294	3.0	231	3.9	35	1.3	9	3.1	19	2.4
	2分	832	8.4	474	7.8	248	9.1	23	7.7	87	11.2
	3分	2 901	29.4	1 421	23.4	1 134	41.7	116	39.1	230	29.7
	4分	3 269	33.2	1912	31.5	988	36.3	88	29.6	281	36.3
	5分	2 557	26.0	2 023	33.4	315	11.6	61	20.5	158	20.4
邮电通讯	小计	9 349	100.0	5 718	100.0	2 666	100.0	287	100.0	678	100.0
	1分	353	3.7	261	4.5	46	1.7	14	4.8	32	4.7
	2分	882	9.4	565	9.9	220	8.3	25	8.7	72	10.6
	3分	3 157	33.8	1 681	29.4	1 152	43.2	113	39.4	211	31.1
	4分	2 941	31.5	1 645	28.8	987	37.0	78	27.2	231	34.1
	5分	2 016	21.6	1 566	27.4	261	9.8	57	19.9	132	19.5

7－7　2005 年入境游客对旅游服务质量

		调查人数		男　性		女　性	
		(人)	(%)	(人)	(%)	(人)	(%)
宾馆饭店	小计	14 089	100.0	8 691	100.0	5 398	100.0
	1 分	129	0.9	69	0.8	60	1.1
	2 分	464	3.3	296	3.4	168	3.1
	3 分	3 832	27.2	2 363	27.2	1 469	27.2
	4 分	5 815	41.3	3 674	42.3	2 141	39.7
	5 分	3 849	27.3	2 289	26.3	1 560	28.9
餐　　饮	小计	13 990	100.0	8 636	100.0	5 354	100.0
	1 分	230	1.6	157	1.7	73	1.4
	2 分	963	6.9	575	6.7	388	7.2
	3 分	4 345	31.1	2 735	31.7	1 610	30.1
	4 分	5 425	38.8	3 401	39.4	2 024	37.8
	5 分	3 027	21.6	1 768	20.5	1 259	23.5
交　　通	小计	13 701	100.0	8 422	100.0	5 279	100.0
	1 分	772	5.7	527	6.2	245	4.7
	2 分	2 146	15.7	1 468	17.4	678	12.8
	3 分	4 674	34.1	2 894	34.4	1 780	33.7
	4 分	3 925	28.6	2 295	27.3	1 630	30.9
	5 分	2 184	15.9	1 238	14.7	946	17.9
娱　　乐	小计	11 665	100.0	7 029	100.0	4 636	100.0
	1 分	507	4.4	319	4.6	188	4.0
	2 分	1 205	10.3	766	10.9	439	9.5
	3 分	4 217	36.2	2 601	37.0	1 616	34.9
	4 分	3 656	31.3	2 189	31.1	1 467	31.6
	5 分	2 080	17.8	1154	16.4	926	20.0

的评价(按性别、年龄分组)

14岁及以下		15～24岁		25～44岁		45～64岁		65岁及以上	
(人)	(%)	(人)	(%)	(人)	(%)	(人)	(%)	(人)	(%)
117	100.0	1 521	100.0	7 114	100.0	4 620	100.0	717	100.0
3	2.6	16	1.1	53	0.8	50	1.2	7	1.0
6	5.1	61	4.0	231	3.2	150	3.2	16	2.2
29	24.8	420	27.6	2 002	28.1	1 252	27.1	129	18.0
41	35.0	562	36.9	3 060	43.0	1 891	40.9	261	36.4
38	32.5	462	30.4	1 768	24.9	1 277	27.6	304	42.4
115	100.0	1 512	100.0	7 079	100.0	4 571	100.0	713	100.0
3	2.6	38	2.6	120	1.7	58	1.2	11	1.5
8	7.0	143	9.5	503	7.1	269	5.9	40	5.6
34	29.6	433	28.6	2 282	32.2	1 429	31.3	167	23.4
45	39.1	551	36.4	2 759	39.0	1 768	38.7	302	42.4
25	21.7	347	22.9	1 415	20.0	1 047	22.9	193	27.1
110	100.0	1 489	100.0	6 960	100.0	4 445	100.0	697	100.0
9	8.2	88	6.0	399	5.7	252	5.7	24	3.5
15	13.6	203	13.6	1 150	16.5	690	15.5	88	12.6
34	30.9	484	32.5	2 422	34.8	1 539	34.6	195	28.0
31	28.2	435	29.2	2 017	29.0	1 241	27.9	201	28.8
21	19.1	279	18.7	972	14.0	723	16.3	189	27.1
100	100.0	1 383	100.0	6 069	100.0	3 554	100.0	559	100.0
6	6.0	65	4.7	226	3.7	190	5.3	20	3.6
5	5.0	161	11.6	613	10.1	370	10.4	56	10.0
34	34.0	437	31.6	2 273	37.5	1 296	36.5	177	31.7
31	31.0	408	29.5	2 005	33.0	1 051	29.6	161	28.8
24	24.0	312	22.6	952	15.7	647	18.2	145	25.9

7－7(续)

		调查人数		男性		女性	
		(人)	(%)	(人)	(%)	(人)	(%)
购　物	小计	11 401	100.0	6 824	100.0	4 577	100.0
	1分	280	2.4	178	2.6	102	2.2
	2分	1 048	9.2	654	9.6	394	8.6
	3分	3 782	33.2	2 369	34.7	1 413	30.9
	4分	3 899	34.2	2 299	33.7	1 600	35.0
	5分	2 392	21.0	1 324	19.4	1 068	23.3
导游服务	小计	9 853	100.0	5 737	100.0	4 116	100.0
	1分	294	3.0	193	3.3	101	2.5
	2分	832	8.4	505	8.8	327	7.9
	3分	2 901	29.4	1 778	31.0	1 123	27.3
	4分	3 269	33.2	1 902	33.2	1 367	33.2
	5分	2557	26.0	1 359	23.7	1 198	29.1
邮电通讯	小计	9 349	100.0	5 481	100.0	3 868	100.0
	1分	353	3.7	221	4.0	132	3.5
	2分	882	9.4	526	9.6	356	9.2
	3分	3 157	33.8	1 872	34.2	1 285	33.2
	4分	2 941	31.5	1 729	31.5	1 212	31.3
	5分	2 016	21.6	1 133	20.7	883	22.8

14岁及以下		15～24岁		25～44岁		45～64岁		65岁及以上	
(人)	(%)	(人)	(%)	(人)	(%)	(人)	(%)	(人)	(%)
99	100.0	1 368	100.0	5 934	100.0	3 454	100.0	546	100.0
1	1.1	42	3.1	141	2.3	85	2.4	11	2.1
11	11.1	121	8.8	538	9.1	342	9.9	36	6.6
20	20.2	373	27.3	2 069	34.9	1 156	33.5	164	30.0
34	34.3	480	35.1	2 019	34.0	1 190	34.5	176	32.2
33	33.3	352	25.7	1 167	19.7	681	19.7	159	29.1
84	100.0	1 206	100.0	5 080	100.0	2 977	100.0	506	100.0
2	2.4	46	3.8	152	3.0	80	2.7	14	2.8
7	8.3	111	9.2	442	8.7	237	8.0	35	6.9
23	27.4	282	23.4	1 654	32.6	855	28.7	87	17.2
21	25.0	383	31.8	1 718	33.8	997	33.5	150	29.6
31	36.9	384	31.8	1 114	21.9	808	27.1	220	43.5
77	100.0	1 157	100.0	4 897	100.0	2 778	100.0	440	100.0
4	5.1	66	5.7	166	3.4	99	3.6	18	4.1
9	11.7	119	10.3	451	9.2	261	9.4	42	9.5
24	31.2	353	30.5	1 717	35.1	928	33.4	135	30.7
17	22.1	333	28.8	1 589	32.4	884	31.8	118	26.8
23	29.9	286	24.7	974	19.9	606	21.8	127	28.9

7-8　2005年入境游客对旅游服务质量

		调查人数		政府工作人员		专业技术人员		职员		技工工人	
		(人)	(%)	(人)	(%)	(人)	(%)	(人)	(%)	(人)	(%)
宾馆饭店	小计	14 089	100.0	426	100.0	2 303	100.0	1 839	100.0	748	100.0
	1分	129	0.9	4	0.8	29	1.3	12	0.7	2	0.3
	2分	464	3.3	19	4.5	88	3.8	34	1.8	20	2.7
	3分	3 832	27.2	103	24.2	666	28.9	481	26.2	221	29.5
	4分	5 815	41.3	186	43.7	1 005	43.6	844	45.9	300	40.1
	5分	3 849	27.3	114	26.8	515	22.4	468	25.4	205	27.4
餐　　饮	小计	13 990	100.0	424	100.0	2 288	100.0	1 838	100.0	742	100.0
	1分	230	1.6	4	1.0	32	1.5	19	0.9	4	0.5
	2分	963	6.9	24	5.7	159	6.9	115	6.3	52	7.0
	3分	4 345	31.1	129	30.4	799	34.9	536	29.2	235	31.7
	4分	5 425	38.8	163	38.4	876	38.3	795	43.3	287	38.7
	5分	3 027	21.6	104	24.5	422	18.4	373	20.3	164	22.1
交　　通	小计	13 701	100.0	422	100.0	2 241	100.0	1 812	100.0	726	100.0
	1分	772	5.7	30	7.0	122	5.6	82	4.6	36	5.0
	2分	2 146	15.7	54	12.8	391	17.4	263	14.5	116	16.0
	3分	4 674	34.1	137	32.5	886	39.5	582	32.1	267	36.8
	4分	3 925	28.6	137	32.5	608	27.1	626	34.5	176	24.2
	5分	2 184	15.9	64	15.2	234	10.4	259	14.3	131	18.0
娱　　乐	小计	11 665	100.0	367	100.0	1 851	100.0	1 600	100.0	645	100.0
	1分	507	4.4	17	4.6	74	4.0	60	3.8	21	3.3
	2分	1 205	10.3	27	7.4	222	12.0	133	8.3	51	7.9
	3分	4 217	36.2	127	34.6	711	38.4	558	34.9	275	42.6
	4分	3 656	31.3	137	37.3	595	32.1	578	36.1	175	27.1
	5分	2 080	17.8	59	16.1	249	13.5	271	16.9	123	19.1

的评价(按职业分组)

商贸人员		服务员推销员		退休人员		家庭妇女		军人		学生		其他	
(人)	(%)	(人)	(%)	(人)	(%)	(人)	(%)	(人)	(%)	(人)	(%)	(人)	(%)
3 911	100.0	523	100.0	1 024	100.0	971	100.0	59	100.0	1 136	100.0	1 149	100.0
33	0.9	4	0.7	7	0.8	14	1.4	1	1.7	16	1.4	7	0.6
137	3.5	21	4.0	22	2.1	30	3.1	3	5.1	52	4.6	38	3.3
1 021	26.1	195	37.3	247	24.1	276	28.4	17	28.8	320	28.2	285	24.8
1 667	42.6	184	35.2	342	33.4	395	40.7	31	52.5	389	34.2	472	41.1
1 053	26.9	119	22.8	406	39.6	256	26.4	7	11.9	359	31.6	347	30.2
3 873	100.0	519	100.0	1 023	100.0	958	100.0	55	100.0	1 128	100.0	1 142	100.0
89	2.3	4	0.8	8	0.7	12	1.3	2	3.6	39	3.4	17	1.5
259	6.7	41	7.9	47	4.6	75	7.8	3	5.5	110	9.8	78	6.8
1 189	30.7	170	32.8	281	27.5	301	31.4	25	45.5	337	29.9	343	30.0
1 511	39.0	212	40.8	372	36.4	394	41.1	17	30.9	362	32.1	436	38.2
825	21.3	92	17.7	315	30.8	176	18.4	8	14.5	280	24.8	268	23.5
3 745	100.0	513	100.0	1 008	100.0	942	100.0	55	100.0	1 109	100.0	1 128	100.0
271	7.2	23	4.4	24	2.3	58	6.1	1	1.8	77	6.9	48	4.2
706	18.9	81	15.8	94	9.3	111	11.8	5	9.1	164	14.8	161	14.3
1 248	33.3	180	35.1	310	30.8	326	34.6	17	30.9	334	30.1	387	34.3
991	26.5	164	32.0	300	29.8	286	30.4	15	27.3	287	25.9	335	29.7
529	14.1	65	12.7	280	27.8	161	17.1	17	30.9	247	22.3	197	17.5
2 955	100.0	485	100.0	881	100.0	816	100.0	47	100.0	1 029	100.0	989	100.0
139	4.7	14	2.9	25	2.8	44	5.5	0	0.0	68	6.6	45	4.5
355	12.0	47	9.7	82	9.3	77	9.4	7	14.8	118	11.5	86	8.7
1 098	37.2	213	43.9	288	32.7	299	36.6	17	36.2	305	29.6	326	33.0
886	30.0	144	29.7	245	27.8	262	32.1	13	27.7	283	27.5	338	34.2
477	16.1	67	13.8	241	27.4	134	16.4	10	21.3	255	24.8	194	19.6

7-8(续)

		调查人数		政府工作人员		专业技术人员		职员		技工人	
		(人)	(%)	(人)	(%)	(人)	(%)	(人)	(%)	(人)	(%)
购物	小计	11 401	100.0	364	100.0	1 788	100.0	1 589	100.0	634	100.0
	1分	280	2.4	4	1.1	40	2.2	31	2.0	12	1.9
	2分	1 048	9.2	26	7.1	157	8.8	127	8.0	57	9.0
	3分	3 782	33.2	114	31.3	620	34.7	552	34.7	184	29.0
	4分	3 899	34.2	152	41.8	694	38.8	587	36.9	225	35.5
	5分	2 392	21.0	68	18.7	277	15.5	292	18.4	156	24.6
导游服务	小计	9 853	100.0	335	100.0	1 462	100.0	1 445	100.0	551	100.0
	1分	294	3.0	8	2.3	40	2.7	28	2.0	13	2.4
	2分	832	8.4	27	8.1	121	8.3	93	6.4	51	9.3
	3分	2 901	29.4	83	24.8	494	33.8	446	30.9	176	31.9
	4分	3 269	33.2	134	40.0	506	34.6	505	34.9	167	30.3
	5分	2 557	26.0	83	24.8	301	20.6	373	25.8	144	26.1
邮电通讯	小计	9 349	100.0	326	100.0	1 382	100.0	1 384	100.0	528	100.0
	1分	353	3.7	16	5.0	49	3.5	34	2.3	20	3.8
	2分	882	9.4	35	10.7	178	12.9	99	7.2	37	7.0
	3分	3 157	33.8	110	33.7	501	36.3	488	35.3	167	31.6
	4分	2 941	31.5	103	31.6	445	32.2	495	35.8	164	31.1
	5分	2 016	21.6	62	19.0	209	15.1	268	19.4	140	26.5

商贸人员		服务员推销员		退休人员		家庭妇女		军人		学生		其他	
(人)	(%)	(人)	(%)	(人)	(%)	(人)	(%)	(人)	(%)	(人)	(%)	(人)	(%)
2 833	100.0	481	100.0	872	100.0	805	100.0	47	100.0	1 016	100.0	972	100.0
91	3.2	12	2.5	9	1.1	18	2.1	1	2.1	42	4.2	20	2.1
300	10.6	51	10.6	67	7.7	66	8.2	7	14.9	104	10.2	86	8.8
1 009	35.6	178	37.0	269	30.8	279	34.7	24	51.1	255	25.1	298	30.7
864	30.5	155	32.2	255	29.2	283	35.2	9	19.1	329	32.4	346	35.6
569	20.1	85	17.7	272	31.2	159	19.8	6	12.8	286	28.1	222	22.8
2 281	100.0	446	100.0	830	100.0	732	100.0	44	100.0	856	100.0	871	100.0
97	4.3	17	3.8	13	1.5	17	2.4	1	2.3	38	4.4	22	2.5
236	10.3	41	9.2	48	5.8	64	8.7	7	15.9	82	9.6	62	7.1
705	30.9	154	34.5	181	21.8	201	27.5	9	20.5	190	22.2	262	30.1
767	33.6	141	31.6	257	31.0	263	35.9	21	47.7	238	27.8	270	31.0
476	20.9	93	20.9	331	39.9	187	25.5	6	13.6	308	36.0	255	29.3
2 200	100.0	437	100.0	753	100.0	672	100.0	42	100.0	801	100.0	824	100.0
99	4.5	9	2.1	15	2.0	21	3.2	1	2.3	60	7.5	29	3.5
217	9.9	35	8.0	63	8.4	56	8.3	2	4.8	96	12.0	64	7.8
728	33.1	175	40.0	246	32.7	242	36.0	11	26.2	233	29.1	256	31.1
685	31.1	149	34.1	208	27.6	215	32.0	17	40.5	178	22.2	282	34.2
471	21.4	69	15.8	221	29.3	138	20.5	11	26.2	234	29.2	193	23.4

7－9　2005 年入境游客对旅游服务质量

		调查人数		观光游览		休闲度假		探亲访友	
		(人)	(%)	(人)	(%)	(人)	(%)	(人)	(%)
宾馆饭店	小计	14 089	100.0	4 040	100.0	2 251	100.0	1 600	100.0
	1 分	129	0.9	40	0.9	22	0.9	13	0.7
	2 分	464	3.3	108	2.7	66	2.9	54	3.4
	3 分	3 832	27.2	949	23.5	659	29.3	510	31.9
	4 分	5 815	41.3	1 631	40.4	877	39.0	745	46.6
	5 分	3 849	27.3	1 312	32.5	627	27.9	278	17.4
餐　　饮	小计	13 990	100.0	4 025	100.0	2 239	100.0	1 593	100.0
	1 分	230	1.6	66	1.6	31	1.4	13	0.7
	2 分	963	6.9	258	6.4	162	7.2	103	6.5
	3 分	4 345	31.1	1 154	28.7	660	29.5	543	34.1
	4 分	5 425	38.8	1 540	38.3	892	39.8	686	43.1
	5 分	3 027	21.6	1 007	25.0	494	22.1	248	15.6
交　　通	小计	13 701	100.0	3 981	100.0	2 206	100.0	1 577	100.0
	1 分	772	5.7	179	4.5	100	4.6	65	4.1
	2 分	2 146	15.7	489	12.3	349	15.8	217	13.8
	3 分	4 674	34.1	1 186	29.8	744	33.7	600	38.0
	4 分	3 925	28.6	1 298	32.6	691	31.3	500	31.7
	5 分	2 184	15.9	829	20.8	322	14.6	195	12.4
娱　　乐	小计	11 665	100.0	3 446	100.0	2 009	100.0	1 415	100.0
	1 分	507	4.4	171	5.0	55	2.7	36	2.5
	2 分	1 205	10.3	330	9.6	174	8.7	96	6.8
	3 分	4 217	36.2	1 056	30.6	733	36.5	610	43.1
	4 分	3 656	31.3	1 102	32.0	692	34.4	485	34.3
	5 分	2 080	17.8	787	22.8	355	17.7	188	13.3

的评价(按旅游目的分组)

商务		会议		宗教朝拜		文化/体育/科技交流		其他	
(人)	(%)	(人)	(%)	(人)	(%)	(人)	(%)	(人)	(%)
4 460	100.0	477	100.0	49	100.0	340	100.0	872	100.0
41	0.9	1	0.3	0	0.0	2	0.6	10	1.1
164	3.7	20	4.2	3	6.2	24	7.1	25	2.9
1 226	27.5	116	24.3	13	26.5	88	25.9	271	31.1
1 886	42.3	222	46.5	18	36.7	128	37.6	308	35.3
1 143	25.6	118	24.7	15	30.6	98	28.8	258	29.6
4 411	100.0	474	100.0	48	100.0	333	100.0	867	100.0
97	2.2	4	0.8	1	2.0	3	1.0	15	1.7
316	7.2	32	6.8	3	6.3	26	7.8	63	7.3
1 435	32.5	159	33.5	22	45.8	110	33.0	262	30.2
1 672	37.9	197	41.6	13	27.1	121	36.3	304	35.1
891	20.2	82	17.3	9	18.8	73	21.9	223	25.7
4 250	100.0	459	100.0	48	100.0	329	100.0	851	100.0
335	7.9	30	6.5	3	6.2	17	5.2	43	5.0
835	19.6	80	17.4	6	12.5	50	15.2	120	14.1
1 520	35.8	171	37.3	17	35.4	136	41.3	300	35.3
982	23.1	127	27.7	19	39.6	98	29.8	210	24.7
578	13.6	51	11.1	3	6.3	28	8.5	178	20.9
3 310	100.0	370	100.0	46	100.0	291	100.0	778	100.0
175	5.3	22	6.0	4	8.8	13	4.5	31	3.9
424	12.8	46	12.4	8	17.4	39	13.4	88	11.3
1 299	39.2	150	40.5	14	30.4	97	33.3	258	33.2
939	28.4	109	29.5	10	21.7	102	35.1	217	27.9
473	14.3	43	11.6	10	21.7	40	13.7	184	23.7

7－9(续)

		调查人数		观光游览		休闲度假		探亲访友	
		(人)	(%)	(人)	(%)	(人)	(%)	(人)	(%)
购　　物	小计	11 401	100.0	3 412	100.0	1 976	100.0	1 393	100.0
	1分	280	2.4	92	2.7	32	1.6	18	1.3
	2分	1 048	9.2	305	8.9	182	9.2	96	6.9
	3分	3 782	33.2	981	28.8	608	30.8	582	41.8
	4分	3 899	34.2	1 266	37.1	736	37.2	468	33.6
	5分	2 392	21.0	768	22.5	418	21.2	229	16.4
导游服务	小计	9 853	100.0	3 164	100.0	1 779	100.0	1 236	100.0
	1分	294	3.0	58	1.9	40	2.2	19	1.6
	2分	832	8.4	150	4.7	160	9.0	92	7.4
	3分	2 901	29.4	636	20.1	505	28.4	566	45.8
	4分	3 269	33.2	1 171	37.0	613	34.5	377	30.5
	5分	2 557	26.0	1 149	36.3	461	25.9	182	14.7
邮电通讯	小计	9 349	100.0	2 857	100.0	1 691	100.0	1 222	100.0
	1分	353	3.7	111	3.9	57	3.5	28	2.3
	2分	882	9.4	254	8.9	181	10.7	79	6.5
	3分	3 157	33.8	788	27.6	589	34.8	545	44.6
	4分	2 941	31.5	946	33.1	525	31.0	400	32.7
	5分	2 016	21.6	758	26.5	339	20.0	170	13.9

商务		会议		宗教朝拜		文化/体育/科技交流		其他	
(人)	(%)	(人)	(%)	(人)	(%)	(人)	(%)	(人)	(%)
152	100.0	364	100.0	46	100.0	286	100.0	772	100.0
107	3.4	7	1.9	5	10.9	5	1.8	14	1.9
334	10.6	44	12.1	6	13.0	22	7.7	59	7.6
1 164	36.9	149	40.9	8	17.4	89	31.1	201	26.0
935	29.7	107	29.4	19	41.3	121	42.3	247	32.0
612	19.4	57	15.7	8	17.4	49	17.1	251	32.5
2 401	100.0	300	100.0	43	100.0	258	100.0	672	100.0
121	5.0	12	4.0	5	11.6	6	2.3	33	4.9
284	11.8	46	15.3	6	14.0	17	6.6	77	11.5
820	34.2	86	28.7	14	32.6	67	26.0	207	30.8
736	30.7	100	33.3	14	32.6	86	33.3	172	25.6
440	18.3	56	18.7	4	9.2	82	31.8	183	27.2
2 333	100.0	290	100.0	42	100.0	255	100.0	659	100.0
116	5.0	12	4.0	5	11.9	4	1.7	20	3.1
247	10.6	28	9.7	10	23.8	35	13.7	48	7.3
798	34.2	109	37.6	8	19.0	109	42.7	211	32.0
698	29.9	104	35.9	13	31.0	73	28.6	182	27.6
474	20.3	37	12.8	6	14.3	34	13.3	198	30.0

7－10　2005 年入境旅游者对各省(区、市)

	宾馆饭店						餐饮					
	小计	5分	4分	3分	2分	1分	小计	5分	4分	3分	2分	1分
北　京	100	63.9	30.6	4.5	0.6	0.4	100	48.7	37.3	11.5	1.8	0.7
天　津	100	36.4	51.4	11.5	0.7	0.0	100	22.6	53.1	21.8	2.5	0.0
河　北	100	36.9	46.6	14.7	1.7	0.1	100	21.1	51.0	23.1	4.2	0.6
山　西	100	38.0	34.1	23.3	4.5	0.1	100	30.6	36.5	24.0	8.5	0.4
内蒙古	100	46.0	41.2	11.6	0.8	0.4	100	34.4	45.5	18.7	1.4	0.0
辽　宁	100	60.9	32.4	5.9	0.5	0.3	100	37.1	42.9	16.7	2.6	0.7
吉　林	100	37.5	47.7	14.8	0.0	0.0	100	24.8	47.7	22.6	4.9	0.0
黑龙江	100	32.1	44.7	22.3	0.9	0.0	100	22.8	44.3	26.8	6.1	0.0
上　海	100	40.4	43.6	14.5	1.3	0.2	100	24.2	49.2	22.4	3.3	0.9
江　苏	100	56.4	38.5	5.1	0.0	0.0	100	37.4	47.7	12.7	1.9	0.3
浙　江	100	48.4	40.5	10.4	0.7	0.0	100	29.9	46.8	19.5	2.8	1.0
安　徽	100	33.4	44.6	17.8	3.4	0.8	100	21.9	41.8	28.3	6.6	1.4
福　建	100	42.3	39.4	16.0	2.2	0.1	100	25.7	40.3	26.9	6.4	0.7
江　西	100	39.6	48.4	11.2	0.8	0.0	100	30.5	48.7	18.4	1.9	0.5
山　东	100	43.4	41.3	14.2	0.9	0.2	100	28.3	41.0	26.9	3.0	0.8
河　南	100	30.1	48.9	18.8	2.0	0.2	100	24.7	44.1	27.3	3.9	0.0
湖　北	100	43.2	39.4	15.6	1.1	0.7	100	30.1	39.6	23.5	5.1	1.7
湖　南	100	48.6	35.6	14.0	1.7	0.1	100	32.4	43.2	21.7	2.5	0.2
广　东	100	35.5	45.9	15.0	2.2	1.4	100	24.7	45.0	24.5	4.6	1.2
广　西	100	36.5	34.0	23.5	5.9	0.1	100	21.9	37.7	30.2	8.9	1.3
海　南	100	46.9	44.5	7.3	0.9	0.4	100	23.3	50.5	21.3	4.2	0.7
重　庆	100	53.3	40.2	5.8	0.5	0.2	100	39.0	42.7	15.3	2.2	0.8
四　川	100	44.0	43.5	10.7	1.5	0.3	100	28.7	46.3	19.3	4.4	1.3
贵　州	100	33.7	44.0	14.6	5.3	2.4	100	21.0	34.4	31.6	10.8	2.2
云　南	100	39.0	45.5	14.1	1.0	0.4	100	19.8	46.9	27.8	4.3	1.2
西　藏	100	13.6	68.8	16.1	1.5	0.0	100	17.1	64.3	18.1	0.5	0.0
陕　西	100	43.7	42.8	11.2	1.7	0.6	100	28.0	43.4	23.4	4.2	1.0
甘　肃	100	25.2	39.6	24.5	9.4	1.3	100	15.6	39.7	31.8	11.3	1.6
青　海	100	24.5	38.6	33.3	3.6	0.0	100	16.9	30.6	41.9	10.1	0.5
宁　夏	100	10.0	74.7	14.7	0.6	0.0	100	6.7	69.3	19.3	4.7	0.0
新　疆	100	40.3	50.2	9.1	0.3	0.1	100	29.0	40.1	26.0	4.9	0.0

旅游服务质量的评价

单位：%

交通						娱乐					
小计	5分	4分	3分	2分	1分	小计	5分	4分	3分	2分	1分
100	23.9	37.0	27.6	7.9	3.6	100	36.3	37.7	17.9	5.2	2.9
100	9.0	39.0	37.3	11.7	3.0	100	11.1	34.1	37.3	13.8	3.7
100	15.9	36.4	35.5	9.9	2.3	100	11.2	32.1	35.0	17.7	4.0
100	18.4	30.4	36.8	12.0	2.4	100	17.1	32.3	34.1	12.6	3.9
100	27.2	34.8	35.4	2.2	0.4	100	23.2	28.7	45.9	2.0	0.2
100	27.9	39.0	22.7	8.7	1.7	100	27.2	34.4	28.6	8.1	1.7
100	1.2	22.6	47.7	21.4	7.1	100	6.1	27.6	42.2	21.0	3.1
100	16.2	34.1	33.9	13.0	2.8	100	18.5	26.6	33.9	18.8	2.2
100	12.4	34.4	38.1	11.3	3.8	100	19.3	41.9	30.4	5.9	2.5
100	20.3	51.9	24.0	3.2	0.6	100	23.0	47.8	20.8	6.6	1.8
100	15.4	34.0	34.5	12.3	3.8	100	17.3	33.9	32.7	12.3	3.8
100	11.8	32.3	40.9	11.8	3.2	100	9.1	17.9	37.0	23.8	12.2
100	15.1	30.1	35.6	14.6	4.6	100	18.0	27.1	35.9	15.0	4.0
100	24.6	46.4	24.9	3.2	0.9	100	14.4	43.1	32.3	8.2	2.0
100	17.6	32.8	37.0	11.1	1.5	100	15.0	25.3	47.1	9.6	3.0
100	18.5	34.5	34.3	10.9	1.8	100	18.0	26.0	40.6	9.3	6.1
100	18.3	30.2	33.6	13.8	4.1	100	14.7	21.9	44.2	13.4	5.8
100	13.9	40.0	32.9	12.2	1.0	100	17.4	40.6	31.8	9.2	1.0
100	16.7	34.2	33.8	11.8	3.5	100	18.2	35.8	33.0	10.3	2.7
100	14.2	29.4	38.7	12.1	5.6	100	10.3	21.0	42.0	16.9	9.8
100	13.0	34.1	34.9	12.6	5.4	100	15.9	32.9	32.0	13.1	6.1
100	22.3	32.2	28.7	12.8	4.0	100	26.8	34.8	26.3	9.5	2.6
100	14.0	43.0	30.3	9.5	3.2	100	13.3	36.1	29.9	14.0	6.7
100	13.5	30.2	39.0	12.4	4.9	100	7.6	23.5	45.7	15.0	8.2
100	7.2	26.5	41.8	15.5	9.0	100	11.5	29.8	39.9	14.8	4.0
100	3.0	30.7	54.8	9.5	2.0	100	2.5	21.6	52.8	20.6	2.5
100	19.6	37.0	32.0	8.4	3.0	100	17.8	32.2	35.4	11.9	2.7
100	10.5	28.4	40.1	12.9	8.1	100	9.5	22.3	34.0	14.6	19.6
100	10.1	26.2	44.4	16.1	3.2	100	7.3	14.1	44.8	27.4	6.4
100	0.7	56.3	34.1	7.4	1.5	100	0.9	30.7	50.9	14.9	2.6
100	24.4	32.8	28.8	12.1	1.9	100	20.8	24.7	39.3	12.7	2.5

7－10(续)

	购物					
	小计	5分	4分	3分	2分	1分
北京	100	45.6	38.8	12.0	2.8	0.8
天津	100	16.5	42.9	32.4	6.9	1.3
河北	100	14.8	39.3	34.1	9.4	2.4
山西	100	21.2	37.1	29.6	10.4	1.7
内蒙古	100	17.4	29.1	51.3	2.0	0.2
辽宁	100	32.6	35.3	24.4	6.1	1.6
吉林	100	11.7	31.5	45.6	11.2	0.0
黑龙江	100	22.2	35.9	33.8	7.3	0.8
上海	100	28.1	44.3	22.8	3.9	0.9
江苏	100	29.9	44.4	22.2	2.4	1.1
浙江	100	23.5	43.0	25.7	5.9	1.9
安徽	100	12.8	29.9	38.4	13.4	5.5
福建	100	19.7	30.4	38.1	9.6	2.2
江西	100	23.7	51.8	21.2	3.1	0.2
山东	100	18.5	33.6	39.3	7.5	1.1
河南	100	15.5	39.2	34.8	8.5	2.0
湖北	100	20.2	33.4	34.9	9.0	2.5
湖南	100	20.4	41.5	30.8	6.6	0.7
广东	100	21.4	39.2	29.4	7.9	2.1
广西	100	11.6	28.0	41.1	14.3	5.0
海南	100	16.5	40.3	30.2	9.3	3.7
重庆	100	27.0	44.2	21.1	6.2	1.5
四川	100	17.7	42.7	28.4	8.4	2.8
贵州	100	10.1	31.0	37.3	17.4	4.2
云南	100	15.5	39.1	33.6	9.5	2.3
西藏	100	5.0	27.1	61.8	5.5	0.6
陕西	100	15.8	44.3	31.4	6.3	2.2
甘肃	100	14.3	26.5	31.3	19.0	8.9
青海	100	12.5	22.2	45.6	16.9	2.8
宁夏	100	0.8	66.1	26.8	3.6	2.7
新疆	100	24.1	42.3	23.7	9.9	0.0

单位:%

导游服务						邮电通讯					
小计	5分	4分	3分	2分	1分	小计	5分	4分	3分	2分	1分
100	40.6	39.9	13.2	3.2	3.1	100	42.7	36.5	14.9	3.8	2.1
100	19.7	41.5	27.5	9.2	2.1	100	13.7	36.0	36.0	10.8	3.5
100	16.8	39.5	29.6	11.1	3.0	100	17.2	33.6	33.9	12.7	2.6
100	31.3	29.8	29.1	8.8	1.0	100	22.3	32.9	32.1	9.2	3.5
100	19.1	27.6	50.8	2.2	0.3	100	19.5	27.5	49.6	2.5	0.9
100	28.8	36.4	24.4	7.6	2.8	100	31.1	34.6	24.1	7.2	3.0
100	6.6	10.8	69.5	11.1	2.0	100	3.0	19.7	60.1	16.0	1.2
100	28.0	31.5	30.3	9.1	1.1	100	23.4	31.5	29.7	13.9	1.5
100	16.9	38.0	32.4	9.0	3.7	100	18.9	38.3	30.3	7.8	4.7
100	24.9	46.9	19.5	7.8	0.9	100	27.4	43.8	23.2	3.9	1.7
100	19.4	44.1	25.4	7.7	3.4	100	21.7	40.5	24.2	8.8	4.8
100	38.7	31.8	20.9	5.9	2.7	100	18.5	32.5	33.9	11.1	4.0
100	25	24.7	34.1	11.7	4.5	100	19.5	32.4	30.3	13.3	4.5
100	35.9	43.7	18.0	2.4	0.0	100	22.6	51.2	18.7	5.8	1.7
100	14.3	32.1	43.2	8.6	1.8	100	21.1	27.6	40.4	8.3	2.6
100	29.1	36.1	31.0	3.3	0.5	100	16.9	27.7	42.5	7.3	5.6
100	24.1	29.0	32.0	10.3	4.6	100	15.8	28.0	46.2	7.0	3.0
100	23.7	48.0	20.0	7.1	1.2	100	17.3	42.5	29.2	10.1	0.9
100	18.6	33.7	33.9	10.2	3.6	100	21.0	33.9	33.8	8.9	2.4
100	13.8	25.5	42.8	14.2	3.7	100	12.3	22.3	43.3	18.5	3.6
100	17.4	35.6	26.2	14.4	6.4	100	15.0	33.9	31.6	12.4	7.1
100	33.9	33.6	19.2	8.1	5.2	100	26.5	36.9	23.5	10.5	2.6
100	20.6	41.7	26.8	7.8	3.1	100	16.5	39.1	25.9	13.7	4.8
100	21.1	30.6	28.1	12.9	7.3	100	18.3	27.6	35.4	9.7	9.0
100	19.9	32.6	29.4	14.0	4.1	100	11.2	41.3	30.3	12.8	4.4
100	1.5	28.6	58.3	10.6	1.0	100	31.7	37.2	26.1	4.5	0.5
100	34.4	41.2	19.9	3.1	1.4	100	18.2	31.4	38.1	7.8	4.5
100	22.7	33.0	30.1	10.2	4.0	100	12.5	23.2	38.1	16.2	10.0
100	14.9	21.8	41.5	19.4	2.4	100	10.5	21.9	42.5	18.2	6.9
100	1.0	78.8	16.2	2.0	2.0	100	0.0	76.3	18.6	3.1	2.0
100	25.4	41.3	26.8	6.5	0.0	100	30.4	34.4	26.2	7.4	1.6

八

入境游客对旅游接待设施的评价

8－1 2005年入境游客对旅游接待设施

		调查人数		外国人	
		（人）	（%）	（人）	（%）
宾馆饭店	小计	14 068	100.0	8 825	100.0
	1分	129	0.8	93	1.2
	2分	529	3.8	339	3.8
	3分	3 821	27.2	2 007	22.7
	4分	5 805	41.3	3 499	39.6
	5分	3 784	26.9	2 887	32.7
餐　　饮	小计	13 900	100.0	8 707	100.0
	1分	229	1.6	174	1.9
	2分	983	7.1	589	6.8
	3分	4 491	32.3	2 428	27.9
	4分	5 311	38.2	3 270	37.6
	5分	2 886	20.8	2 246	25.8
交　　通	小计	13 509	100.0	8 438	100.0
	1分	689	5.1	460	5.5
	2分	2 164	16.0	1 228	14.6
	3分	4 677	34.6	2 720	32.2
	4分	3 783	28.0	2 382	28.2
	5分	2 196	16.3	1 648	19.5

的评价（按外国人、港澳台胞分组）

香港同胞		澳门同胞		台湾同胞	
（人）	（%）	（人）	（%）	（人）	（%）
3 460	100.0	486	100.0	1 297	100.0
18	0.5	10	2.0	8	0.5
115	3.3	18	3.7	57	4.4
1 237	35.8	200	41.2	377	29.1
1 560	45.1	150	30.9	596	46.0
530	15.3	108	22.2	259	20.0
3 432	100.0	479	100.0	1 282	100.0
20	0.6	8	1.6	27	2.1
229	6.7	42	8.8	123	9.6
1 318	38.4	189	39.5	556	43.4
1 452	42.3	159	33.2	430	33.5
413	12.0	81	16.9	146	11.4
3 361	100.0	462	100.0	1 248	100.0
127	3.7	18	3.9	84	6.7
607	18.1	81	17.5	248	19.9
1 284	38.2	180	39.0	493	39.5
990	29.5	106	22.9	305	24.4
353	10.5	77	16.7	118	9.5

8-1(续)

		调查人数		外国人	
		(人)	(%)	(人)	(%)
娱　　乐	小计	11 539	100.0	7 068	100.0
	1分	448	3.9	325	4.6
	2分	1 243	10.8	783	11.1
	3分	4 306	37.3	2 376	33.6
	4分	3 613	31.3	2 164	30.6
	5分	1 929	16.7	1 420	20.1
购　　物	小计	11 280	100.0	6 896	100.0
	1分	266	2.3	176	2.5
	2分	1 013	9.0	592	8.6
	3分	3 657	32.4	2 055	29.8
	4分	4 013	35.6	2 362	34.3
	5分	2331	20.7	1 711	24.8
游览/参观点	小计	10 665	100.0	6 461	100.0
	1分	261	2.5	181	2.8
	2分	1 044	9.8	654	10.1
	3分	3 554	33.3	1 874	29.0
	4分	3 594	33.7	2 079	32.2
	5分	2 212	20.7	1 673	25.9
旅游区(点)厕所	小计	10 434	100.0	6 293	100.0
	1分	2 050	19.6	1 301	20.7
	2分	2 199	21.1	1 300	20.7
	3分	2 921	28.0	1 607	25.5
	4分	2 138	20.5	1 194	19.0
	5分	1 126	10.8	891	14.1

香港同胞		澳门同胞		台湾同胞	
（人）	（%）	（人）	（%）	（人）	（%）
3 056	100.0	404	100.0	1 011	100.0
62	2.0	10	2.5	51	5.0
248	8.1	44	10.9	168	16.6
1 373	44.9	149	36.9	408	40.4
1 047	34.3	133	32.9	269	26.6
326	10.7	68	16.8	115	11.4
3 010	100.0	401	100.0	973	100.0
36	1.1	13	3.3	41	4.2
276	9.2	17	4.2	128	13.2
1 092	36.3	134	33.4	376	38.6
1 189	39.5	145	36.2	317	32.6
417	13.9	92	22.9	111	11.4
2 925	100.0	378	100.0	901	100.0
35	1.2	15	3.9	30	3.4
240	8.2	38	10.1	112	12.4
1 184	40.5	156	41.3	340	37.7
1 107	37.8	118	31.2	290	32.2
359	12.3	51	13.5	129	14.3
2 891	100.0	373	100.0	877	100.0
386	13.4	88	23.6	275	31.4
587	20.3	89	23.9	223	25.4
979	33.9	108	29.0	227	25.9
772	26.7	57	15.3	115	13.1
167	5.7	31	8.2	37	4.2

		调查人数		男　　性		女　　性	
		（人）	（%）	（人）	（%）	（人）	（%）
宾馆饭店	小计	14 068	100.0	8 647	100.0	5 421	100.0
	1分	129	0.8	72	0.8	57	0.9
	2分	529	3.8	325	3.8	204	3.8
	3分	3 821	27.2	2 414	27.9	1 407	26.0
	4分	5 805	41.3	3 639	42.1	2 166	40.0
	5分	3 784	26.9	2 197	25.4	1 587	29.3
餐　　饮	小计	13 900	100.0	8 540	100.0	5 360	100.0
	1分	229	1.6	154	1.7	75	1.4
	2分	983	7.1	597	7.0	386	7.2
	3分	4 491	32.3	2 801	32.8	1 690	31.5
	4分	5 311	38.2	3 344	39.2	1 967	36.7
	5分	2 886	20.8	1 644	19.3	1 242	23.2
交　　通	小计	13 509	100.0	8 289	100.0	5 220	100.0
	1分	689	5.1	471	5.6	218	4.1
	2分	2 164	16.0	1 441	17.4	723	13.9
	3分	4 677	34.6	2 926	35.3	1 751	33.5
	4分	3 783	28.0	2 234	27.0	1 549	29.7
	5分	2 196	16.3	1 217	14.7	979	18.8

接待设施的评价(按性别、年龄分组)

14岁及以下		15～24岁		25～44岁		45～64岁		65岁及以上	
(人)	(%)	(人)	(%)	(人)	(%)	(人)	(%)	(人)	(%)
117	100.0	1 518	100.0	7 097	100.0	4 624	100.0	712	100.0
1	0.8	20	1.3	61	0.8	42	0.9	5	0.7
6	5.1	70	4.6	240	3.4	189	4.1	24	3.4
34	29.1	423	27.9	1 992	28.1	1 240	26.8	132	18.5
44	37.6	541	35.6	3 024	42.6	1 938	41.9	258	36.2
32	27.4	464	30.6	1 780	25.1	1 215	26.3	293	41.2
117	100.0	1 502	100.0	7 016	100.0	4 566	100.0	699	100.0
2	1.7	43	2.9	119	1.7	53	1.1	12	1.6
12	10.3	147	9.8	496	7.1	279	6.1	49	7.0
28	23.9	461	30.7	2 339	33.3	1 506	33.0	157	22.5
47	40.2	508	33.8	2 680	38.2	1 803	39.5	273	39.1
28	23.9	343	22.8	1 382	19.7	925	20.3	208	29.8
113	100.0	1 473	100.0	6 869	100.0	4 382	100.0	672	100.0
7	6.2	93	6.3	348	5.0	226	5.2	15	2.3
18	15.9	217	14.7	1 133	16.5	712	16.2	84	12.5
40	35.4	481	32.7	2 460	35.8	1 509	34.4	187	27.8
32	28.3	396	26.9	1 894	27.6	1 252	28.6	209	31.1
16	14.2	286	19.4	1 034	15.1	683	15.6	177	26.3

8－2(续)

		调查人数		男性		女性	
		(人)	(%)	(人)	(%)	(人)	(%)
娱乐	小计	11 539	100.0	6 937	100.0	4 602	100.0
	1分	448	3.9	270	3.9	178	3.8
	2分	1 243	10.8	794	11.4	449	9.8
	3分	4 306	37.3	2 655	38.3	1 651	35.9
	4分	3 613	31.3	2 165	31.2	1 448	31.5
	5分	1 929	16.7	1 053	15.2	876	19.0
购物	小计	11 280	100.0	6 734	100.0	4 546	100.0
	1分	266	2.3	171	2.6	95	2.1
	2分	1 013	9.0	636	9.4	377	8.3
	3分	3 657	32.4	2 299	34.1	1 358	29.9
	4分	4 013	35.6	2 356	35.0	1 657	36.4
	5分	2 331	20.7	1 272	18.9	1 059	23.3
游览/参观点	小计	10 665	100.0	6 284	100.0	4 381	100.0
	1分	261	2.5	161	2.6	100	2.2
	2分	1 044	9.8	660	10.5	384	8.8
	3分	3 554	33.3	2 180	34.7	1 374	31.4
	4分	3 594	33.7	2 058	32.7	1 536	35.1
	5分	2 212	20.7	1 225	19.5	987	22.5
旅游区(点)厕所	小计	10 434	100.0	6 134	100.0	4 300	100.0
	1分	2 050	19.6	1 210	19.7	840	19.5
	2分	2 199	21.1	1 361	22.2	838	19.5
	3分	2 921	28.0	1 728	28.2	1 193	27.7
	4分	2 138	20.5	1 223	19.9	915	21.3
	5分	1 126	10.8	612	10.0	514	12.0

14 岁及以下		15～24 岁		25～44 岁		45～64 岁		65 岁及以上	
（人）	（%）	（人）	（%）	（人）	（%）	（人）	（%）	（人）	（%）
99	100.0	1 379	100.0	6 030	100.0	3 511	100.0	520	100.0
4	4.1	72	5.3	202	3.3	151	4.2	19	3.7
13	13.1	168	12.2	615	10.2	388	11.1	59	11.3
33	33.3	457	33.1	2 317	38.4	1 330	37.9	169	32.5
29	29.3	385	27.9	1 957	32.5	1 092	31.1	150	28.8
20	20.2	297	21.5	939	15.6	550	15.7	123	23.7
98	100.0	1 362	100.0	5 905	100.0	3 409	100.0	506	100.0
1	1.0	37	2.6	125	2.2	93	2.8	10	1.9
8	8.2	126	9.3	516	8.7	327	9.6	36	7.1
20	20.4	378	27.8	1 984	33.6	1 129	33.1	146	28.9
39	39.8	483	35.5	2 105	35.6	1 201	35.2	185	36.6
30	30.6	338	24.8	1 175	19.9	659	19.3	129	25.5
96	100.0	1 312	100.0	5 594	100.0	3 180	100.0	483	100.0
1	1.0	47	3.5	119	2.2	86	2.7	8	1.7
11	11.5	133	10.1	555	9.9	315	9.9	30	6.2
32	33.3	346	26.4	2 059	36.8	998	31.4	119	24.6
29	30.2	456	34.8	1 854	33.1	1 094	34.4	161	33.3
23	24.0	330	25.2	1 007	18.0	687	21.6	165	34.2
93	100.0	1 286	100.0	5 478	100.0	3 106	100.0	471	100.0
21	22.6	270	21.0	1 042	19.0	646	20.8	71	15.0
15	16.1	300	23.3	1 149	21.0	625	20.1	110	23.4
33	35.5	299	23.3	1 590	29.0	877	28.2	122	25.9
15	16.1	234	18.2	1 157	21.1	642	20.7	90	19.1
9	9.7	183	14.2	540	9.9	316	10.2	78	16.6

8－3　2005年入境游客对旅游

		调查人数		政府工作人员		专业技术人员		职员		技工工人	
		（人）	（%）	（人）	（%）	（人）	（%）	（人）	（%）	（人）	（%）
宾馆饭店	小计	14 068	100.0	426	100.0	2 301	100.0	1 845	100.0	737	100.0
	1分	129	0.8	5	1.2	14	0.6	14	0.7	3	0.4
	2分	529	3.8	12	2.8	83	3.6	45	2.4	28	3.8
	3分	3 821	27.2	112	26.3	655	28.5	496	26.9	210	28.5
	4分	5 805	41.3	198	46.5	1 013	44.0	789	42.8	299	40.6
	5分	3 784	26.9	99	23.2	536	23.3	501	27.2	197	26.7
餐　　饮	小计	13 900	100.0	420	100.0	2 276	100.0	1 831	100.0	722	100.0
	1分	229	1.6	3	0.8	30	1.3	18	1.0	6	0.9
	2分	983	7.1	31	7.4	167	7.3	117	6.4	58	8.0
	3分	4 491	32.3	114	27.1	803	35.3	561	30.6	231	32.0
	4分	5 311	38.2	177	42.1	890	39.1	738	40.3	270	37.4
	5分	2 886	20.8	95	22.6	386	17.0	397	21.7	157	21.7
交　　通	小计	13 509	100.0	413	100.0	2 212	100.0	1 792	100.0	710	100.0
	1分	689	5.1	28	6.9	103	4.7	69	3.8	31	4.3
	2分	2 164	16.0	52	12.6	430	19.4	266	14.8	107	15.1
	3分	4 677	34.6	141	34.1	856	38.7	569	31.8	270	38.0
	4分	3 783	28.0	134	32.4	564	25.5	587	32.8	173	24.4
	5分	2 196	16.3	58	14.0	259	11.7	301	16.8	129	18.2

接待设施的评价(按职业分组)

商贸人员		服务员推销员		退休人员		家庭妇女		军人		学生		其他	
(人)	(%)	(人)	(%)	(人)	(%)	(人)	(%)	(人)	(%)	(人)	(%)	(人)	(%)
3 898	100.0	527	100.0	1 031	100.0	974	100.0	54	100.0	1 135	100.0	1 140	100.0
37	1.0	3	0.6	6	0.6	13	1.4	1	1.8	19	1.6	14	1.3
172	4.4	19	3.6	30	2.9	37	3.8	2	3.7	62	5.5	39	3.4
1 045	26.8	176	33.4	248	24.1	259	26.6	17	31.5	321	28.3	282	24.7
1 662	42.6	210	39.8	358	34.7	391	40.1	25	46.3	390	34.4	470	41.2
982	25.2	119	22.6	389	37.7	274	28.1	9	16.7	343	30.2	335	29.4
3 838	100.0	523	100.0	1 024	100.0	959	100.0	54	100.0	1 123	100.0	1 130	100.0
81	2.1	7	1.4	9	0.8	14	1.6	1	1.9	43	3.8	17	1.6
257	6.7	32	6.1	57	5.6	57	5.9	1	1.8	123	11.0	83	7.3
1 281	33.4	189	36.1	267	26.1	334	34.8	15	27.8	326	29.0	370	32.7
1 519	39.6	198	37.9	379	37.0	359	37.4	27	50.0	356	31.7	398	35.2
700	18.2	97	18.5	312	30.5	195	20.3	10	18.5	275	24.5	262	23.2
3 689	100.0	517	100.0	998	100.0	934	100.0	50	100.0	1099	100.0	1095	100.0
243	6.5	26	5.1	25	2.4	38	4.1	3	6.0	80	7.2	43	4.0
670	18.2	89	17.2	99	9.9	116	12.4	5	10.0	181	16.5	149	13.6
1 297	35.2	179	34.6	279	28.0	341	36.5	20	40.0	336	30.6	389	35.5
976	26.5	152	29.4	330	33.1	275	29.4	17	34.0	269	24.5	306	27.9
503	13.6	71	13.7	265	26.6	164	17.6	5	10.0	233	21.2	208	19.0

8-3(续)

		调查人数		政府工作人员		专业技术人员		职员		技工人	
		(人)	(%)	(人)	(%)	(人)	(%)	(人)	(%)	(人)	(%)
娱乐	小计	11 539	100.0	357	100.0	1 816	100.0	1 584	100.0	637	100.0
	1分	448	3.9	8	2.2	53	3.0	60	3.7	17	2.6
	2分	1 243	10.8	37	10.4	231	12.7	131	8.3	56	8.8
	3分	4 306	37.3	143	40.1	738	40.6	569	35.9	268	42.1
	4分	3 613	31.3	114	31.9	574	31.6	568	35.9	184	28.9
	5分	1 929	16.7	55	15.4	220	12.1	256	16.2	112	17.6
购物	小计	11 280	100.0	355	100.0	1 766	100.0	1 564	100.0	627	100.0
	1分	266	2.3	4	1.2	42	2.4	37	2.4	11	1.7
	2分	1 013	9.0	29	8.2	166	9.4	106	6.8	59	9.4
	3分	3 657	32.4	108	30.4	623	35.3	498	31.8	186	29.7
	4分	4 013	35.6	140	39.4	652	36.9	598	38.2	225	35.9
	5分	2 331	20.7	74	20.8	283	16.0	325	20.8	146	23.3
游览/参观点	小计	10 665	100.0	344	100.0	1 652	100.0	1 517	100.0	580	100.0
	1分	261	2.5	14	4.0	37	2.3	18	1.2	6	1.0
	2分	1 044	9.8	41	11.9	227	13.7	113	7.4	41	7.1
	3分	3 554	33.3	99	28.8	580	35.1	510	33.6	200	34.5
	4分	3 594	33.7	133	38.7	527	31.9	599	39.5	200	34.5
	5分	2 212	20.7	57	16.6	281	17.0	277	18.3	133	22.9
旅游区(点)	小计	10 434	100.0	341	100.0	1 603	100.0	1 500	100.0	572	100.0
厕所	1分	2 050	19.6	83	24.3	416	26.0	211	14.1	87	15.2
	2分	2 199	21.1	68	19.9	357	22.3	266	17.7	113	19.8
	3分	2 921	28.0	91	26.7	480	29.9	452	30.1	169	29.5
	4分	2 138	20.5	69	20.2	273	17.0	418	27.9	128	22.4
	5分	1 126	10.8	30	8.9	77	4.8	153	10.2	75	13.1

商贸人员		服务员推销员		退休人员		家庭妇女		军人		学生		其他	
(人)	(%)	(人)	(%)	(人)	(%)	(人)	(%)	(人)	(%)	(人)	(%)	(人)	(%)
2 965	100.0	482	100.0	861	100.0	803	100.0	47	100.0	1 021	100.0	966	100.0
130	4.4	14	2.9	28	3.2	38	4.7	2	4.3	64	6.2	34	3.5
372	12.5	41	8.5	73	8.5	78	9.7	9	19.1	139	13.6	76	7.9
1 156	39.0	201	41.7	281	32.6	308	38.4	15	31.9	314	30.8	313	32.4
903	30.5	160	33.2	264	30.7	251	31.3	14	29.8	246	24.1	335	34.7
404	13.6	66	13.7	215	25.0	128	15.9	7	14.9	258	25.3	208	21.5
2 844	100.0	479	100.0	849	100.0	798	100.0	46	100.0	1 002	100.0	950	100.0
81	2.8	10	2.0	12	1.5	15	1.9	2	4.3	34	3.5	18	1.9
312	11.0	44	9.2	59	6.9	65	8.1	4	8.7	106	10.6	63	6.6
1 009	35.5	154	32.2	233	27.4	266	33.3	13	28.3	259	25.8	308	32.4
922	32.4	192	40.1	289	34.0	292	36.6	24	52.2	321	32.0	358	37.7
520	18.3	79	16.5	256	30.2	160	20.1	3	6.5	282	28.1	203	21.4
2 590	100.0	472	100.0	828	100.0	763	100.0	43	100.0	956	100.0	920	100.0
87	3.3	5	1.0	13	1.5	18	2.3	2	4.7	40	4.2	21	2.3
291	11.2	43	9.1	48	5.8	70	9.2	2	4.6	117	12.2	51	5.5
950	36.7	182	38.6	200	24.2	242	31.7	17	39.5	254	26.6	320	34.8
797	30.8	158	33.5	287	34.7	283	37.1	14	32.6	274	28.7	322	35.0
465	18.0	84	17.8	280	33.8	150	19.7	8	18.6	271	28.3	206	22.4
2 501	100.0	469	100.0	815	100.0	751	100.0	43	100.0	932	100.0	907	100.0
532	21.3	72	15.4	124	15.3	135	18.0	8	18.6	231	24.8	151	16.6
584	23.4	96	20.5	151	18.5	161	21.4	11	25.6	213	22.9	179	19.7
669	26.7	145	30.9	211	25.9	211	28.1	9	20.9	183	19.6	301	33.2
493	19.7	108	23.0	160	19.6	164	21.8	12	27.9	138	14.8	175	19.3
223	8.9	48	10.2	169	20.7	80	10.7	3	7.0	167	17.9	101	11.2

8－4　2005年入境游客对旅游

		调查人数		观光游览		休闲度假		探亲访友	
		(人)	(%)	(人)	(%)	(人)	(%)	(人)	(%)
宾馆饭店	小计	14 068	100.0	4 031	100.0	2 243	100.0	1 621	100.0
	1分	129	0.8	31	0.8	27	1.3	15	0.8
	2分	529	3.8	140	3.5	57	2.5	55	3.4
	3分	3 821	27.2	941	23.3	613	27.3	518	32.0
	4分	5 805	41.3	1 664	41.3	884	39.4	729	45.0
	5分	3 784	26.9	1 255	31.1	662	29.5	304	18.8
餐　　饮	小计	13 900	100.0	3 992	100.0	2 223	100.0	1 609	100.0
	1分	229	1.6	68	1.7	32	1.5	18	1.1
	2分	983	7.1	284	7.1	147	6.6	93	5.8
	3分	4 491	32.3	1 163	29.1	692	31.1	559	34.7
	4分	5 311	38.2	1 527	38.3	850	38.2	666	41.4
	5分	2 886	20.8	950	23.8	502	22.6	273	17.0
交　　通	小计	13 509	100.0	3 914	100.0	2 169	100.0	1 576	100.0
	1分	689	5.1	156	4.0	70	3.3	75	4.8
	2分	2 164	16.0	486	12.4	370	17.1	215	13.6
	3分	4 677	34.6	1 228	31.4	747	34.4	591	37.5
	4分	3 783	28.0	1 273	32.5	630	29.0	448	28.4
	5分	2 196	16.3	771	19.7	352	16.2	247	15.7

接待设施的评价(按旅游目的分组)

商务		会议		宗教朝拜		文化/体育/科技交流		其他	
(人)	(%)	(人)	(%)	(人)	(%)	(人)	(%)	(人)	(%)
4 444	100.0	474	100.0	48	100.0	333	100.0	874	100.0
45	1.0	1	0.3	0	0.0	1	0.4	9	1.1
190	4.3	22	4.6	4	8.3	23	6.9	38	4.3
1 245	28.0	125	26.4	15	31.3	98	29.4	266	30.4
1 891	42.6	213	44.9	17	35.4	104	31.2	303	34.7
1 073	24.1	113	23.8	12	25.0	107	32.1	258	29.5
4 371	100.0	463	100.0	47	100.0	332	100.0	863	100.0
83	1.9	6	1.3	1	2.1	7	2.2	14	1.6
318	7.3	36	7.8	9	19.1	28	8.4	68	7.9
1 546	35.4	153	33.0	14	29.8	112	33.7	252	29.2
1 662	38.0	189	40.8	17	36.2	99	29.8	301	34.9
762	17.4	79	17.1	6	12.8	86	25.9	228	26.4
4 187	100.0	447	100.0	47	100.0	324	100.0	845	100.0
301	7.1	25	5.6	7	14.9	11	3.4	44	5.2
837	20.0	75	16.8	8	17.0	49	15.1	124	14.7
1 503	35.9	182	40.7	21	44.7	123	38.0	282	33.4
1 012	24.2	120	26.8	8	17.0	90	27.8	202	23.9
534	12.8	45	10.1	3	6.4	51	15.7	193	22.8

8－4(续)

		调查人数		观光游览		休闲度假		探亲访友	
		(人)	(%)	(人)	(%)	(人)	(%)	(人)	(%)
娱　　乐	小计	11 539	100.0	3 387	100.0	1 969	100.0	1 428	100.0
	1分	448	3.9	153	4.6	50	2.6	32	2.2
	2分	1 243	10.8	323	9.5	186	9.4	101	7.1
	3分	4 306	37.3	1 102	32.5	721	36.6	642	45.0
	4分	3 613	31.3	1 093	32.3	706	35.9	446	31.2
	5分	1 929	16.7	716	21.1	306	15.5	207	14.5
购　　物	小计	11 280	100.0	3 330	100.0	1 940	100.0	1 405	100.0
	1分	266	2.3	81	2.5	34	1.7	21	1.5
	2分	1 013	9.0	294	8.8	178	9.2	84	6.0
	3分	3 657	32.4	906	27.2	589	30.4	537	38.2
	4分	4 013	35.6	1 285	38.6	756	39.0	486	34.6
	5分	2 331	20.7	764	22.9	383	19.7	277	19.7
游览/参观点	小计	10 665	100.0	3 256	100.0	1 882	100.0	1 330	100.0
	1分	261	2.5	62	2.0	34	1.8	29	2.1
	2分	1 044	9.8	248	7.6	198	10.5	94	7.1
	3分	3 554	33.3	786	24.1	591	31.4	602	45.3
	4分	3 594	33.7	1 258	38.6	654	34.8	419	31.5
	5分	2 212	20.7	902	27.7	405	21.5	186	14.0
旅游区(点)	小计	10 434	100.0	3 169	100.0	1 852	100.0	1 317	100.0
厕所	1分	2 050	19.6	634	20.0	355	19.2	173	13.1
	2分	2 199	21.1	561	17.7	441	23.8	217	16.5
	3分	2 921	28.0	749	23.6	536	28.9	513	39.0
	4分	2 138	20.5	760	24.0	365	19.7	312	23.7
	5分	1 126	10.8	465	14.7	155	8.4	102	7.7

商务		会议		宗教朝拜		文化/体育/科技交流		其他	
(人)	(%)	(人)	(%)	(人)	(%)	(人)	(%)	(人)	(%)
3 295	100.0	361	100.0	45	100.0	289	100.0	765	100.0
143	4.4	21	5.8	5	11.1	9	3.2	35	4.7
443	13.4	52	14.4	4	8.9	48	16.6	86	11.2
1 339	40.6	145	40.2	21	46.7	94	32.5	242	31.6
938	28.5	110	30.5	11	24.4	90	31.1	219	28.6
432	13.1	33	9.1	4	8.9	48	16.6	183	23.9
3 164	100.0	353	100.0	45	100.0	284	100.0	759	100.0
99	3.2	12	3.4	6	13.3	2	0.7	11	1.5
332	10.5	32	9.1	2	4.5	30	10.6	61	8.0
1 146	36.2	141	39.9	21	46.7	106	37.3	211	27.8
1 016	32.1	125	35.4	10	22.2	98	34.5	237	31.2
571	18.0	43	12.2	6	13.3	48	16.9	239	31.5
2 829	100.0	325	100.0	45	100.0	272	100.0	726	100.0
95	3.3	14	4.3	3	6.6	2	0.8	22	3.0
362	12.8	41	12.6	4	8.9	21	7.7	76	10.5
1 109	39.2	126	38.8	16	35.6	73	26.8	251	34.6
820	29.0	104	32.0	17	37.8	118	43.4	204	28.1
443	15.7	40	12.3	5	11.1	58	21.3	173	23.8
2 753	100.0	316	100.0	44	100.0	267	100.0	716	100.0
625	22.7	79	25.0	13	29.5	47	17.6	124	17.3
645	23.4	78	24.7	8	18.2	91	34.1	158	22.1
732	26.6	91	28.8	15	34.1	86	32.2	199	27.8
511	18.6	52	16.5	7	15.9	35	13.1	96	13.4
240	8.7	16	5.0	1	2.3	8	3.0	139	19.4

8－5 2005年入境游客对各省(区、市)

	宾馆饭店						餐饮					
	小计	5分	4分	3分	2分	1分	小计	5分	4分	3分	2分	1分
北京	100	59.2	32.9	6.6	1.0	0.3	100	47.3	38.7	12.4	1.3	0.3
天津	100	33.8	48.8	16.4	1.0	0.0	100	20.1	50.9	24.0	4.5	0.5
河北	100	36.0	47.2	14.6	2.0	0.2	100	21.3	50.1	24.3	3.6	0.7
山西	100	30.1	36.5	28.2	4.8	0.4	100	25.7	38.7	30.3	4.9	0.4
内蒙古	100	30.2	51.4	17.6	0.6	0.2	100	28.1	49.2	20.9	1.8	0.0
辽宁	100	58.1	33.7	7.6	0.5	0.1	100	37.5	42.0	16.9	3.2	0.4
吉林	100	36.4	41.5	21.4	0.7	0.0	100	23.5	45.6	27.9	3.0	0.0
黑龙江	100	35.7	40.8	21.8	1.6	0.1	100	21.6	44.9	28.0	5.2	0.3
上海	100	40.2	43.2	14.6	1.4	0.6	100	24.3	49.0	22.4	3.4	0.9
江苏	100	50.9	43.8	5.1	0.2	0.0	100	35.0	48.4	15.0	1.6	0.0
浙江	100	47.1	40.6	10.9	1.0	0.4	100	30.5	45.8	19.2	3.3	1.2
安徽	100	31.6	44.6	19.7	3.3	0.8	100	20.4	42.0	29.7	6.8	1.1
福建	100	39.9	38.5	18.0	3.1	0.5	100	21.8	39.7	31.9	6.0	0.6
江西	100	39.6	47.1	11.8	1.2	0.3	100	30.1	50.2	18.2	1.2	0.3
山东	100	42.1	38.0	18.0	1.7	0.2	100	27.9	39.0	28.4	4.1	0.6
河南	100	28.0	42.7	26.4	2.6	0.3	100	17.9	45.8	32.1	4.2	0.0
湖北	100	37.2	42.9	17.4	1.9	0.6	100	26.8	41.4	24.4	6.0	1.4
湖南	100	44.3	39.0	15.0	1.6	0.1	100	26.3	47.4	23.2	2.7	0.4
广东	100	42.1	39.1	14.7	3.4	0.7	100	30.7	40.0	23.5	4.5	1.3
广西	100	32.5	32.4	27.5	6.6	1.0	100	19.4	35.7	34.3	8.5	2.1
海南	100	45.5	45.6	8.1	0.6	0.2	100	22.9	46.4	25.1	4.6	1.0
重庆	100	47.9	42.2	8.1	1.4	0.4	100	37.9	39.7	18.7	3.1	0.6
四川	100	41.1	44.2	11.6	2.1	1.0	100	25.9	49.8	18.5	4.6	1.2
贵州	100	23.3	48.0	21.3	5.8	1.6	100	15.0	36.2	36.4	9.9	2.5
云南	100	36.1	45.5	16.3	1.5	0.6	100	17.3	48.4	29.5	3.8	1.0
西藏	100	16.0	70.0	13.5	0.5	0.0	100	31.5	53.5	14.5	0.5	0.0
陕西	100	42.5	43.2	11.5	2.2	0.6	100	27.5	44.7	22.3	4.5	1.0
甘肃	100	22.4	38.4	26.8	10.9	1.5	100	15.9	39.8	31.5	11.1	1.7
青海	100	22.2	48.8	23.8	5.2	0.0	100	17.3	26.6	46.0	9.7	0.4
宁夏	100	7.4	77.7	14.2	0.7	0.0	100	6.1	70.3	20.9	2.7	0.0
新疆	100	37.0	41.9	18.6	2.2	0.3	100	24.1	37.7	31.1	6.9	0.2

旅游接待设施的评价

单位：%

交通						娱乐					
小计	5分	4分	3分	2分	1分	小计	5分	4分	3分	2分	1分
100	22.1	37.9	28.8	8.1	3.1	100	34.9	38.8	18.3	5.2	2.8
100	8.7	34.3	43.1	10.4	3.5	100	9.9	36.0	35.7	14.0	4.4
100	13.9	37.7	36.0	10.2	2.2	100	12.9	34.4	32.2	16.6	3.9
100	14.6	30.3	42.5	10.9	1.7	100	16.0	31.4	34.8	14.3	3.5
100	24.1	26.5	47.4	1.6	0.4	100	19.8	25.3	53.4	1.4	0.1
100	29.0	36.7	26.9	5.7	1.7	100	29.3	34.3	26.5	8.0	1.9
100	2.2	19.9	56.6	17.7	3.6	100	4.9	28.3	47.6	17.1	2.1
100	15.3	31.1	37.6	14.0	2.0	100	18.5	28.6	34.0	16.6	2.3
100	12.8	36.9	37.3	9.5	3.5	100	17.5	45.5	27.8	7.4	1.8
100	18.7	52.7	24.7	3.6	0.3	100	20.8	49.3	18.6	9.0	2.3
100	14.5	37.7	34.6	9.7	3.5	100	16.9	35.8	34.1	10.3	2.9
100	10.9	29.4	45.1	11.5	3.1	100	8.2	16.1	37.9	25.5	12.3
100	14.7	26.6	37.6	17.1	4.0	100	17.0	26.1	39.1	13.3	4.5
100	24.0	43.3	27.7	4.9	0.1	100	14.0	40.2	34.7	9.2	1.9
100	12.1	33.7	41.5	11.1	1.6	100	15.9	25.9	44.1	11.1	3.0
100	15.0	29.3	42.1	11.6	2.0	100	10.7	28.9	44.8	10.7	4.9
100	15.8	32.0	35.3	13.0	3.9	100	12.2	22.4	46.1	12.8	6.5
100	12.6	40.0	34.1	12.2	1.1	100	15.5	41.1	33.5	9.1	0.8
100	25.9	31.2	30.0	10.0	2.9	100	22.0	35.5	29.9	9.8	2.8
100	13.4	27.9	40.6	12.2	5.9	100	9.9	21.7	42.1	16.4	9.9
100	11.9	34.6	35.2	12.7	5.6	100	15.1	31.3	34.8	13.2	5.6
100	20.2	29.4	30.0	16.5	3.9	100	27.2	29.0	28.3	13.4	2.1
100	13.7	41.9	31.2	9.8	3.4	100	11.2	36.9	30.2	15.1	6.6
100	8.7	31.3	43.9	10.1	6.0	100	7.4	27.3	39.9	16.9	8.5
100	6.8	27.7	43.5	14.2	7.8	100	8.7	28.9	41.3	16.5	4.6
100	3.5	34.0	53.0	9.5	0.0	100	1.5	17.5	54.5	25.0	1.5
100	19.0	34.4	34.9	8.9	2.8	100	15.3	32.0	39.6	9.7	3.4
100	9.9	27.8	38.6	14.3	9.4	100	9.8	20.6	37.5	15.8	16.3
100	4.8	23.8	52.0	16.5	2.9	100	5.3	14.1	40.3	29.8	10.5
100	0.0	65.6	27.3	6.3	0.8	100	0.8	27.8	55.6	13.0	2.8
100	16.0	42.0	29.3	12.2	0.5	100	12.8	32.3	42.6	9.2	3.1

8-5(续)

	购物					
	小计	5分	4分	3分	2分	1分
北京	100	44.6	39.8	12.5	2.4	0.7
天津	100	14.8	44.9	32.9	6.4	1.0
河北	100	13.6	40.5	36.2	8.1	1.6
山西	100	18.9	38.1	33.7	8.1	1.2
内蒙古	100	18.8	26.0	53.2	2.0	0.0
辽宁	100	33.1	37.1	24.1	4.2	1.5
吉林	100	7.8	28.8	52.9	10.5	0.0
黑龙江	100	21.6	38.6	30.4	8.6	0.8
上海	100	26.5	47.1	21.7	3.7	1.0
江苏	100	26.0	52.9	18.0	2.4	0.7
浙江	100	24.0	43.4	25.2	6.1	1.3
安徽	100	12.6	30.0	36.5	16.1	4.8
福建	100	17.8	33.1	38.4	8.7	2.0
江西	100	23.4	49.7	23.1	3.4	0.4
山东	100	18.0	33.2	38.5	9.0	1.3
河南	100	16.1	34.4	38.2	8.0	3.3
湖北	100	19.4	34.6	34.5	9.0	2.5
湖南	100	20.2	38.5	35.0	5.9	0.4
广东	100	27.1	36.1	27.1	7.5	2.2
广西	100	10.2	28.1	41.0	15.7	5.0
海南	100	15.6	39.1	30.8	10.7	3.8
重庆	100	28.5	39.4	23.9	7.4	0.8
四川	100	17.6	43.0	28.9	8.2	2.3
贵州	100	9.5	32.7	35.3	17.9	4.6
云南	100	14.5	41.1	33.5	8.0	2.9
西藏	100	5.5	42.0	47.0	5.5	0.0
陕西	100	15.3	46.0	31.2	6.3	1.2
甘肃	100	10.9	28.7	33.7	17.0	9.7
青海	100	10.9	31.9	34.7	19.8	2.7
宁夏	100	0.9	69.2	25.2	3.7	1.0
新疆	100	19.0	37.2	32.9	9.4	1.5

单位:%

游览/参观点						旅游区(点)厕所					
小计	5分	4分	3分	2分	1分	小计	5分	4分	3分	2分	1分
100	47.2	36.6	11.9	2.4	1.9	100	20.0	38.7	23.0	11.1	7.2
100	12.6	37.1	31.9	14.6	3.8	100	7.0	18.4	24.8	38.6	11.2
100	19.8	42.1	27.8	8.2	2.1	100	9.8	23.8	35.2	22.3	8.9
100	28.6	27.8	33.0	9.8	0.8	100	12.3	24.1	35.4	18.4	9.8
100	19.7	25.2	52.7	2.3	0.1	100	16.8	19.7	53.0	7.5	3.0
100	33.2	32.5	25.7	6.7	1.9	100	17.3	21.8	38.4	14.4	8.1
100	4.4	14.5	56.1	22.5	2.5	100	0.8	4.5	40.9	33.4	20.4
100	13.7	31.1	36.6	15.0	3.6	100	6.9	17.5	31.9	30.0	13.7
100	19.7	43.0	29.9	5.3	2.1	100	10.9	29.1	32.3	18.5	9.2
100	28.3	51.9	13.0	5.2	1.6	100	11.6	47.2	24.1	11.6	5.5
100	28.7	39.4	24.3	4.4	3.2	100	13.7	29.9	27.8	14.9	13.7
100	34.0	32.1	24.3	6.7	2.9	100	10.4	21.5	35.9	18.1	14.1
100	22.7	25.1	35.0	12.6	4.6	100	10.6	16.2	27.4	30.1	15.7
100	29.4	48.6	19.2	2.5	0.3	100	17.6	42.5	24.5	10.2	5.2
100	20.1	34.2	38.1	6.3	1.3	100	11.3	16.0	37.8	24.8	10.1
100	20.7	37.7	35.7	5.1	0.8	100	7.6	20.5	35.2	17.7	19.0
100	22.5	32.6	33.0	7.7	4.2	100	11.8	22.7	38.3	17.3	9.9
100	31.3	44.2	20.3	3.8	0.4	100	12.0	25.1	38.1	20.0	4.8
100	20.9	37.5	30.1	8.8	2.7	100	12.5	27.5	30.0	17.9	12.1
100	23.7	29.2	32.8	11.7	2.6	100	12.1	20.0	40.0	19.1	8.8
100	20.4	39.8	23.2	11.8	4.8	100	7.5	22.1	29.8	23.0	17.6
100	29.5	33.2	25.5	9.2	2.6	100	16.5	29.4	20.7	18.9	14.5
100	26.7	41.4	23.0	6.6	2.3	100	10.2	29.9	27.3	18.7	13.9
100	18.9	35.2	29.7	10.6	5.6	100	5.7	15.9	34.8	23.0	20.6
100	19.0	41.7	28.6	7.5	3.2	100	5.1	19.5	35.3	22.6	17.5
100	3.5	21.5	54.5	20.0	0.5	100	1.0	5.5	38.2	43.7	11.6
100	28.9	37.7	27.7	4.6	1.1	100	8.1	25.4	38.0	18.5	10.0
100	15.1	27.0	40.9	13.1	3.9	100	2.1	11.3	29.2	34.0	23.4
100	9.3	26.2	44.4	16.5	3.6	100	4.4	10.1	29.8	32.7	23.0
100	1.0	71.4	19.0	4.8	3.8	100	0.0	30.8	45.2	12.5	11.5
100	21.5	29.7	39.1	9.0	0.7	100	7.1	12.4	42.1	26.0	12.4

九

入境游客对旅游资源的兴趣

9－1　2005年入境游客感兴趣的旅游资源
（按外国人、港澳台胞、团体及散客分组）

单位：%

		山水风光	文物古迹	民俗风情	文化艺术	饮食烹调	医疗保健	旅游购物	海滩	节庆活动	其他
总 平 均	**总计**	**52.9**	**43.4**	**36.7**	**26.6**	**33.4**	**11.3**	**26.7**	**9.0**	**9.5**	**10.8**
	团体	61.0	49.6	43.6	30.1	30.4	11.2	27.4	7.4	9.9	8.8
	散客	47.3	39.1	32.0	24.2	35.5	11.4	26.1	10.1	9.2	12.1
外 国 人	小计	51.5	43.9	36.5	28.2	34.4	10.7	27.8	8.2	9.5	10.5
	团体	59.0	49.7	42.7	31.9	32.1	11.5	28.7	7.0	9.6	8.7
	散客	45.3	39.1	31.5	25.3	36.3	10.0	27.1	9.3	9.5	12.0
香港同胞	小计	55.1	40.6	35.7	22.3	34.3	14.6	25.3	11.5	8.8	10.7
	团体	67.4	50.6	47.6	23.7	28.2	11.1	27.1	10.6	11.2	9.8
	散客	51.2	37.4	31.9	21.8	36.2	15.7	24.7	11.7	8.1	10.9
澳门同胞	小计	47.6	40.8	35.5	22.1	28.4	13.7	26.4	12.4	11.4	16.0
	团体	61.2	54.6	47.4	26.3	25.6	13.7	22.2	11.0	14.4	12.2
	散客	41.0	34.0	29.7	20.1	29.7	13.6	28.5	13.1	9.9	17.8
台湾同胞	小计	61.2	45.4	40.6	23.8	27.0	9.3	20.8	9.3	9.7	11.0
	团体	69.4	45.8	45.3	23.9	21.2	8.3	19.8	6.7	9.8	8.3
	散客	55.3	45.2	37.1	23.8	31.2	10.1	21.6	11.1	9.6	13.0

9－2 2005年入境游客感兴趣的旅游资源
（按性别、年龄、团体及散客分组）

单位：%

		山水风光	文物古迹	民俗风情	文化艺术	饮食烹调	医疗保健	旅游购物	海滩	节庆活动	其他
总平均	**总计**	**52.9**	**43.4**	**36.7**	**26.6**	**33.4**	**11.3**	**26.7**	**9.0**	**9.5**	**10.8**
	团体	61.0	49.6	43.6	30.1	30.4	11.2	27.4	7.4	9.9	8.8
	散客	47.3	39.1	32.0	24.2	35.5	11.4	26.1	10.1	9.2	12.1
男性	小计	51.7	43.7	35.3	26.5	33.1	10.9	23.3	8.5	9.1	11.5
	团体	60.5	50.8	43.1	30.4	28.8	11.0	24.2	6.9	9.3	9.4
	散客	46.9	39.9	31.1	24.4	35.4	10.9	22.7	9.4	8.9	12.6
女性	小计	54.8	42.8	38.9	26.7	33.9	11.9	32.1	9.9	10.2	9.7
	团体	61.5	48.3	44.1	29.8	32.1	11.4	31.1	8.0	10.6	8.2
	散客	48.1	37.5	33.9	23.8	35.7	12.3	33.0	11.7	9.8	11.2
65岁及以上	小计	59.5	51.9	39.4	29.3	25.5	15.2	22.6	7.0	7.9	9.3
	团体	63.5	55.2	41.6	31.4	22.9	13.8	22.5	5.4	6.9	7.0
	散客	51.7	45.6	35.2	25.2	30.3	17.9	22.8	10.2	10.0	13.7
45～64岁	小计	54.3	46.0	38.3	27.3	32.0	11.1	24.2	7.1	9.3	9.9
	团体	63.1	52.2	45.5	30.1	28.3	11.0	24.7	5.9	9.6	8.2
	散客	47.2	40.9	32.4	25.1	35.0	11.2	23.8	8.1	9.0	11.3
25～44岁	小计	50.5	40.7	35.0	25.2	35.3	11.4	27.5	9.8	9.1	11.5
	团体	58.0	45.5	42.1	28.6	33.3	10.9	29.9	8.7	9.8	9.6
	散客	46.9	38.3	31.6	23.5	36.2	11.6	26.4	10.4	8.8	12.4
15～24岁	小计	54.7	41.8	38.0	29.0	35.1	9.0	33.5	13.0	13.0	11.4
	团体	62.1	50.0	44.7	34.2	35.4	10.3	33.0	10.4	14.6	9.9
	散客	48.6	35.0	32.5	24.8	34.9	7.9	34.0	15.2	11.6	12.6
14岁及以下	小计	46.1	34.7	27.9	26.3	33.7	9.1	35.7	12.5	12.8	15.5
	团体	49.7	33.6	31.5	28.2	29.5	8.1	38.9	7.4	8.1	18.8
	散客	42.6	35.8	24.3	24.3	37.8	10.1	32.4	17.6	17.6	12.2

9-3 2005年入境游客感兴趣的旅游资源

(按职业、团体及散客分组)

单位:%

		山水风光	文物古迹	民俗风情	文化艺术	饮食烹调	医疗保健	旅游购物	海滩	节庆活动	其他
总平均	**总计**	**52.9**	**43.4**	**36.7**	**26.6**	**33.4**	**11.3**	**26.7**	**9.0**	**9.5**	**10.8**
	团体	61.0	49.6	43.6	30.1	30.4	11.2	27.4	7.4	9.9	8.8
	散客	47.3	39.1	32.0	24.2	35.5	11.4	26.1	10.1	9.2	12.1
政府工作人员	小计	56.6	46.3	41.7	30.1	32.0	14.9	25.1	10.3	11.7	11.1
	团体	62.2	49.1	46.3	32.6	29.8	13.8	25.8	10.6	10.2	9.0
	散客	51.2	43.5	37.1	27.6	34.2	16.0	24.3	10.1	13.2	13.3
专业技术人员	小计	52.9	47.4	37.4	31.0	35.3	11.1	24.7	8.8	9.7	10.4
	团体	59.7	53.7	46.8	37.1	32.8	11.1	28.2	8.4	10.7	9.5
	散客	49.9	44.6	33.4	28.4	36.5	11.1	23.2	9.0	9.3	10.7
职员	小计	52.4	43.5	38.6	25.1	33.3	11.5	26.2	8.8	8.2	9.8
	团体	60.8	49.3	44.6	28.0	28.6	10.4	25.6	7.7	8.6	8.3
	散客	45.8	39.0	33.9	22.8	36.9	12.4	26.7	9.7	7.9	11.0
技工/工人	小计	46.8	39.9	34.4	23.2	30.3	14.1	26.2	8.9	10.1	11.8
	团体	59.1	48.7	42.4	29.0	31.5	15.4	28.3	9.4	11.5	10.5
	散客	40.0	35.1	30.0	20.1	29.7	13.3	25.0	8.6	9.3	12.6
商贸人员	小计	48.5	38.7	31.9	23.9	36.8	9.9	27.1	10.1	8.6	11.9
	团体	55.3	41.3	38.6	26.7	36.6	11.2	34.6	9.0	9.3	8.4
	散客	46.3	37.9	29.7	23.0	36.9	9.5	24.6	10.4	8.3	13.1
服务员/推销员	小计	50.3	38.6	32.6	24.4	32.1	14.3	29.9	11.5	11.0	12.2
	团体	58.3	47.0	40.8	26.6	28.1	11.8	28.5	9.2	12.8	11.3
	散客	44.8	32.7	26.9	22.9	34.9	16.0	30.8	13.0	9.7	12.9
退休人员	小计	60.8	51.1	43.1	28.8	27.1	14.4	24.0	6.0	9.1	7.6
	团体	65.7	56.1	45.8	30.7	25.1	13.3	21.7	4.7	8.4	6.0
	散客	50.6	40.7	37.6	25.0	31.2	16.7	28.8	8.8	10.5	10.9
家庭妇女	小计	55.5	41.0	37.8	21.3	31.7	13.0	30.3	7.2	8.0	7.8
	团体	62.1	46.1	41.4	22.5	28.4	10.7	27.7	5.3	8.4	6.8
	散客	45.3	33.3	32.3	19.6	36.9	16.5	34.2	10.1	7.5	9.5
军人	小计	56.9	43.1	37.6	23.9	34.9	17.4	18.8	13.8	14.2	13.8
	团体	66.7	48.4	41.9	28.0	32.3	22.6	21.5	10.8	16.1	10.8
	散客	49.6	39.2	34.4	20.8	36.8	13.6	16.8	16.0	12.8	16.0
学生	小计	57.1	42.8	37.5	30.7	34.2	7.9	32.5	11.1	13.5	11.2
	团体	64.5	50.3	44.0	36.3	36.1	9.7	32.0	8.1	13.6	10.1
	散客	49.8	35.4	31.0	25.2	32.4	6.1	32.9	14.1	13.4	12.2
其他	小计	54.8	45.2	37.7	28.5	30.2	7.7	26.0	8.2	10.8	14.8
	团体	60.8	52.7	43.6	33.1	26.7	6.8	23.8	5.6	11.6	13.9
	散客	49.3	38.5	32.3	24.3	33.3	8.6	28.0	10.5	10.1	15.6

9-4 2005年入境游客感兴趣的旅游资源
（按旅游目的、团体及散客分组）

单位：%

		山水风光	文物古迹	民俗风情	文化艺术	饮食烹调	医疗保健	旅游购物	海滩	节庆活动	其他
总平均	**总计**	**52.9**	**43.4**	**36.7**	**26.6**	**33.4**	**11.3**	**26.7**	**9.0**	**9.5**	**10.8**
	团体	61.0	49.6	43.6	30.1	30.4	11.2	27.4	7.4	9.9	8.8
	散客	47.3	39.1	32.0	24.2	35.5	11.4	26.1	10.1	9.2	12.1
观光游览	小计	66.1	50.2	43.6	29.3	30.5	10.0	25.3	7.7	9.6	7.9
	团体	68.0	52.3	45.4	30.6	28.4	9.8	24.1	5.9	8.7	7.1
	散客	61.8	45.4	39.5	26.5	35.3	10.5	27.9	11.6	11.6	9.8
休闲度假	小计	53.9	45.4	39.5	26.8	34.3	14.7	30.5	12.8	10.4	10.8
	团体	56.9	49.3	44.6	29.7	30.7	13.8	29.2	10.6	10.7	10.3
	散客	50.9	41.5	34.4	23.9	37.8	15.5	31.7	15.0	10.2	11.2
探亲访友	小计	41.8	34.0	33.4	19.2	33.8	14.8	32.4	10.5	8.9	10.7
	团体	42.5	44.5	47.0	23.3	37.0	12.6	30.0	11.7	14.2	15.4
	散客	41.7	32.3	31.2	18.6	33.3	15.1	32.8	10.3	8.1	10.0
商　　务	小计	44.2	37.8	29.1	24.2	37.1	9.2	25.3	8.6	8.1	12.0
	团体	40.4	34.6	32.5	24.8	41.8	12.3	44.2	8.4	9.6	8.4
	散客	44.7	38.3	28.5	24.1	36.4	8.7	22.4	8.6	7.9	12.5
会　　议	小计	39.1	39.1	33.0	28.2	37.0	13.0	22.0	8.1	9.7	14.6
	团体	45.7	44.9	39.3	31.1	31.1	15.8	25.4	11.9	12.6	17.0
	散客	37.8	37.9	31.7	27.6	38.3	12.4	21.3	7.3	9.1	14.1
宗教朝拜	小计	49.4	51.4	32.5	25.2	26.3	13.7	19.0	7.7	18.3	15.0
	团体	52.2	54.3	34.6	27.3	27.0	11.4	19.0	6.6	18.7	10.7
	散客	44.5	46.3	28.7	21.3	25.0	17.7	18.9	9.8	17.7	22.6
文体交流	小计	48.9	46.7	42.5	39.9	31.8	14.9	23.0	8.1	14.5	13.4
	团体	54.0	54.1	43.6	48.4	27.3	13.3	27.3	5.7	18.4	14.0
	散客	46.0	42.6	41.9	35.1	34.3	15.8	20.6	9.5	12.3	13.1
其　　他	小计	39.2	34.2	27.2	21.4	28.3	10.1	30.4	7.5	8.9	18.5
	团体	49.1	42.2	38.3	27.9	31.7	11.6	35.2	6.4	11.0	16.8
	散客	36.1	31.7	23.8	19.4	27.3	9.7	28.9	7.8	8.2	19.0

9-5 2005年入境游客对各省(区、市)旅游资源的兴趣

单位:%

	山水风光	文物古迹	民俗风情	文化艺术	饮食烹调	医疗保健	旅游购物	海滩	节庆活动	其他
北　京	45.3	59.2	34.6	31.8	44.0	13.9	40.1	2.6	9.0	7.2
天　津	19.4	41.4	34.8	26.0	49.8	14.6	27.2	7.4	9.0	8.4
河　北	34.5	49.9	29.7	24.5	28.8	12.1	22.4	8.0	7.6	21.3
山　西	42.8	62.6	40.9	27.1	27.0	12.0	10.1	4.8	14.1	14.9
内蒙古	22.6	14.8	20.4	7.6	38.4	11.6	54.0	1.4	5.4	8.4
辽　宁	41.0	27.2	28.0	18.6	33.9	13.1	25.3	27.2	20.4	18.5
吉　林	21.8	35.4	29.9	21.6	29.1	18.2	6.6	0.0	5.3	8.3
黑龙江	31.6	26.8	32.6	20.6	39.2	18.7	27.6	3.7	15.0	12.2
上　海	24.2	34.4	30.0	33.3	48.0	10.7	39.8	4.8	6.6	9.6
江　苏	44.0	42.4	31.1	24.1	29.0	9.4	21.5	0.9	5.0	18.2
浙　江	61.1	33.3	21.8	22.8	37.2	4.4	28.2	1.8	4.6	8.1
安　徽	62.5	44.1	31.6	22.5	24.4	7.4	15.6	1.6	5.4	9.0
福　建	50.0	30.5	31.0	19.2	35.9	10.0	23.4	17.7	9.9	17.2
江　西	67.9	68.4	48.7	30.7	23.1	8.0	36.1	1.3	10.1	10.7
山　东	56.1	39.7	26.9	16.5	30.3	7.1	18.1	28.9	7.7	7.5
河　南	34.1	70.7	31.6	20.7	28.8	9.7	13.5	2.6	6.7	11.2
湖　北	53.8	56.6	34.8	29.3	35.5	8.4	19.7	4.1	9.5	13.4
湖　南	70.0	41.1	49.8	29.6	30.0	7.1	14.2	3.4	8.0	14.3
广　东	44.0	34.5	35.2	23.4	36.2	14.8	31.6	16.2	14.0	20.8
广　西	69.3	32.2	45.7	23.9	26.1	7.8	19.0	14.4	10.0	11.4
海　南	55.6	20.8	39.2	18.2	28.2	13.1	30.0	63.9	10.2	10.0
重　庆	59.2	52.3	48.4	32.0	48.7	8.7	23.3	5.7	10.5	7.7
四　川	70.5	45.7	42.5	22.1	29.5	7.6	13.5	0.7	5.8	4.9
贵　州	73.6	25.5	63.1	20.7	23.4	7.0	23.5	8.7	21.0	8.8
云　南	61.4	39.2	62.4	29.0	27.7	13.2	19.0	2.0	14.6	10.8
西　藏	31.0	71.0	43.0	27.5	27.5	0.5	9.0	0.0	39.0	35.5
陕　西	38.6	73.9	35.7	38.7	28.0	8.6	20.1	2.0	8.3	6.9
甘　肃	42.4	59.6	33.0	39.0	20.1	9.2	11.8	3.7	7.8	8.9
青　海	57.6	32.0	58.8	25.6	20.4	4.0	13.6	0.8	12.8	22.8
宁　夏	31.3	32.0	35.3	35.3	28.7	19.3	12.0	0.0	28.0	9.3
新　疆	53.9	50.6	65.3	36.0	31.8	8.2	15.0	5.1	10.3	6.0

十

入境游客对旅游商品的兴趣

10－1　2005 年入境游客感兴趣的旅游商品
（按外国人、港澳台胞、团体及散客分组）

单位：%

		服装/丝绸	中成药/保健品	食品/茶叶	酒类/香烟	瓷器/陶器	文复品/字画	地毯/挂毯	首饰/珍珠	胶卷/电器	纪念品/工艺品
总平均	**总计**	**36.8**	**20.9**	**40.8**	**15.7**	**21.8**	**18.2**	**9.9**	**18.6**	**6.4**	**38.6**
	团体	39.1	22.0	40.0	15.7	22.9	20.2	12.4	22.5	5.8	43.5
	散客	35.2	20.1	41.4	15.7	21.0	16.9	8.3	15.8	6.8	35.2
外国人	小计	38.3	20.4	39.9	15.5	22.3	18.7	10.4	19.2	6.8	39.7
	团体	40.9	21.6	39.9	15.9	23.4	20.6	12.9	22.9	6.0	43.5
	散客	36.2	19.5	39.9	15.2	21.5	17.1	8.4	16.2	7.4	36.6
香港同胞	小计	33.7	22.3	47.6	16.3	19.7	16.2	8.9	16.4	5.8	34.4
	团体	33.4	23.7	44.4	15.1	22.7	18.6	13.5	24.0	5.8	45.5
	散客	33.8	21.9	48.6	16.7	18.8	15.4	7.5	13.9	5.8	30.8
澳门同胞	小计	33.4	22.5	36.5	18.0	22.6	17.7	11.0	22.0	7.5	34.2
	团体	30.4	25.6	39.5	18.7	27.7	22.2	11.3	20.4	7.0	43.3
	散客	34.9	21.0	35.1	17.6	20.2	15.5	10.9	22.7	7.7	29.9
台湾同胞	小计	32.3	21.1	37.7	15.1	20.8	18.7	7.8	16.2	4.0	39.2
	团体	33.4	22.2	36.9	14.2	17.8	18.5	7.5	19.1	3.2	41.9
	散客	31.5	20.4	38.3	15.8	23.0	18.8	8.1	14.1	4.6	37.2

10－2　2005年入境游客感兴趣的旅游商品
（按性别、年龄、团体及散客分组）

单位：%

		服装/丝绸	中成药/保健品	食品/茶叶	酒类/香烟	瓷器/陶器	文复品/字画	地毯/挂毯	首饰/珍珠	胶卷/电器	纪念品/工艺品
总平均	**总计**	**36.8**	**20.9**	**40.8**	**15.7**	**21.8**	**18.2**	**9.9**	**18.6**	**6.4**	**38.6**
	团体	39.1	22.0	40.0	15.7	22.9	20.2	12.4	22.5	5.8	43.5
	散客	35.2	20.1	41.4	15.7	21.0	16.9	8.3	15.8	6.8	35.2
男性	小计	31.3	21.3	40.8	18.1	22.0	19.1	9.0	14.0	6.7	37.4
	团体	32.8	22.7	40.2	19.0	23.4	22.2	11.5	17.0	6.3	42.8
	散客	30.5	20.5	41.1	17.6	21.3	17.4	7.6	12.3	6.9	34.5
女性	小计	45.4	20.3	40.9	11.9	21.3	16.8	11.4	25.9	5.8	40.4
	团体	46.1	21.3	39.9	12.0	22.3	18.0	13.3	28.8	5.1	44.3
	散客	44.8	19.3	41.9	11.7	20.4	15.7	9.6	23.0	6.5	36.5
65岁及以上	小计	33.7	26.2	36.7	15.6	23.1	21.6	11.0	18.4	5.3	39.8
	团体	34.1	24.8	35.8	14.9	22.0	22.0	11.6	20.4	4.4	43.2
	散客	33.0	29.0	38.4	17.0	25.1	20.9	9.7	14.6	7.1	33.2
45～64岁	小计	35.1	22.7	40.9	16.1	23.1	19.0	10.7	16.7	5.9	37.8
	团体	37.7	23.2	40.7	16.5	23.9	21.2	12.5	20.3	5.2	41.7
	散客	32.9	22.3	41.1	15.7	22.5	17.2	9.2	13.8	6.5	34.6
25～44岁	小计	37.6	19.9	41.4	15.7	21.0	17.4	9.3	18.1	6.5	37.8
	团体	41.5	21.6	40.9	15.8	22.3	19.0	12.4	23.2	6.2	43.2
	散客	35.7	19.0	41.7	15.7	20.4	16.6	7.8	15.6	6.7	35.1
15～24岁	小计	41.1	16.1	40.6	14.5	20.0	17.1	9.5	27.1	7.7	44.4
	团体	41.0	16.9	39.3	13.5	22.7	19.2	12.2	29.7	6.7	51.2
	散客	41.1	15.4	41.6	15.3	17.7	15.4	7.2	24.8	8.4	38.7
14岁及以下	小计	34.0	15.2	39.7	14.1	17.8	16.5	11.1	24.9	11.4	35.4
	团体	31.5	13.4	35.6	16.8	14.8	16.8	13.4	30.2	13.4	40.3
	散客	36.5	16.9	43.9	11.5	20.9	16.2	8.8	19.6	9.5	30.4

10－3 2005年入境游客感兴趣的旅游商品
（按职业、团体及散客分组）

单位：%

		服装/丝绸	中成药/保健品	食品/茶叶	酒类/香烟	瓷器/陶器	文复品/字画	地毯/挂毯	首饰/珍珠	胶卷/电器	纪念品/工艺品
总平均	**总计**	**36.8**	**20.9**	**40.8**	**15.7**	**21.8**	**18.2**	**9.9**	**18.6**	**6.4**	**38.6**
	团体	39.1	22.0	40.0	15.7	22.9	20.2	12.4	22.5	5.8	43.5
	散客	35.2	20.1	41.4	15.7	21.0	16.9	8.3	15.8	6.8	35.2
政府工作人员	小计	37.0	23.6	40.7	19.7	24.3	22.7	14.6	20.7	7.2	37.9
	团体	38.1	23.9	42.7	20.5	24.2	20.9	15.6	22.9	7.3	39.4
	散客	36.0	23.3	38.7	18.9	24.4	24.6	13.7	18.5	7.1	36.4
专业技术人员	小计	35.1	20.6	40.2	16.4	23.6	20.6	10.9	16.7	7.0	39.1
	团体	41.2	20.5	40.7	18.3	25.5	23.9	16.4	22.0	7.1	43.5
	散客	32.5	20.6	40.0	15.6	22.8	19.2	8.5	14.4	7.0	37.2
职　　员	小计	36.7	22.1	41.9	16.1	21.6	17.6	9.8	19.5	5.2	38.9
	团体	36.9	23.1	40.1	16.0	23.0	20.0	11.6	21.5	5.2	43.8
	散客	36.5	21.2	43.4	16.2	20.6	15.8	8.4	17.8	5.2	35.1
技工/工人	小计	30.0	23.1	40.8	21.1	20.9	17.7	9.9	14.4	8.7	34.5
	团体	32.6	24.1	39.7	20.1	23.2	20.2	14.2	19.1	8.5	43.9
	散客	28.7	22.6	41.5	21.7	19.7	16.3	7.5	11.8	8.8	29.3
商贸人员	小计	36.2	19.9	42.1	15.8	21.5	16.7	8.8	15.3	6.5	34.6
	团体	43.3	24.3	44.2	18.0	21.9	18.3	12.1	20.8	6.7	38.1
	散客	33.9	18.4	41.5	15.1	21.3	16.2	7.7	13.5	6.5	33.5
服务员/推销员	小计	39.3	20.3	39.6	16.9	20.2	17.4	11.3	24.8	8.6	35.7
	团体	41.3	21.5	34.5	16.3	22.7	21.7	14.1	28.3	7.1	40.8
	散客	38.0	19.5	43.0	17.3	18.4	14.5	9.3	22.3	9.7	32.3
退休人员	小计	36.2	26.8	40.6	16.3	22.4	21.2	10.0	17.0	4.9	41.9
	团体	35.8	25.6	39.6	15.5	23.1	23.1	10.5	19.0	4.0	45.2
	散客	36.9	29.3	42.6	18.0	21.0	17.4	9.0	12.9	7.0	35.0
家庭妇女	小计	45.7	20.5	42.3	9.4	19.8	14.6	10.9	26.1	4.4	36.3
	团体	43.8	20.2	39.5	7.9	20.0	15.0	12.2	28.9	2.8	39.5
	散客	48.6	21.0	46.6	11.9	19.4	14.0	8.9	21.8	6.9	31.5
军　　人	小计	33.5	28.0	35.8	25.2	18.8	21.6	6.9	16.5	13.3	34.4
	团体	35.5	30.1	39.8	18.3	20.4	28.0	6.5	15.1	7.5	35.5
	散客	32.0	26.4	32.8	30.4	17.6	16.8	7.2	17.6	17.6	33.6
学　　生	小计	38.7	13.7	39.0	12.3	18.7	17.0	9.1	24.8	8.0	47.1
	团体	37.0	14.8	38.8	13.0	21.0	19.4	11.4	26.9	6.8	54.6
	散客	40.3	12.7	39.2	11.5	16.4	14.6	6.7	22.7	9.1	39.7
其　　他	小计	36.1	18.4	36.9	13.6	22.4	17.6	8.4	19.6	5.8	44.9
	团体	37.9	18.1	34.8	14.2	24.6	19.6	9.5	22.2	6.1	48.4
	散客	34.6	18.7	38.8	13.1	20.3	15.8	7.4	17.2	5.6	41.8

10－4 2005年入境游客感兴趣的旅游商品
（按旅游目的、团体及散客分组）

单位：%

		服装/丝绸	中成药/保健品	食品/茶叶	酒类/香烟	瓷器/陶器	文复品/字画	地毯/挂毯	首饰/珍珠	胶卷/电器	纪念品/工艺品
总平均	**总计**	**36.8**	**20.9**	**40.8**	**15.7**	**21.8**	**18.2**	**9.9**	**18.6**	**6.4**	**38.6**
	团体	39.1	22.0	40.0	15.7	22.9	20.2	12.4	22.5	5.8	43.5
	散客	35.2	20.1	41.4	15.7	21.0	16.9	8.3	15.8	6.8	35.2
观光游览	小计	37.9	20.6	41.0	14.5	21.7	20.3	11.7	21.5	5.4	43.9
	团体	37.6	21.1	40.7	14.0	21.4	20.3	12.0	21.8	4.9	45.4
	散客	38.5	19.5	41.7	15.7	22.3	20.3	11.0	20.8	6.6	40.6
休闲度假	小计	40.2	22.4	41.0	17.5	22.9	19.5	11.5	23.6	6.4	39.6
	团体	40.7	23.0	37.6	17.7	25.4	21.4	13.0	25.2	6.0	43.6
	散客	39.6	21.9	44.5	17.2	20.4	17.6	10.0	22.0	6.9	35.6
探亲访友	小计	39.1	24.6	43.4	16.0	20.0	13.5	7.2	16.4	6.5	31.9
	团体	34.2	24.7	44.5	20.2	28.1	18.0	10.9	25.9	9.1	41.7
	散客	39.9	24.5	43.2	15.4	18.8	12.8	6.6	14.9	6.1	30.3
商　　务	小计	34.8	18.7	41.7	15.0	21.1	15.6	7.6	13.4	6.7	33.2
	团体	50.2	25.6	44.8	19.9	22.2	14.8	13.6	21.1	9.1	28.8
	散客	32.5	17.7	41.2	14.3	20.9	15.8	6.7	12.2	6.4	33.9
会　　议	小计	31.6	20.7	38.8	18.6	24.3	19.7	9.9	16.1	6.7	33.2
	团体	35.8	24.0	42.0	19.5	25.4	22.2	11.1	22.0	7.4	39.0
	散客	30.7	20.1	38.1	18.4	24.0	19.2	9.7	14.8	6.5	32.0
宗教朝拜	小计	20.8	27.6	34.7	17.4	21.4	24.9	12.6	19.0	6.4	39.1
	团体	17.0	28.0	35.3	14.9	18.0	23.9	12.5	20.1	6.9	43.3
	散客	27.4	26.8	33.5	22.0	27.4	26.8	12.8	17.1	5.5	31.7
文体交流	小计	32.3	21.6	42.4	19.7	25.7	22.9	10.9	18.3	5.2	45.7
	团体	38.3	19.0	37.6	17.9	30.4	24.7	11.2	24.5	5.0	51.9
	散客	29.0	23.1	45.1	20.7	23.1	21.9	10.7	14.8	5.3	42.2
其　　他	小计	35.0	21.8	32.1	14.8	19.4	14.8	8.0	14.8	11.4	37.9
	团体	42.2	18.8	29.6	13.9	25.0	20.1	14.1	18.8	6.8	46.4
	散客	32.8	22.8	32.9	15.1	17.7	13.2	6.1	13.5	12.8	35.2

10－5　2005年外国游客感兴趣的旅游商品
（按国别分组）

单位：%

	服装/丝绸	中成药/保健品	食品/茶叶	酒类/香烟	瓷器/陶器	文复品/字画	地毯/挂毯	首饰/珍珠	胶卷/电器	纪念品/工艺品
外　国　人	**48.2**	**23.9**	**43.4**	**16.5**	**22.6**	**14.5**	**11.0**	**18.1**	**10.6**	**33.6**
日　　本	28.9	18.6	53.1	16.8	15.2	9.0	4.4	7.0	1.5	24.3
菲律宾	43.8	26.0	28.1	6.3	17.7	14.6	4.2	26.0	28.1	37.5
泰　　国	44.4	23.8	38.9	14.3	19.0	16.7	5.6	19.0	7.9	33.3
新加坡	43.9	20.4	50.4	10.6	22.3	13.9	4.6	13.6	8.2	38.7
印度尼西亚	52.3	28.4	35.2	4.5	21.6	12.5	4.5	26.1	4.5	36.4
马来西亚	45.5	21.0	46.8	6.9	24.9	19.7	3.9	13.7	5.2	39.9
韩　　国	32.7	30.4	49.6	18.4	20.2	10.4	6.2	16.9	3.0	22.7
朝　　鲜	46.4	36.1	38.1	16.5	33.0	18.6	24.7	33.0	8.2	86.6
蒙　　古	61.2	19.8	14.1	1.3	13.7	5.3	1.8	5.3	10.6	33.9
印　　度	54.3	13.8	23.3	5.2	25.9	14.7	6.9	14.7	10.3	42.2
英　　国	45.7	16.1	32.4	11.1	34.3	22.4	14.7	21.3	11.4	51.8
法　　国	68.3	10.8	41.8	4.9	14.9	20.9	9.7	25.0	4.5	47.0
德　　国	52.7	11.6	36.6	6.3	25.0	25.9	11.6	16.1	15.2	35.7
意大利	51.6	21.0	30.6	4.8	33.9	32.3	16.1	14.5	11.3	51.6
荷　　兰	54.7	16.3	40.7	7.0	26.7	19.8	11.6	18.6	12.8	55.8
瑞　　典	54.9	22.5	31.0	18.3	36.6	26.8	16.9	29.6	22.5	45.1
俄罗斯	67.1	36.8	57.4	38.1	24.6	8.8	17.3	17.8	20.7	25.5
瑞　　士	42.2	20.0	42.2	11.1	22.2	17.8	8.9	22.2	15.6	40.0
美　　国	53.6	17.9	35.9	10.7	34.0	27.2	14.0	33.4	7.5	51.7
加拿大	48.1	21.0	40.5	13.4	30.5	24.4	13.0	24.0	9.9	51.1
澳大利亚	52.5	25.1	34.8	11.0	22.1	24.7	12.4	26.1	15.4	50.5
非洲国家	52.4	7.3	23.2	4.9	20.7	6.1	7.3	18.3	19.5	26.8
南美国家	53.6	21.4	50.0	17.9	32.1	7.1	7.1	28.6	0.0	28.6
其他国家	53.6	21.9	32.3	11.2	17.8	12.1	17.4	15.1	19.7	24.8

10－6　2005年入境游客对各省(区、市)旅游商品的兴趣
(按外国人、港澳台胞分组)

单位:%

	服装/丝绸	中成药/保健品	食品/茶叶	酒类/香烟	瓷器/陶器	文复品/字画	地毯/挂毯	首饰/珍珠	胶卷/电器	纪念品/工艺品
北　京	55.0	20.7	35.5	11.5	31.1	23.0	13.5	34.1	5.9	34.1
外国人	55.9	20.6	36.3	11.6	30.7	22.4	13.5	33.2	5.7	33.8
香港同胞	48.6	19.9	30.8	8.9	30.1	25.3	14.4	38.4	6.8	37.0
澳门同胞	42.3	30.8	19.2	19.2	53.8	30.8	11.5	34.6	15.4	30.8
台湾同胞	52.0	21.3	33.3	12.0	33.3	29.3	10.7	44.0	4.0	36.0
天　津	34.6	22.2	33.8	16.2	23.2	21.0	22.2	14.8	4.4	34.6
外国人	32.6	21.6	32.8	15.0	22.5	21.6	21.8	14.7	3.9	34.1
香港同胞	39.5	25.6	39.5	23.3	25.6	14.0	18.6	14.0	4.7	44.2
澳门同胞	53.3	20.0	46.7	26.7	40.0	6.7	26.7	6.7	6.7	20.0
台湾同胞	44.1	26.5	32.4	17.6	20.6	29.4	29.4	20.6	8.8	35.3
河　北	24.7	16.4	25.4	14.6	26.9	20.4	11.9	16.6	4.6	52.4
外国人	25.2	17.6	26.6	15.2	26.9	21.5	11.9	17.2	4.3	53.0
香港同胞	23.5	10.3	17.6	7.4	22.1	19.1	13.2	13.2	5.9	47.1
澳门同胞	16.7	0.0	16.7	16.7	25.0	16.7	0.0	8.3	8.3	25.0
台湾同胞	20.8	10.4	18.8	14.6	33.3	6.3	12.5	14.6	6.3	56.3
山　西	16.4	20.3	25.7	26.7	21.3	25.1	11.2	8.1	3.9	52.6
外国人	16.9	19.1	25.9	26.1	21.1	26.9	11.7	8.7	4.4	53.1
香港同胞	19.4	25.8	27.4	25.8	24.2	17.7	11.3	8.1	3.2	58.1
澳门同胞	14.6	31.7	19.5	26.8	19.5	26.8	9.8	7.3	2.4	43.9
台湾同胞	8.5	17.0	25.5	34.0	21.3	12.8	6.4	2.1	0.0	46.8
内蒙古	50.0	14.4	34.8	12.8	12.4	7.4	11.6	20.8	8.6	36.8
外国人	52.3	14.6	36.0	12.5	12.5	7.4	11.0	21.4	8.5	35.2
香港同胞	0.0	8.3	8.3	8.3	0.0	0.0	25.0	8.3	16.7	66.7
澳门同胞	33.3	16.7	16.7	33.3	33.3	33.3	33.3	16.7	16.7	83.3
台湾同胞	10.0	10.0	20.0	20.0	10.0	0.0	10.0	10.0	0.0	50.0

10－6(续1)　　单位:%

	服装/丝绸	中成药/保健品	食品/茶叶	酒类/香烟	瓷器/陶器	文复品/字画	地毯/挂毯	首饰/珍珠	胶卷/电器	纪念品/工艺品
辽　宁	31.4	23.0	36.5	15.9	20.3	15.7	7.6	21.4	6.6	37.6
外国人	33.3	22.7	37.0	16.7	21.3	15.7	6.6	21.1	6.8	37.8
香港同胞	25.0	16.7	39.6	12.5	8.3	14.6	14.6	20.8	2.1	45.8
澳门同胞	0.0	8.3	25.0	0.0	50.0	8.3	0.0	33.3	0.0	33.3
台湾同胞	24.4	39.0	29.3	14.6	12.2	19.5	14.6	22.0	12.2	26.8
吉　林	14.1	29.6	16.0	19.7	16.7	8.3	2.7	11.2	0.5	35.9
外国人	11.4	28.3	16.6	21.0	17.7	8.8	1.0	11.7	0.5	36.9
香港同胞	62.5	25.0	12.5	0.0	0.0	0.0	0.0	12.5	0.0	75.0
澳门同胞	52.9	58.8	5.9	0.0	0.0	0.0	41.2	0.0	0.0	0.0
台湾同胞	0.0	50.0	0.0	0.0	50.0	0.0	0.0	0.0	0.0	0.0
黑龙江	31.9	27.0	38.9	21.6	15.2	13.3	8.2	13.9	11.0	44.9
外国人	32.7	27.6	39.4	22.3	15.7	14.1	8.3	14.3	11.9	44.6
香港同胞	23.3	18.6	39.5	11.6	9.3	9.3	9.3	11.6	2.3	48.8
澳门同胞	20.0	30.0	30.0	30.0	20.0	10.0	0.0	10.0	10.0	50.0
台湾同胞	31.8	27.3	27.3	18.2	9.1	0.0	4.5	9.1	4.5	45.5
上　海	45.6	19.6	41.4	11.0	26.0	22.6	10.2	20.2	4.7	30.7
外国人	45.9	19.8	42.0	10.9	26.8	22.5	10.2	20.3	5.0	30.4
香港同胞	43.9	20.4	41.8	8.2	13.3	15.3	12.2	26.5	3.1	34.7
澳门同胞	50.0	15.0	25.0	10.0	35.0	10.0	10.0	30.0	5.0	30.0
台湾同胞	40.4	15.7	33.7	14.6	22.5	34.8	9.0	9.0	2.2	31.5
江　苏	45.0	13.4	41.9	7.5	19.8	15.2	5.9	19.7	1.2	37.9
外国人	48.6	11.4	39.7	8.5	22.1	15.3	6.3	21.9	0.9	38.8
香港同胞	33.1	13.8	40.0	9.0	13.1	14.5	4.1	15.2	2.1	43.4
澳门同胞	26.9	11.5	38.5	0.0	15.4	19.2	0.0	23.1	0.0	34.6
台湾同胞	43.2	22.6	54.2	2.6	16.8	14.8	6.5	13.5	1.9	29.0

10－6(续2)　　单位:%

	服装/丝绸	中成药/保健品	食品/茶叶	酒类/香烟	瓷器/陶器	文复品/字画	地毯/挂毯	首饰/珍珠	胶卷/电器	纪念品/工艺品
浙　　江	48.9	9.8	50.7	7.7	2.1	15.2	0.3	19.2	3.8	41.9
外 国 人	47.8	9.6	48.6	7.6	2.0	15.4	0.4	18.6	4.5	41.6
香港同胞	57.0	7.5	58.1	7.5	1.1	9.7	0.0	22.6	1.1	46.2
澳门同胞	42.9	42.9	85.7	28.6	14.3	0.0	0.0	28.6	0.0	28.6
台湾同胞	50.0	10.9	59.4	6.3	3.1	23.4	0.0	20.3	0.0	40.6
安　　徽	19.3	13.0	54.5	10.5	15.2	21.2	4.8	11.4	2.4	41.5
外 国 人	20.3	13.3	52.8	11.1	15.3	20.2	4.6	11.8	2.4	43.4
香港同胞	13.6	12.7	68.2	10.0	16.4	24.5	4.5	10.9	2.7	39.1
澳门同胞	12.5	25.0	45.8	16.7	20.8	16.7	16.7	16.7	4.2	33.3
台湾同胞	16.7	8.3	59.1	5.3	12.1	28.0	4.5	7.6	1.5	28.8
福　　建	27.5	19.2	56.1	15.1	22.7	13.4	8.6	15.7	6.3	38.6
外 国 人	27.1	18.2	55.0	15.1	22.8	14.2	9.6	16.6	6.7	35.9
香港同胞	29.1	16.7	62.6	11.0	20.7	9.7	8.4	11.9	5.3	41.0
澳门同胞	31.8	34.1	63.6	15.9	27.3	13.6	9.1	11.4	6.8	40.9
台湾同胞	25.3	22.1	48.7	20.8	24.0	15.6	5.2	18.8	6.5	44.2
江　　西	15.6	16.6	56.9	12.7	51.7	34.7	3.9	7.0	2.7	59.6
外 国 人	19.5	18.8	55.9	13.2	54.1	35.6	3.1	6.9	2.5	60.9
香港同胞	11.3	10.4	55.7	14.8	46.1	27.0	3.5	8.7	5.2	54.8
澳门同胞	5.7	17.1	55.7	5.7	50.0	41.4	4.3	7.1	1.4	67.1
台湾同胞	7.4	11.8	66.2	13.2	47.1	35.3	8.8	4.4	1.5	51.5
山　　东	30.6	18.0	38.3	18.3	16.4	21.0	9.2	16.5	3.2	39.6
外 国 人	30.7	17.8	37.9	19.4	16.9	22.2	10.3	14.9	3.4	39.1
香港同胞	30.4	12.7	44.3	15.2	12.7	16.5	2.5	24.1	0.0	44.3
澳门同胞	16.7	8.3	25.0	25.0	25.0	16.7	16.7	8.3	8.3	41.7
台湾同胞	32.5	25.3	37.3	12.0	14.5	16.9	6.0	22.9	3.6	38.6

	服装/丝绸	中成药/保健品	食品/茶叶	酒类/香烟	瓷器/陶器	文复品/字画	地毯/挂毯	首饰/珍珠	胶卷/电器	纪念品/工艺品
河　南	17.0	15.9	21.7	15.0	23.0	29.8	6.1	7.5	2.5	49.8
外国人	16.9	15.3	22.9	14.5	24.0	30.3	6.5	7.4	2.4	47.3
香港同胞	20.6	26.5	16.2	11.8	19.1	30.9	5.9	4.4	2.9	57.4
澳门同胞	17.9	28.6	21.4	21.4	25.0	17.9	3.6	10.7	7.1	75.0
台湾同胞	14.1	7.1	17.6	18.8	17.6	29.4	4.7	9.4	1.2	54.1
湖　北	34.1	20.4	49.8	19.4	22.7	24.6	8.0	14.6	4.7	43.9
外国人	38.9	20.1	51.4	20.6	27.4	27.1	8.9	17.3	5.9	44.5
香港同胞	25.3	19.4	47.8	18.3	14.5	17.7	7.5	9.7	3.2	43.5
澳门同胞	41.1	19.2	54.8	19.2	15.1	24.7	6.8	15.1	4.1	39.7
台湾同胞	18.2	24.1	41.6	14.6	14.6	21.2	4.4	8.0	1.5	43.8
湖　南	34.0	18.5	47.0	21.8	27.9	17.4	5.9	17.2	3.7	45.7
外国人	36.4	17.5	43.6	25.7	27.5	19.2	5.8	19.4	3.8	44.9
香港同胞	25.2	17.8	65.8	13.4	25.7	10.4	10.4	6.9	5.0	46.5
澳门同胞	41.7	16.7	46.7	10.0	51.7	10.0	0.0	26.7	0.0	36.7
台湾同胞	24.7	27.8	46.8	9.5	24.7	16.5	3.2	11.4	2.5	53.8
广　东	35.2	21.9	38.6	18.2	24.8	18.7	12.5	23.1	10.4	39.3
外国人	36.6	19.2	35.2	15.0	27.1	17.2	10.9	21.8	8.8	41.5
香港同胞	34.9	24.5	43.0	20.7	21.7	19.3	14.3	24.6	12.0	37.1
澳门同胞	38.2	30.8	40.1	27.9	27.1	25.6	18.0	32.6	16.1	39.3
台湾同胞	29.0	20.1	40.4	17.3	21.7	18.0	10.9	18.4	9.1	36.2
广　西	24.9	18.4	29.7	8.7	17.1	18.0	8.9	30.3	3.9	48.9
外国人	29.7	14.4	28.7	7.5	17.0	19.9	8.9	29.3	4.4	49.8
香港同胞	13.4	21.8	35.2	11.3	14.1	16.2	9.2	42.3	2.1	42.3
澳门同胞	14.3	22.4	20.4	10.2	18.4	10.2	14.3	20.4	6.1	40.8
台湾同胞	20.0	30.0	32.0	10.7	20.0	14.0	6.7	26.0	2.7	54.0

10－6(续 4)　　单位：%

	服装/丝绸	中成药/保健品	食品/茶叶	酒类/香烟	瓷器/陶器	文复品/字画	地毯/挂毯	首饰/珍珠	胶卷/电器	纪念品/工艺品
海　南	29.2	15.9	46.1	13.0	16.4	11.3	4.4	55.2	3.3	51.6
外国人	30.0	15.7	44.9	14.1	16.4	12.2	5.1	53.8	3.1	50.5
香港同胞	24.3	14.9	55.4	6.8	17.6	10.8	0.0	59.5	4.1	59.5
澳门同胞	30.8	11.5	42.3	3.8	11.5	3.8	0.0	69.2	0.0	42.3
台湾同胞	25.0	21.7	51.7	11.7	18.3	5.0	3.3	61.7	6.7	58.3
重　庆	41.5	21.0	44.9	17.0	29.5	21.8	8.5	15.9	6.7	46.4
外国人	44.8	21.6	44.6	17.1	33.8	25.5	9.7	17.3	8.8	45.5
香港同胞	33.7	19.8	44.2	16.3	18.6	12.8	4.7	11.6	2.3	46.5
澳门同胞	21.4	14.3	50.0	42.9	14.3	14.3	7.1	7.1	0.0	42.9
台湾同胞	33.3	19.7	47.0	12.1	18.2	10.6	6.1	13.6	0.0	53.0
四　川	30.2	28.8	45.3	14.5	18.2	16.5	7.9	11.5	3.2	37.1
外国人	29.7	28.5	46.2	14.4	19.5	17.4	7.9	11.1	3.3	36.7
香港同胞	36.1	30.6	47.7	15.3	19.9	17.6	10.6	13.4	5.1	34.7
澳门同胞	19.7	31.1	32.8	23.0	13.1	8.2	6.6	14.8	0.0	52.5
台湾同胞	30.7	29.0	42.0	12.9	12.4	13.8	6.0	11.2	2.3	37.6
贵　州	30.4	27.0	43.9	35.7	13.9	14.0	10.0	16.0	8.5	56.9
外国人	31.1	24.6	44.1	33.2	15.3	14.6	10.7	16.2	9.3	59.6
香港同胞	23.1	24.6	36.9	30.8	10.8	9.2	4.6	10.8	6.2	56.9
澳门同胞	27.8	27.8	38.9	50.0	5.6	16.7	5.6	11.1	5.6	55.6
台湾同胞	32.9	41.2	49.4	49.4	10.6	14.1	11.8	20.0	7.1	43.5
云　南	27.8	31.5	55.3	22.9	15.2	13.2	6.8	18.7	2.7	44.3
外国人	30.7	29.2	55.5	23.2	16.5	15.5	7.7	17.8	2.8	43.6
香港同胞	15.1	38.7	54.8	19.4	14.0	7.5	3.2	19.4	2.2	47.3
澳门同胞	26.7	13.3	40.0	20.0	26.7	6.7	13.3	26.7	6.7	40.0
台湾同胞	21.6	43.2	56.8	25.0	5.7	4.5	3.4	22.7	2.3	46.6

10－6(续5)　单位:%

	服装/丝绸	中成药/保健品	食品/茶叶	酒类/香烟	瓷器/陶器	文复品/字画	地毯/挂毯	首饰/珍珠	胶卷/电器	纪念品/工艺品
西　藏	1.5	3.5	1.0	0.0	0.5	60.0	40.0	72.5	3.0	69.0
外国人	1.8	3.0	0.6	0.0	0.6	57.9	40.9	70.1	2.4	68.9
香港同胞	0.0	0.0	0.0	0.0	0.0	75.0	16.7	83.3	0.0	83.3
澳门同胞	0.0	9.1	0.0	0.0	0.0	81.8	54.5	90.9	9.1	54.5
台湾同胞	0.0	7.7	7.7	0.0	0.0	53.8	38.5	76.9	7.7	69.2
陕　西	32.0	12.3	22.3	10.7	27.6	38.0	9.4	16.1	7.9	42.3
外国人	32.6	12.1	23.4	11.1	26.9	37.6	9.7	16.3	8.2	43.0
香港同胞	12.5	12.5	6.3	0.0	34.4	37.5	3.1	12.5	0.0	37.5
澳门同胞	0.0	28.6	0.0	0.0	42.9	57.1	14.3	0.0	14.3	28.6
台湾同胞	40.7	14.8	7.4	11.1	44.4	48.1	7.4	14.8	3.7	25.9
甘　肃	22.1	12.8	24.3	11.8	14.0	20.3	19.6	12.6	6.0	50.8
外国人	22.4	11.8	24.3	11.4	13.4	21.5	19.4	13.1	5.8	50.5
香港同胞	11.8	20.6	26.5	23.5	20.6	8.8	29.4	8.8	8.8	50.0
澳门同胞	18.2	9.1	18.2	18.2	18.2	9.1	18.2	9.1	9.1	63.6
台湾同胞	30.8	26.9	23.1	3.8	19.2	11.5	11.5	7.7	3.8	53.8
青　海	13.2	28.8	11.6	7.6	10.4	8.0	42.8	17.6	1.2	62.0
外国人	13.4	24.2	11.8	4.8	10.8	7.5	40.9	20.4	1.1	61.8
香港同胞	7.7	38.5	7.7	7.7	7.7	7.7	42.3	11.5	0.0	61.5
澳门同胞	50.0	50.0	0.0	0.0	0.0	0.0	50.0	0.0	0.0	50.0
台湾同胞	13.9	44.4	13.9	22.2	11.1	11.1	52.8	8.3	2.8	63.9
宁　夏	18.0	34.0	35.3	15.3	16.0	19.3	28.7	2.7	0.0	54.7
外国人	16.4	31.3	34.3	15.7	17.2	17.2	28.4	3.0	0.0	55.2
香港同胞	20.0	40.0	20.0	0.0	20.0	0.0	40.0	0.0	0.0	40.0
澳门同胞	100.0	100.0	100.0	0.0	0.0	0.0	0.0	0.0	0.0	100.0
台湾同胞	30.0	60.0	50.0	20.0	0.0	60.0	30.0	0.0	0.0	50.0
新　疆	45.1	24.1	31.9	17.7	14.8	17.0	35.6	25.2	2.8	24.2
外国人	42.1	24.2	31.4	17.5	14.2	18.1	32.8	26.0	3.5	27.3
香港同胞	62.9	25.7	21.4	10.0	17.1	25.7	51.4	42.9	1.4	21.4
澳门同胞	46.0	22.0	32.0	26.0	24.0	6.0	40.0	16.0	0.0	16.0
台湾同胞	45.7	22.9	45.7	21.4	10.0	8.6	35.7	8.6	1.4	12.9

十一

入境游客抽样调查总人数及构成

11－1　2005 年入境游客抽样调查总人数及所占比重

		调查总人数		口岸调查人数		其中：过夜旅游者	
		(人)	(%)	(人)	(%)	(人)	(%)
全　国	**总计**	**46 392**	**100**	**15 197**	**32.8**	**12 685**	**83.5**
	团体	18 868	100	4 890	25.9	4 216	86.2
	散客	27 524	100	10 307	37.4	8 469	82.2
外 国 人	小计	32 445	100	9 591	29.6	8 411	87.7
	团体	14 540	100	4 030	27.7	3 447	85.5
	散客	17 905	100	5 561	31.1	4 964	89.3
香港同胞	小计	7 638	100	3 659	47.9	2 636	72.0
	团体	1 843	100	356	19.3	291	81.7
	散客	5 795	100	3 303	57.0	2 345	71.0
澳门同胞	小计	1 784	100	532	29.8	284	53.4
	团体	582	100	61	10.5	42	68.9
	散客	1 202	100	471	39.2	242	51.4
台湾同胞	小计	4 525	100	1 415	31.3	1 354	95.7
	团体	1 903	100	443	23.3	436	98.4
	散客	2 622	100	972	37.1	918	94.4

(按外国人、港澳台胞、团体及散客分组)

一日游游客 (人)	(%)	饭店调查人数 (人)	(%)	游船调查人数 (人)	(%)
2 512	**16.5**	**30 976**	**66.8**	**219**	**0.4**
674	13.8	13 799	73.1	179	1.0
1 838	17.8	17 177	62.4	40	0.2
1 180	12.3	22 703	70.0	151	0.4
583	14.5	10 380	71.4	130	0.9
597	10.7	12 323	68.8	21	0.1
1 023	28.0	3 943	51.6	36	0.5
65	18.3	1 460	79.2	27	1.5
958	29.0	2 483	42.8	9	0.2
248	46.6	1 239	69.5	13	0.7
19	31.1	512	88.0	9	1.5
229	48.6	727	60.5	4	0.3
61	4.3	3 091	68.3	19	0.4
7	1.6	1 447	76.0	13	0.7
54	5.6	1 644	62.7	6	0.2

11－2　2005年入境游客抽样调查总人数及所占比重

		调查总人数		口岸调查人数		其中：过夜旅游者	
		（人）	（%）	（人）	（%）	（人）	（%）
北　京	小计	3 335	100	1 500	45.0	1 483	98.9
	团体	2 270	100	1 349	59.4	1 347	99.9
	散客	1 065	100	151	14.2	136	90.1
天　津	小计	1 100	100	600	54.5	599	99.8
	团体	398	100	279	70.1	279	100.0
	散客	702	100	321	45.7	320	99.7
河　北	小计	890	100	0	0.0	0	0.0
	团体	303	100	0	0.0	0	0.0
	散客	587	100	0	0.0	0	0.0
山　西	小计	690	100	0	0.0	0	0.0
	团体	327	100	0	0.0	0	0.0
	散客	363	100	0	0.0	0	0.0
内蒙古	小计	1 100	100	600	54.5	398	66.3
	团体	579	100	339	58.5	139	41.0
	散客	521	100	261	50.1	259	99.2
辽　宁	小计	1 324	100	707	53.4	596	84.3
	团体	405	100	231	57.0	123	53.2
	散客	919	100	476	51.8	473	99.4
吉　林	小计	679	100	267	39.3	229	85.8
	团体	130	100	83	63.8	83	100.0
	散客	549	100	184	33.5	146	79.3
黑龙江	小计	1 299	100	600	46.2	419	69.8
	团体	712	100	293	41.2	287	98.0
	散客	587	100	307	52.3	132	43.0
上　海	小计	3 296	100	1 497	45.4	1 476	98.6
	团体	692	100	328	47.4	325	99.1
	散客	2 604	100	1169	44.9	1 151	98.5

（按省〈区、市〉、团体及散客分组）

一日游游客		饭店调查人数		游船调查人数	
（人）	（%）	（人）	（%）	（人）	（%）
17	1.1	1 835	55.0	0	0.0
2	0.1	921	40.6	0	0.0
15	9.9	914	85.8	0	0.0
1	0.2	500	45.5	0	0.0
0	0.0	119	29.9	0	0.0
1	0.3	381	54.3	0	0.0
0	0.0	890	100.0	0	0.0
0	0.0	303	100.0	0	0.0
0	0.0	587	100.0	0	0.0
0	0.0	690	100.0	0	0.0
0	0.0	327	100.0	0	0.0
0	0.0	363	100.0	0	0.0
202	33.7	500	45.5	0	0.0
200	59.0	240	41.5	0	0.0
2	0.8	260	49.9	0	0.0
111	15.7	617	46.6	0	0.0
108	46.8	174	43.0	0	0.0
3	0.6	443	48.2	0	0.0
38	14.2	412	60.7	0	0.0
0	0.0	47	36.2	0	0.0
38	20.7	365	66.5	0	0.0
181	30.2	699	53.8	0	0.0
6	2.0	419	58.8	0	0.0
175	57.0	280	47.7	0	0.0
21	1.4	1 799	54.6	0	0.0
3	0.9	364	52.6	0	0.0
18	1.5	1 435	55.1	0	0.0

11－2(续 1)

		调查总人数 (人)	调查总人数 (%)	口岸调查人数 (人)	口岸调查人数 (%)	其中：过夜旅游者 (人)	其中：过夜旅游者 (%)
江　苏	小计	1 419	100	400	28.2	397	99.3
	团体	500	100	120	24.0	120	100.0
	散客	919	100	280	30.5	277	98.9
浙　江	小计	1 399	100	499	35.7	499	100.0
	团体	414	100	147	35.5	147	100.0
	散客	985	100	352	35.7	352	100.0
安　徽	小计	1 397	100	0	0.0	0	0.0
	团体	826	100	0	0.0	0	0.0
	散客	571	100	0	0.0	0	0.0
福　建	小计	1 791	100	795	44.4	692	87.0
	团体	450	100	180	40.0	83	46.1
	散客	1 341	100	615	45.9	609	99.0
江　西	小计	700	100	0	0.0	0	0.0
	团体	369	100	0	0.0	0	0.0
	散客	331	100	0	0.0	0	0.0
山　东	小计	1 615	100	802	49.7	640	79.8
	团体	407	100	138	33.9	101	73.2
	散客	1 208	100	664	55.0	539	81.2
河　南	小计	801	100	0	0.0	0	0.0
	团体	600	100	0	0.0	0	0.0
	散客	201	100	0	0.0	0	0.0
湖　北	小计	1 079	100	0	0.0	0	0.0
	团体	371	100	0	0.0	0	0.0
	散客	708	100	0	0.0	0	0.0
湖　南	小计	1 537	100	0	0.0	0	0.0
	团体	935	100	0	0.0	0	0.0
	散客	602	100	0	0.0	0	0.0
广　东	小计	10 103	100	5 144	50.9	3 801	73.9
	团体	1 539	100	233	15.1	209	89.7
	散客	8 564	100	4 911	57.3	3 592	73.1
广　西	小计	1 693	100	735	43.4	502	68.3
	团体	1 008	100	587	58.2	395	67.3
	散客	685	100	148	21.6	107	72.3

一日游游客		饭店调查人数		游船调查人数	
(人)	(%)	(人)	(%)	(人)	(%)
3	0.7	1 019	71.8	0	0.0
0	0.0	380	76.0	0	0.0
3	1.1	639	69.5	0	0.0
0	0.0	900	64.3	0	0.0
0	0.0	267	64.5	0	0.0
0	0.0	633	64.3	0	0.0
0	0.0	1 397	100.0	0	0.0
0	0.0	826	100.0	0	0.0
0	0.0	571	100.0	0	0.0
103	13.0	996	55.6	0	0.0
97	53.9	270	60.0	0	0.0
6	1.0	726	54.1	0	0.0
0	0.0	700	100.0	0	0.0
0	0.0	369	100.0	0	0.0
0	0.0	331	100.0	0	0.0
162	20.2	813	50.3	0	0.0
37	26.8	269	66.1	0	0.0
125	18.8	544	45.0	0	0.0
0	0.0	801	100.0	0	0.0
0	0.0	600	100.0	0	0.0
0	0.0	201	100.0	0	0.0
0	0.0	988	91.6	91	8.4
0	0.0	303	81.7	68	18.3
0	0.0	685	96.8	23	3.2
0	0.0	1 537	100.0	0	0.0
0	0.0	935	100.0	0	0.0
0	0.0	602	100.0	0	0.0
1 343	26.1	4 959	49.1	0	0.0
24	10.3	1 306	84.9	0	0.0
1 319	26.9	3 653	42.7	0	0.0
233	31.7	958	56.6	0	0.0
192	32.7	421	41.8	0	0.0
41	27.7	537	78.4	0	0.0

11－2(续 2)

		调查总人数（人）	（%）	口岸调查人数（人）	（%）	其中：过夜旅游者（人）	（%）
海南	小计	900	100	0	0.0	0	0.0
	团体	502	100	0	0.0	0	0.0
	散客	398	100	0	0.0	0	0.0
重庆	小计	610	100	0	0.0	0	0.0
	团体	293	100	0	0.0	0	0.0
	散客	317	100	0	0.0	0	0.0
四川	小计	2 122	100	0	0.0	0	0.0
	团体	1 247	100	0	0.0	0	0.0
	散客	875	100	0	0.0	0	0.0
贵州	小计	599	100	0	0.0	0	0.0
	团体	375	100	0	0.0	0	0.0
	散客	224	100	0	0.0	0	0.0
云南	小计	1 410	100	601	42.6	520	86.5
	团体	688	100	238	34.6	235	98.7
	散客	722	100	363	50.3	285	78.5
西藏	小计	200	100	0	0.0	0	0.0
	团体	152	100	0	0.0	0	0.0
	散客	48	100	0	0.0	0	0.0
陕西	小计	1 101	100	0	0.0	0	0.0
	团体	845	100	0	0.0	0	0.0
	散客	256	100	0	0.0	0	0.0
甘肃	小计	705	100	0	0.0	0	0.0
	团体	526	100	0	0.0	0	0.0
	散客	179	100	0	0.0	0	0.0
青海	小计	250	100	0	0.0	0	0.0
	团体	131	100	0	0.0	0	0.0
	散客	119	100	0	0.0	0	0.0
宁夏	小计	150	100	0	0.0	0	0.0
	团体	5	100	0	0.0	0	0.0
	散客	145	100	0	0.0	0	0.0
新疆	小计	1 098	100	450	41.0	434	96.4
	团体	869	100	345	39.7	343	99.4
	散客	229	100	105	45.9	91	86.7

一日游游客		饭店调查人数		游船调查人数	
（人）	（%）	（人）	（%）	（人）	（%）
0	0.0	900	100.0	0	0.0
0	0.0	502	100.0	0	0.0
0	0.0	398	100.0	0	0.0
0	0.0	482	79.0	128	21.0
0	0.0	182	62.1	111	37.9
0	0.0	300	94.6	17	5.4
0	0.0	2 122	100.0	0	0.0
0	0.0	1 247	100.0	0	0.0
0	0.0	875	100.0	0	0.0
0	0.0	599	100.0	0	0.0
0	0.0	375	100.0	0	0.0
0	0.0	224	100.0	0	0.0
81	13.5	809	57.4	0	0.0
3	1.3	450	65.4	0	0.0
78	21.5	359	49.7	0	0.0
0	0.0	200	100.0	0	0.0
0	0.0	152	100.0	0	0.0
0	0.0	48	100.0	0	0.0
0	0.0	1 101	100.0	0	0.0
0	0.0	845	100.0	0	0.0
0	0.0	256	100.0	0	0.0
0	0.0	705	100.0	0	0.0
0	0.0	526	100.0	0	0.0
0	0.0	179	100.0	0	0.0
0	0.0	250	100.0	0	0.0
0	0.0	131	100.0	0	0.0
0	0.0	119	100.0	0	0.0
0	0.0	150	100.0	0	0.0
0	0.0	5	100.0	0	0.0
0	0.0	145	100.0	0	0.0
16	3.6	648	59.0	0	0.0
2	0.6	524	60.3	0	0.0
14	13.3	124	54.1	0	0.0

11－3 2005年口岸调查入境游客人数及所占比重

		调查人数		男性		女性	
		(人)	(%)	(人)	(%)	(人)	(%)
全　　国	**总计**	**15 197**	**100**	**9 254**	**60.9**	**5 943**	**39.1**
	团体	4890	100	2 456	50.2	2 434	49.8
	散客	10 307	100	6 798	66.0	3 509	34.0
外 国 人	小计	9 591	100	5 979	62.3	3 612	37.7
	团体	4 030	100	2 075	51.5	1 955	48.5
	散客	5 561	100	3 904	70.2	1 657	29.8
香港同胞	小计	3 659	100	2 108	57.6	1 551	42.4
	团体	356	100	138	38.8	218	61.2
	散客	3 303	100	1 970	59.6	1 333	40.4
澳门同胞	小计	532	100	249	46.8	283	53.2
	团体	61	100	30	49.2	31	50.8
	散客	471	100	219	46.5	252	53.5
台湾同胞	小计	1 415	100	918	64.9	497	35.1
	团体	443	100	213	48.1	230	51.9
	散客	972	100	705	72.5	267	27.5

（按外国人、港澳台胞、团体及散客、性别、年龄分组）

14岁及以下		15～24岁		25～44岁		45～64岁		65岁及以上	
（人）	（%）	（人）	（%）	（人）	（%）	（人）	（%）	（人）	（%）
123	**0.8**	**1 651**	**10.9**	**7 614**	**50.1**	**4 999**	**32.9**	**810**	**5.3**
52	1.1	679	13.9	1 961	40.1	1 752	35.8	446	9.1
71	0.8	972	9.4	5 653	54.8	3 247	31.5	364	3.5
72	0.7	1 051	11.0	4 503	47.0	3 389	35.3	576	6.0
45	1.2	565	14.0	1 622	40.2	1 435	35.6	363	9.0
27	0.6	486	8.7	2 881	51.8	1 954	35.1	213	3.8
23	0.6	366	10.0	2 167	59.2	979	26.8	124	3.4
3	1.0	71	19.9	113	31.7	129	36.2	40	11.2
20	0.7	295	8.9	2 054	62.2	850	25.7	84	2.5
22	4.1	158	29.7	227	42.7	97	18.2	28	5.3
2	3.4	11	18.0	29	47.5	16	26.2	3	4.9
20	4.3	147	31.2	198	42.0	81	17.2	25	5.3
6	0.4	76	5.4	717	50.7	534	37.7	82	5.8
2	0.5	32	7.2	197	44.5	172	38.8	40	9.0
4	0.5	44	4.5	520	53.5	362	37.2	42	4.3

11－4 2005年口岸调查入境游客人数及所占比重

		调查人数		政府工作人员		专业技术人员		职员		技工工人	
		(人)	(%)	(人)	(%)	(人)	(%)	(人)	(%)	(人)	(%)
全国	**总计**	**15 197**	**100**	**468**	**3.1**	**2 448**	**16.1**	**1 978**	**13.0**	**815**	**5.4**
	团体	4 890	100	247	5.1	607	12.4	710	14.5	214	4.4
	散客	10 307	100	221	2.1	1 841	17.9	1 268	12.3	601	5.8
外国人	小计	9 591	100	334	3.5	1 563	16.3	1 014	10.6	521	5.4
	团体	4 030	100	216	5.4	515	12.8	539	13.4	175	4.3
	散客	5 561	100	118	2.1	1 048	18.8	475	8.5	346	6.2
香港同胞	小计	3 659	100	87	2.4	598	16.3	715	19.5	218	6.0
	团体	356	100	12	3.4	39	11.0	63	17.7	16	4.5
	散客	3 303	100	75	2.3	559	16.9	652	19.7	202	6.1
澳门同胞	小计	532	100	12	2.3	48	9.0	59	11.1	25	4.7
	团体	61	100	5	8.2	10	16.4	18	29.5	4	6.5
	散客	471	100	7	1.5	38	8.1	41	8.7	21	4.5
台湾同胞	小计	1 415	100	35	2.5	239	16.9	190	13.4	51	3.6
	团体	443	100	14	3.2	43	9.7	90	20.3	19	4.3
	散客	972	100	21	2.2	196	20.2	100	10.3	32	3.3

（按外国人、港澳台胞、团体及散客、职业分组）

商贸人员		服务员推销员		退休人员		家庭妇女		军人		学生		其他	
（人）	（%）	（人）	（%）	（人）	（%）	（人）	（%）	（人）	（%）	（人）	（%）	（人）	（%）
4 217	**27.7**	**548**	**3.6**	**1 130**	**7.4**	**1 072**	**7.1**	**62**	**0.4**	**1 228**	**8.1**	**1 231**	**8.1**
916	18.7	131	2.7	585	12.0	428	8.8	21	0.3	541	11.1	490	10.0
3 301	32.0	417	4.0	545	5.3	644	6.2	41	0.5	687	6.7	741	7.2
2 894	30.2	234	2.4	740	7.7	593	6.2	48	0.5	803	8.4	847	8.8
813	20.2	104	2.6	486	12.1	302	7.5	21	0.4	444	11.0	415	10.3
2 081	37.4	130	2.3	254	4.6	291	5.2	27	0.6	359	6.5	432	7.8
797	21.8	236	6.4	252	6.9	325	8.9	10	0.3	215	5.9	206	5.6
31	8.7	11	3.0	53	14.9	54	15.2	0	0.0	63	17.7	14	3.9
766	23.2	225	6.8	199	6.0	271	8.2	10	0.4	152	4.6	192	5.8
57	10.7	34	6.4	39	7.3	46	8.6	1	0.2	149	28.0	62	11.7
4	6.6	0	0.0	5	8.2	7	11.5	0	0.0	5	8.2	3	4.9
53	11.3	34	7.2	34	7.2	39	8.3	1	0.1	144	30.6	59	12.5
469	33.1	44	3.1	99	7.0	108	7.6	3	0.3	61	4.3	116	8.2
68	15.3	16	3.6	41	9.3	65	14.7	0	0.0	29	6.5	58	13.1
401	41.3	28	2.9	58	6.0	43	4.4	3	0.1	32	3.3	58	6.0

11－5 2005年口岸调查入境游客人数及所占比重

		调查人数		观光游览		休闲度假		探亲访友	
		(人)	(%)	(人)	(%)	(人)	(%)	(人)	(%)
全　　国	**总计**	**15 197**	**100**	**4 313**	**28.4**	**2 375**	**15.6**	**1 780**	**11.7**
	团体	4 890	100	2 863	58.5	859	17.6	73	1.5
	散客	10 307	100	1 450	14.1	1 516	14.7	1 707	16.6
外 国 人	小计	9 591	100	3 050	31.8	1 223	12.8	663	6.9
	团体	4 030	100	2 279	56.6	689	17.1	55	1.4
	散客	5 561	100	771	13.9	534	9.6	608	10.9
香港同胞	小计	3 659	100	715	19.5	823	22.5	839	22.9
	团体	356	100	237	66.6	68	19.1	8	2.2
	散客	3 303	100	478	14.5	755	22.9	831	25.2
澳门同胞	小计	532	100	102	19.2	133	25.0	108	20.3
	团体	61	100	33	54.1	14	23.0	1	1.5
	散客	471	100	69	14.6	119	25.3	107	22.7
台湾同胞	小计	1 415	100	446	31.5	196	13.9	170	12.0
	团体	443	100	314	70.9	88	19.9	9	2.0
	散客	972	100	132	13.6	108	11.1	161	16.6

（按外国人、港澳台胞、团体及散客、旅游目的分组）

商务		会议		宗教朝拜		文化/体育/科技交流		其他	
（人）	（%）	（人）	（%）	（人）	（%）	（人）	（%）	（人）	（%）
4 826	**31.8**	**497**	**3.3**	**52**	**0.3**	**354**	**2.3**	**1 000**	**6.6**
694	14.2	60	1.2	16	0.3	170	3.5	155	3.2
4 132	40.1	437	4.2	36	0.3	184	1.8	845	8.2
3 312	34.5	322	3.4	34	0.3	255	2.7	732	7.6
668	16.6	53	1.3	9	0.2	135	3.3	142	3.5
2 644	47.5	269	4.8	25	0.5	120	2.2	590	10.6
953	26.0	126	3.4	8	0.4	71	1.9	124	3.4
11	3.1	2	0.6	2	0.6	27	7.6	1	0.2
942	28.5	124	3.8	6	0.1	44	1.3	123	3.7
68	12.8	13	2.4	1	0.2	8	1.5	99	18.6
2	3.3	2	3.3	0	0.0	4	6.6	5	8.2
66	14.0	11	2.3	1	0.3	4	0.8	94	20.0
493	34.8	36	2.5	9	0.7	20	1.4	45	3.2
13	2.9	3	0.7	5	1.1	4	0.9	7	1.6
480	49.4	33	3.4	4	0.4	16	1.6	38	3.9

11－6　2005年口岸调查外国游客人数

	调查人数		男性		女性	
	(人)	(%)	(人)	(%)	(人)	(%)
外国人	**9 591**	**100**	**5 979**	**62.3**	**3 612**	**37.7**
日本	1 306	100	1 073	82.2	233	17.8
菲律宾	96	100	71	74.0	25	26.0
泰国	126	100	82	65.1	44	34.9
新加坡	367	100	215	58.6	152	41.4
印度尼西亚	88	100	46	52.3	42	47.7
马来西亚	233	100	159	68.2	74	31.8
韩国	1 513	100	977	64.6	536	35.4
朝鲜	97	100	46	47.4	51	52.6
蒙古	227	100	93	41.0	134	59.0
印度	116	100	98	84.5	18	15.5
英国	361	100	233	64.5	128	35.5
法国	268	100	156	58.2	112	41.8
德国	112	100	97	86.6	15	13.4
意大利	62	100	46	74.2	16	25.8
荷兰	86	100	54	62.8	32	37.2
瑞典	71	100	42	59.2	29	40.8
俄罗斯	1 469	100	645	43.9	824	56.1
瑞士	45	100	34	75.6	11	24.4
美国	1 000	100	603	60.3	397	39.7
加拿大	262	100	156	59.5	106	40.5
澳大利亚	299	100	184	61.5	115	38.5
非洲国家	82	100	58	70.7	24	29.3
南美国家	28	100	25	89.3	3	10.7
其他国家	1 277	100	786	61.6	491	38.4

及所占比重（按国别、性别、年龄分组）

14岁及以下		15～24岁		25～44岁		45～64岁		65岁及以上	
（人）	（%）	（人）	（%）	（人）	（%）	（人）	（%）	（人）	（%）
72	**0.7**	**1 051**	**11.0**	**4 503**	**47.0**	**3 389**	**35.3**	**576**	**6.0**
4	0.3	52	4.0	524	40.1	625	47.9	101	7.7
0	0.0	7	7.3	65	67.7	22	22.9	2	2.1
0	0.0	7	5.6	75	59.5	42	33.3	2	1.6
4	1.1	34	9.3	174	47.4	130	35.4	25	6.8
1	1.1	12	13.6	40	45.5	25	28.4	10	11.4
0	0.0	14	6.0	128	54.9	81	34.8	10	4.3
15	1.0	194	12.8	679	44.9	528	34.9	97	6.4
0	0.0	10	10.3	53	54.6	27	27.8	7	7.3
3	1.3	15	6.6	155	68.3	46	20.3	8	3.5
0	0.0	14	12.1	74	63.8	28	24.1	0	0.0
4	1.0	50	13.9	174	48.2	110	30.5	23	6.4
0	0.0	28	10.5	69	25.7	141	52.6	30	11.2
0	0.0	2	1.7	72	64.3	33	29.5	5	4.5
3	4.8	5	8.1	37	59.7	16	25.8	1	1.6
1	1.1	5	5.8	44	51.2	33	38.4	3	3.5
0	0.0	3	4.2	43	60.6	22	31.0	3	4.2
23	1.6	198	13.5	744	50.6	439	29.9	65	4.4
1	2.3	3	6.7	24	53.3	15	33.3	2	4.4
10	1.0	160	16.0	331	33.1	398	39.8	101	10.1
0	0.0	48	18.3	111	42.4	93	35.5	10	3.8
1	0.4	30	10.0	122	40.8	125	41.8	21	7.0
0	0.0	8	9.7	54	65.9	20	24.4	0	0.0
0	0.0	1	3.6	10	35.7	15	53.6	2	7.1
2	0.1	151	11.8	701	54.9	375	29.4	48	3.8

11－7 2005年口岸调查外国游客人数

	调查人数		政府工作人员		专业技术人员		职员		技工工人	
	（人）	（%）	（人）	（%）	（人）	（%）	（人）	（%）	（人）	（%）
外国人	**9 591**	**100**	**334**	**3.5**	**1 563**	**16.3**	**1 014**	**10.6**	**521**	**5.4**
日本	1 306	100	17	1.3	212	16.2	128	9.8	103	7.9
菲律宾	96	100	3	3.1	20	20.8	5	5.2	14	14.6
泰国	126	100	2	1.4	15	11.9	22	17.5	6	4.8
新加坡	367	100	10	2.7	96	26.2	54	14.7	13	3.5
印度尼西亚	88	100	1	1.1	10	11.4	11	12.5	0	0.0
马来西亚	233	100	5	2.1	41	17.6	21	9.0	11	4.7
韩国	1 513	100	54	3.6	159	10.5	229	15.1	52	3.4
朝鲜	97	100	5	5.2	13	13.4	12	12.4	10	10.3
蒙古	227	100	8	3.5	13	5.7	30	13.2	18	7.9
印度	116	100	1	0.9	35	30.2	5	4.3	2	1.7
英国	361	100	11	3.0	89	24.7	41	11.4	15	4.2
法国	268	100	22	8.2	43	16.0	38	14.2	8	3.0
德国	112	100	3	2.5	24	21.4	7	6.3	14	12.5
意大利	62	100	2	3.3	9	14.5	2	3.2	8	12.9
荷兰	86	100	0	0.0	23	26.7	9	10.5	3	3.5
瑞典	71	100	0	0.0	17	23.9	11	15.5	1	1.4
俄罗斯	1 469	100	74	5.0	143	9.7	155	10.6	108	7.4
瑞士	45	100	0	0.0	13	28.9	2	4.4	3	6.7
美国	1 000	100	28	2.8	265	26.5	67	6.7	38	3.8
加拿大	262	100	5	1.9	55	21.0	25	9.5	11	4.2
澳大利亚	299	100	6	2.1	94	31.4	24	8.0	10	3.3
非洲国家	82	100	2	2.5	10	12.2	4	4.9	0	0.0
南美国家	28	100	1	3.5	8	28.6	1	3.6	1	3.6
其他国家	1 277	100	74	5.8	156	12.2	111	8.7	72	5.6

及所占比重(按国别、职业分组)

商贸人员 (人)	商贸人员 (%)	服务员推销员 (人)	服务员推销员 (%)	退休人员 (人)	退休人员 (%)	家庭妇女 (人)	家庭妇女 (%)	军人 (人)	军人 (%)	学生 (人)	学生 (%)	其他 (人)	其他 (%)
2 894	**30.2**	**234**	**2.4**	**740**	**7.7**	**593**	**6.2**	**48**	**0.5**	**803**	**8.4**	**847**	**8.8**
553	42.3	22	1.7	89	6.8	67	5.1	3	0.3	40	3.1	72	5.5
16	16.7	2	2.1	4	4.2	5	5.2	0	0.0	2	2.1	25	26.0
54	42.9	5	4.0	2	1.6	7	5.6	0	0.0	2	1.6	11	8.7
86	23.4	9	2.5	29	7.9	17	4.6	1	0.4	28	7.6	24	6.5
21	23.9	0	0.0	8	9.1	15	17.0	0	0.0	7	8.0	15	17.0
91	39.1	4	1.7	17	7.3	20	8.6	0	0.0	10	4.3	13	5.6
403	26.6	27	1.8	83	5.5	144	9.5	4	0.4	205	13.5	153	10.1
7	7.2	8	8.2	5	5.2	16	16.5	0	0.0	10	10.3	11	11.3
82	36.1	10	4.4	16	7.0	21	9.3	2	1.0	3	1.3	24	10.6
51	44.0	3	2.6	0	0.0	4	3.4	0	0.0	7	6.0	8	6.9
75	20.8	4	1.0	21	5.8	17	4.7	0	0.0	40	11.1	48	13.3
34	12.7	1	0.3	67	25.0	16	6.0	0	0.0	30	11.2	9	3.4
43	38.4	0	0.0	6	5.4	6	5.4	0	0.0	2	1.8	7	6.3
24	38.7	0	0.0	2	3.2	2	3.2	0	0.0	5	8.1	8	12.9
24	27.9	1	1.1	8	9.3	6	7.0	1	1.2	4	4.7	7	8.1
17	23.9	2	2.8	2	2.8	7	9.9	0	0.0	6	8.5	8	11.3
424	28.9	52	3.5	159	10.8	105	7.1	12	0.8	161	11.0	76	5.2
13	28.9	2	4.4	4	8.9	0	0.0	0	0.0	4	8.9	4	8.9
185	18.5	20	2.0	109	10.9	40	4.0	1	0.1	100	10.0	147	14.7
67	25.6	1	0.4	17	6.5	11	4.2	0	0.0	38	14.5	32	12.2
68	22.7	10	3.3	34	11.4	8	2.7	0	0.0	20	6.7	25	8.4
55	67.1	0	0.0	1	1.2	1	1.2	2	2.4	6	7.3	1	1.2
10	35.7	1	3.6	3	10.7	0	0.0	0	0.0	1	3.6	2	7.1
491	38.4	50	3.9	54	4.2	58	4.5	22	1.9	72	5.6	117	9.2

11－8　2005年口岸调查外国游客人数

	调查人数		观光游览		休闲度假		探亲访友	
	（人）	（%）	（人）	（%）	（人）	（%）	（人）	（%）
外国人	**9 591**	**100**	**3 050**	**31.8**	**1 223**	**12.8**	**663**	**6.9**
日本	1 306	100	302	23.1	90	6.9	47	3.6
菲律宾	96	100	10	10.4	19	19.8	5	5.2
泰国	126	100	27	21.4	23	18.3	5	3.9
新加坡	367	100	97	26.4	76	20.7	53	14.4
印度尼西亚	88	100	22	25.0	16	18.2	11	12.5
马来西亚	233	100	73	31.3	40	17.2	35	15.0
韩国	1 513	100	702	46.4	124	8.2	70	4.6
朝鲜	97	100	86	88.7	1	0.9	5	5.2
蒙古	227	100	16	7.0	6	2.6	178	78.4
印度	116	100	15	12.9	12	10.3	6	5.2
英国	361	100	133	36.8	64	17.7	18	5.0
法国	268	100	151	56.3	32	11.9	4	1.5
德国	112	100	13	11.6	10	8.9	2	1.8
意大利	62	100	10	16.1	9	14.5	3	4.8
荷兰	86	100	20	23.3	17	19.8	5	5.8
瑞典	71	100	20	28.2	16	22.5	5	7.0
俄罗斯	1 469	100	414	28.2	247	16.8	23	1.6
瑞士	45	100	10	22.2	10	22.2	3	6.7
美国	1 000	100	401	40.1	135	13.5	74	7.4
加拿大	262	100	68	26.0	46	17.6	36	13.7
澳大利亚	299	100	87	29.1	71	23.7	13	4.3
非洲国家	82	100	3	3.7	4	4.9	4	4.9
南美国家	28	100	8	28.6	6	21.4	1	3.5
其他国家	1 277	100	362	28.3	149	11.7	57	4.5

及所占比重(按国别、旅游目的分组)

商务		会议		宗教朝拜		文化/体育/科技交流		其他	
(人)	(%)	(人)	(%)	(人)	(%)	(人)	(%)	(人)	(%)
3 312	**34.5**	**322**	**3.4**	**34**	**0.3**	**255**	**2.7**	**732**	**7.6**
712	54.5	85	6.5	1	0.1	20	1.5	49	3.8
17	17.7	4	4.2	0	0.0	4	4.2	37	38.5
53	42.1	7	5.6	0	0.0	1	0.8	10	7.9
102	27.8	15	4.1	1	0.3	9	2.5	14	3.8
21	23.9	4	4.5	1	1.1	2	2.3	11	12.5
72	30.9	3	1.3	0	0.0	1	0.4	9	3.9
399	26.4	45	3.0	7	0.5	46	3.0	120	7.9
5	5.2	0	0.0	0	0.0	0	0.0	0	0.0
5	2.2	9	4.0	3	1.4	3	1.3	7	3.1
59	50.9	8	6.9	0	0.0	2	1.7	14	12.1
112	31.0	9	2.5	0	0.0	6	1.7	19	5.3
45	16.8	12	4.5	0	0.0	16	6.0	8	3.0
72	64.3	8	7.1	0	0.0	0	0.0	7	6.3
28	45.2	5	8.1	1	1.6	2	3.2	4	6.5
37	43.0	2	2.3	1	1.2	2	2.3	2	2.3
20	28.2	8	11.3	0	0.0	0	0.0	2	2.8
501	34.1	51	3.5	7	0.4	17	1.2	209	14.2
17	37.8	0	0.0	0	0.0	5	11.1	0	0.0
243	24.3	15	1.5	5	0.5	87	8.7	40	4.0
84	32.1	6	2.3	1	0.2	2	0.8	19	7.3
93	31.1	4	1.4	0	0.0	9	3.0	22	7.4
64	78.0	2	2.4	0	0.0	0	0.0	5	6.1
12	42.9	1	3.6	0	0.0	0	0.0	0	0.0
539	42.2	19	1.5	6	0.5	21	1.6	124	9.7

11－9　2005年饭店调查入境游客人数及所占比重

		调查人数		男　性		女　性	
		(人)	(%)	(人)	(%)	(人)	(%)
北　京	小计	1 835	100	1 066	58.1	769	41.9
	团体	921	100	456	49.5	465	50.5
	散客	914	100	610	66.7	304	33.3
天　津	小计	500	100	310	62.0	190	38.0
	团体	119	100	68	57.1	51	42.9
	散客	381	100	242	63.5	139	36.5
河　北	小计	890	100	587	66.0	303	34.0
	团体	303	100	169	55.8	134	44.2
	散客	587	100	418	71.2	169	28.8
山　西	小计	690	100	423	61.3	267	38.7
	团体	327	100	191	58.4	136	41.6
	散客	363	100	232	63.9	131	36.1
内蒙古	小计	500	100	264	52.8	236	47.2
	团体	240	100	111	46.2	129	53.8
	散客	260	100	153	58.8	107	41.2
辽　宁	小计	617	100	395	64.0	222	36.0
	团体	174	100	92	52.9	82	47.1
	散客	443	100	303	68.4	140	31.6
吉　林	小计	412	100	338	82.0	74	18.0
	团体	47	100	13	27.7	34	72.3
	散客	365	100	325	89.0	40	11.0
黑龙江	小计	699	100	414	59.2	285	40.8
	团体	419	100	226	53.9	193	46.1
	散客	280	100	188	67.1	92	32.9
上　海	小计	1 799	100	1 234	68.6	565	31.4
	团体	364	100	197	54.1	167	45.9
	散客	1 435	100	1 037	72.3	398	27.7
江　苏	小计	1 019	100	698	68.5	321	31.5
	团体	380	100	231	60.8	149	39.2
	散客	639	100	467	73.1	172	26.9

（按省〈区、市〉、团体及散客、性别、外国人、港澳台胞分组）

外国人		香港同胞		澳门同胞		台湾同胞	
（人）	（%）	（人）	（%）	（人）	（%）	（人）	（%）
1 588	86.5	146	8.0	26	1.4	75	4.1
812	88.2	57	6.2	17	1.8	35	3.8
776	84.9	89	9.7	9	1.0	40	4.4
408	81.6	43	8.6	15	3.0	34	6.8
95	79.8	7	5.9	3	2.5	14	11.8
313	82.2	36	9.4	12	3.2	20	5.2
762	85.6	68	7.6	12	1.4	48	5.4
269	88.8	21	6.9	1	0.3	12	4.0
493	84.0	47	8.0	11	1.9	36	6.1
540	78.3	62	9.0	41	5.9	47	6.8
252	77.1	30	9.2	16	4.8	29	8.9
288	79.3	32	8.8	25	6.9	18	5.0
472	94.4	12	2.4	6	1.2	10	2.0
223	92.9	8	3.3	3	1.3	6	2.5
249	95.8	4	1.5	3	1.2	4	1.5
516	83.6	48	7.8	12	2.0	41	6.6
147	84.5	9	5.2	3	1.7	15	8.6
369	83.3	39	8.8	9	2.0	26	5.9
385	93.4	8	1.9	17	4.1	2	0.6
44	93.6	1	2.1	2	4.3	0	0.0
341	93.4	7	1.9	15	4.1	2	0.6
624	89.3	43	6.2	10	1.4	22	3.1
395	94.3	9	2.1	6	1.5	9	2.1
229	81.8	34	12.1	4	1.5	13	4.6
1 592	88.5	98	5.4	20	1.2	89	4.9
334	91.8	17	4.7	2	0.5	11	3.0
1 258	87.7	81	5.6	18	1.3	78	5.4
693	68.0	145	14.2	26	2.6	155	15.2
226	59.5	65	17.1	13	3.4	76	20.0
467	73.1	80	12.5	13	2.0	79	12.4

11－9(续1)

		调查人数		男性		女性	
		(人)	(%)	(人)	(%)	(人)	(%)
浙江	小计	900	100	602	66.9	298	33.1
	团体	267	100	129	48.3	138	51.7
	散客	633	100	473	74.7	160	25.3
安徽	小计	1 397	100	847	60.6	550	39.4
	团体	826	100	451	54.6	375	45.4
	散客	571	100	396	69.4	175	30.6
福建	小计	996	100	650	65.3	346	34.7
	团体	270	100	144	53.3	126	46.7
	散客	726	100	506	69.7	220	30.3
江西	小计	700	100	452	64.6	248	35.4
	团体	369	100	207	56.1	162	43.9
	散客	331	100	245	74.0	86	26.0
山东	小计	813	100	519	63.8	294	36.2
	团体	269	100	139	51.7	130	48.3
	散客	544	100	380	69.9	164	30.1
河南	小计	801	100	457	57.1	344	42.9
	团体	600	100	324	54.0	276	46.0
	散客	201	100	133	66.2	68	33.8
湖北	小计	1 079	100	662	61.4	417	38.6
	团体	371	100	201	54.2	170	45.8
	散客	708	100	461	65.1	247	34.9
湖南	小计	1 537	100	924	60.1	613	39.9
	团体	935	100	536	57.3	399	42.7
	散客	602	100	388	64.5	214	35.5
广东	小计	4 959	100	2 951	59.5	2 008	40.5
	团体	1 306	100	637	48.8	669	51.2
	散客	3 653	100	2 314	63.3	1 339	36.7
广西	小计	958	100	569	59.4	389	40.6
	团体	421	100	221	52.5	200	47.5
	散客	537	100	348	64.8	189	35.2
海南	小计	900	100	511	56.8	389	43.2
	团体	502	100	288	57.4	214	42.6
	散客	398	100	223	56.0	175	44.0

外国人		香港同胞		澳门同胞		台湾同胞	
（人）	（%）	（人）	（%）	（人）	（%）	（人）	（%）
736	81.8	93	10.3	7	0.8	64	7.1
213	79.8	28	10.5	5	1.8	21	7.9
523	82.6	65	10.3	2	0.3	43	6.8
1 131	81.0	110	7.9	24	1.7	132	9.4
681	82.4	55	6.7	15	1.8	75	9.1
450	78.8	55	9.6	9	1.6	57	10.0
571	57.3	227	22.8	44	4.4	154	15.5
177	65.6	55	20.4	9	3.3	29	10.7
394	54.3	172	23.7	35	4.8	125	17.2
447	63.9	115	16.4	70	10.0	68	9.7
244	66.1	47	12.7	54	14.6	24	6.6
203	61.3	68	20.5	16	4.9	44	13.3
639	78.6	79	9.7	12	1.5	83	10.2
198	73.6	36	13.4	7	2.6	28	10.4
441	81.1	43	7.9	5	0.9	55	10.1
620	77.4	68	8.5	28	3.5	85	10.6
459	76.5	52	8.7	25	4.1	64	10.7
161	80.1	16	8.0	3	1.5	21	10.4
683	63.3	186	17.2	73	6.8	137	12.7
238	64.2	63	17.0	26	6.9	44	11.9
445	62.9	123	17.4	47	6.6	93	13.1
1 117	72.7	202	13.1	60	3.9	158	10.3
686	73.4	123	13.2	36	3.8	90	9.6
431	71.6	79	13.1	24	4.0	68	11.3
2 377	47.9	1 371	27.6	484	9.8	727	14.7
580	44.4	352	27.0	118	9.0	256	19.6
1 797	49.2	1 019	27.9	366	10.0	471	12.9
617	64.4	142	14.8	49	5.1	150	15.7
297	70.5	50	11.9	17	4.1	57	13.5
320	59.6	92	17.1	32	6.0	93	17.3
740	82.2	74	8.2	26	2.9	60	6.7
430	85.7	31	6.2	17	3.3	24	4.8
310	77.9	43	10.8	9	2.3	36	9.0

11－9(续 2)

		调查人数		男　性		女　性	
		(人)	(%)	(人)	(%)	(人)	(%)
重　庆	小计	610	100	355	58.2	255	41.8
	团体	293	100	153	52.2	140	47.8
	散客	317	100	202	63.7	115	36.3
四　川	小计	2 122	100	1 288	60.7	834	39.3
	团体	1 247	100	647	51.9	600	48.1
	散客	875	100	641	73.3	234	26.7
贵　州	小计	599	100	321	53.6	278	46.4
	团体	375	100	184	49.1	191	50.9
	散客	224	100	137	61.2	87	38.8
云　南	小计	809	100	511	63.2	298	36.8
	团体	450	100	270	60.0	180	40.0
	散客	359	100	241	67.1	118	32.9
西　藏	小计	200	100	158	79.0	42	21.0
	团体	152	100	120	78.9	32	21.1
	散客	48	100	38	79.2	10	20.8
陕　西	小计	1 101	100	639	58.0	462	42.0
	团体	845	100	460	54.4	385	45.6
	散客	256	100	179	69.9	77	30.1
甘　肃	小计	705	100	413	58.6	292	41.4
	团体	526	100	296	56.3	230	43.7
	散客	179	100	117	65.4	62	34.6
青　海	小计	250	100	136	54.4	114	45.6
	团体	131	100	67	51.1	64	48.9
	散客	119	100	69	58.0	50	42.0
宁　夏	小计	150	100	129	86.0	21	14.0
	团体	5	100	5	100.0	0	0.0
	散客	145	100	124	85.5	21	14.5
新　疆	小计	648	100	402	62.0	246	38.0
	团体	524	100	314	59.9	210	40.1
	散客	124	100	88	71.0	36	29.0

外国人		香港同胞		澳门同胞		台湾同胞	
(人)	(%)	(人)	(%)	(人)	(%)	(人)	(%)
444	72.8	86	14.1	14	2.3	66	10.8
243	82.9	26	8.9	5	1.7	19	6.5
201	63.4	60	18.9	9	2.9	47	14.8
1 497	70.5	216	10.2	61	2.9	348	16.4
797	63.9	129	10.3	48	3.9	273	21.9
700	80.0	87	9.9	13	1.5	75	8.6
431	72.0	65	10.9	18	2.9	85	14.2
261	69.6	39	10.4	9	2.4	66	17.6
170	75.9	26	11.6	9	4.0	19	8.5
613	75.8	93	11.5	15	1.8	88	10.9
337	74.9	49	10.9	4	0.9	60	13.3
276	76.9	44	12.3	11	3.0	28	7.8
164	82.0	12	6.0	11	5.5	13	6.5
129	84.9	8	5.3	7	4.5	8	5.3
35	72.9	4	8.4	4	8.3	5	10.4
1 035	94.0	32	2.9	7	0.6	27	2.5
808	95.6	16	1.9	4	0.5	17	2.0
227	88.7	16	6.3	3	1.1	10	3.9
634	89.9	34	4.8	11	1.6	26	3.7
473	89.9	24	4.6	8	1.5	21	4.0
161	89.9	10	5.6	3	1.7	5	2.8
186	74.4	26	10.4	2	0.8	36	14.4
85	64.9	16	12.2	2	1.5	28	21.4
101	84.9	10	8.4	0	0.0	8	6.7
134	89.3	5	3.3	1	0.7	10	6.7
5	100.0	0	0.0	0	0.0	0	0.0
129	89.0	5	3.4	1	0.7	10	6.9
458	70.7	70	10.8	50	7.7	70	10.8
372	71.0	64	12.2	39	7.4	49	9.4
86	69.4	6	4.8	11	8.9	21	16.9

11－10　2005 年饭店调查入境游客人数及所占比重

		饭店及游船调查人数		14 岁及以下	
		（人）	（%）	（人）	（%）
北　京	小计	1 835	100	6	0.4
	团体	921	100	1	0.2
	散客	914	100	5	0.5
天　津	小计	500	100	5	1.0
	团体	119	100	1	0.8
	散客	381	100	4	1.1
河　北	小计	890	100	6	0.8
	团体	303	100	3	0.9
	散客	587	100	3	0.4
山　西	小计	690	100	1	0.2
	团体	327	100	0	0.0
	散客	363	100	1	0.2
内蒙古	小计	500	100	2	0.4
	团体	240	100	2	0.7
	散客	260	100	0	0.0
辽　宁	小计	617	100	9	1.5
	团体	174	100	3	1.7
	散客	443	100	6	1.4
吉　林	小计	412	100	0	0.0
	团体	47	100	0	0.0
	散客	365	100	0	0.0
黑龙江	小计	699	100	10	1.4
	团体	419	100	10	2.3
	散客	280	100	0	0.0
上　海	小计	1 799	100	5	0.2
	团体	364	100	3	0.8
	散客	1 435	100	2	0.0
江　苏	小计	1 019	100	3	0.2
	团体	380	100	2	0.4
	散客	639	100	1	0.2

(按省〈区、市〉、年龄、团体及散客分组)

15～24岁		25～44岁		45～64岁		65岁及以上	
(人)	(%)	(人)	(%)	(人)	(%)	(人)	(%)
193	10.5	883	48.1	642	35.0	111	6.0
121	13.1	413	44.8	307	33.3	79	8.6
72	7.9	470	51.4	335	36.7	32	3.5
68	13.6	247	49.4	150	30.0	30	6.0
20	16.8	53	44.5	31	26.1	14	11.8
48	12.6	194	50.9	119	31.2	16	4.2
67	7.5	457	51.3	294	33.0	66	7.4
33	10.9	125	41.3	107	35.3	35	11.6
34	5.8	332	56.6	187	31.9	31	5.3
62	9.0	283	41.0	261	37.8	83	12.0
28	8.5	113	34.6	137	41.9	49	15.0
34	9.4	170	46.8	124	34.2	34	9.4
28	5.6	343	68.6	111	22.2	16	3.2
17	7.1	165	68.8	46	19.2	10	4.2
11	4.2	178	68.5	65	25.0	6	2.3
72	11.7	289	46.8	210	34.0	37	6.0
29	16.7	67	38.5	63	36.2	12	6.9
43	9.7	222	50.1	147	33.2	25	5.6
22	5.3	210	51.0	154	37.4	26	6.3
11	23.4	22	46.8	14	29.8	0	0.0
11	3.0	188	51.5	140	38.4	26	7.1
100	14.3	325	46.5	216	30.9	48	6.9
72	17.2	191	45.6	116	27.7	30	7.2
28	10.0	134	47.9	100	35.7	18	6.4
154	8.6	876	48.7	669	37.2	95	5.3
57	15.7	139	38.2	130	35.7	35	9.6
97	6.8	737	51.4	539	37.6	60	4.2
72	7.1	498	48.9	377	37.0	69	6.8
36	9.5	137	36.1	158	41.6	47	12.4
36	5.6	361	56.5	219	34.3	22	3.4

11－10(续1)

		饭店及游船调查人数		14岁及以下	
		(人)	(%)	(人)	(%)
浙　江	小计	900	100	1	0.1
	团体	267	100	0	0.0
	散客	633	100	1	0.1
安　徽	小计	1 397	100	8	0.6
	团体	826	100	6	0.8
	散客	571	100	2	0.3
福　建	小计	996	100	17	1.8
	团体	270	100	4	1.5
	散客	726	100	13	1.8
江　西	小计	700	100	0	0.0
	团体	369	100	0	0.0
	散客	331	100	0	0.0
山　东	小计	813	100	6	0.8
	团体	269	100	2	0.8
	散客	544	100	4	0.7
河　南	小计	801	100	3	0.4
	团体	600	100	3	0.4
	散客	201	100	0	0.0
湖　北	小计	1 079	100	5	0.5
	团体	371	100	2	0.6
	散客	708	100	3	0.4
湖　南	小计	1 537	100	10	0.7
	团体	935	100	7	0.8
	散客	602	100	3	0.5
广　东	小计	4 959	100	22	0.5
	团体	1 306	100	5	0.4
	散客	3 653	100	17	0.5
广　西	小计	958	100	6	0.6
	团体	421	100	6	1.3
	散客	537	100	0	0.0
海　南	小计	900	100	5	0.6
	团体	502	100	3	0.6
	散客	398	100	2	0.5

15～24 岁		25～44 岁		45～64 岁		65 岁及以上	
(人)	(%)	(人)	(%)	(人)	(%)	(人)	(%)
56	6.2	501	55.7	297	33.0	45	5.0
22	8.2	135	50.6	80	30.0	30	11.2
34	5.4	366	57.8	217	34.3	15	2.4
105	7.5	546	39.1	566	40.5	172	12.3
63	7.6	238	28.8	371	44.9	148	17.9
42	7.4	308	53.9	195	34.2	24	4.2
94	9.4	460	46.2	346	34.7	79	7.9
30	11.1	91	33.7	103	38.1	42	15.6
64	8.8	369	50.8	243	33.5	37	5.1
47	6.7	354	50.6	241	34.4	58	8.3
24	6.5	161	43.6	145	39.3	39	10.6
23	6.9	193	58.3	96	29.0	19	5.8
63	7.7	406	49.9	279	34.3	59	7.3
25	9.3	108	40.1	94	34.9	40	14.9
38	7.0	298	54.8	185	34.0	19	3.5
72	9.0	327	40.8	287	35.8	112	14.0
58	9.7	201	33.5	241	40.2	97	16.2
14	6.9	126	62.7	46	22.9	15	7.5
111	10.3	479	44.4	376	34.8	108	10.0
39	10.5	127	34.2	138	37.2	65	17.5
72	10.2	352	49.7	238	33.6	43	6.1
117	7.6	666	43.3	592	38.5	152	9.9
58	6.2	340	36.4	409	43.7	121	12.9
59	9.8	326	54.2	183	30.4	31	5.1
572	11.5	2 801	56.5	1 336	26.9	228	4.6
179	13.7	678	51.9	359	27.5	85	6.5
393	10.8	2 123	58.1	977	26.7	143	3.9
73	7.6	431	45.0	356	37.2	92	9.6
37	8.8	151	35.9	167	39.7	60	14.3
36	6.7	280	52.1	189	35.2	32	6.0
117	13.0	422	46.9	291	32.3	65	7.2
63	12.5	226	45.0	169	33.7	41	8.2
54	13.6	196	49.2	122	30.7	24	6.0

		饭店及游船调查人数		14 岁及以下	
		（人）	（%）	（人）	（%）
重　庆	小计	610	100	4	0.7
	团体	293	100	3	1.0
	散客	317	100	1	0.3
四　川	小计	2 122	100	9	0.5
	团体	1 247	100	3	0.3
	散客	875	100	6	0.7
贵　州	小计	599	100	6	0.9
	团体	375	100	5	1.3
	散客	224	100	1	0.4
云　南	小计	809	100	2	0.2
	团体	450	100	2	0.4
	散客	359	100	0	0.0
西　藏	小计	200	100	2	1.0
	团体	152	100	2	1.3
	散客	48	100	0	0.0
陕　西	小计	1 101	100	6	0.5
	团体	845	100	6	0.8
	散客	256	100	0	0.0
甘　肃	小计	705	100	8	1.1
	团体	526	100	6	1.2
	散客	179	100	2	1.1
青　海	小计	250	100	0	0.0
	团体	131	100	0	0.0
	散客	119	100	0	0.0
宁　夏	小计	150	100	0	0.0
	团体	5	100	0	0.0
	散客	145	100	0	0.0
新　疆	小计	648	100	7	1.1
	团体	524	100	7	1.4
	散客	124	100	0	0.0

15～24岁		25～44岁		45～64岁		65岁及以上	
（人）	（%）	（人）	（%）	（人）	（%）	（人）	（%）
65	10.7	276	45.2	218	35.7	47	7.7
33	11.3	90	30.7	127	43.3	40	13.7
32	10.1	186	58.7	91	28.7	7	2.2
206	9.7	930	43.8	834	39.3	143	6.7
124	9.9	428	34.3	573	46.0	119	9.5
82	9.4	502	57.4	261	29.8	24	2.7
71	11.9	228	38.1	219	36.6	75	12.5
35	9.3	112	29.9	156	41.6	67	17.9
36	16.1	116	51.8	63	28.1	8	3.6
100	12.4	346	42.8	306	37.8	55	6.8
53	11.8	162	36.0	197	43.8	36	8.0
47	13.1	184	51.3	109	30.4	19	5.2
15	7.5	81	40.5	95	47.5	7	3.5
10	6.6	59	38.8	74	48.7	7	4.6
5	10.4	22	45.8	21	43.8	0	0.0
44	4.0	283	25.7	572	52.0	196	17.8
33	3.9	181	21.4	448	53.0	177	20.9
11	4.4	102	39.8	124	48.4	19	7.4
63	8.9	255	36.2	255	36.2	124	17.6
31	5.9	168	31.9	204	38.8	117	22.2
32	17.9	87	48.6	51	28.5	7	3.9
28	11.2	116	46.4	72	28.8	34	13.6
9	6.9	52	39.7	43	32.8	27	20.6
19	16.0	64	53.8	29	24.4	7	5.8
4	2.6	66	44.0	76	50.7	4	2.7
0	0.0	3	60.0	2	40.0	0	0.0
4	2.8	63	43.4	74	51.0	4	2.8
52	8.0	270	41.7	241	37.2	78	12.0
36	6.9	202	38.5	204	38.9	75	14.3
16	12.9	68	54.8	37	29.8	3	2.5

11－11　2005年饭店调查入境游客人数及所占比重

		饭店及游船调查人数		政　　府工作人员		专　　业技术人员		职　员		技　工工　人	
		(人)	(%)	(人)	(%)	(人)	(%)	(人)	(%)	(人)	(%)
北　京	小计	1 835	100	95	5.2	288	15.7	381	20.8	46	2.5
	团体	921	100	37	4.0	103	11.2	192	20.8	24	2.6
	散客	914	100	58	6.3	185	20.2	189	20.7	22	2.4
天　津	小计	500	100	18	3.6	92	18.4	104	20.8	46	9.2
	团体	119	100	4	3.4	17	14.3	18	15.1	6	5.0
	散客	381	100	14	3.7	75	19.7	86	22.6	40	10.5
河　北	小计	890	100	43	4.8	197	22.1	155	17.4	57	6.4
	团体	303	100	16	5.3	50	16.5	55	18.2	21	6.9
	散客	587	100	27	4.6	147	25.0	100	17.0	36	6.1
山　西	小计	690	100	75	10.9	140	20.3	102	14.8	26	3.8
	团体	327	100	24	7.3	57	17.4	51	15.6	12	3.7
	散客	363	100	51	14.0	83	22.9	51	14.0	14	3.9
内蒙古	小计	500	100	6	1.2	69	13.8	55	11.0	19	3.8
	团体	240	100	0	0.0	18	7.5	23	9.6	6	2.5
	散客	260	100	6	2.3	51	19.6	32	12.3	13	5.0
辽　宁	小计	617	100	54	8.8	101	16.4	88	14.3	14	2.3
	团体	174	100	16	9.2	19	10.9	24	13.8	3	1.9
	散客	443	100	38	8.6	82	18.5	64	14.4	11	2.5
吉　林	小计	412	100	2	0.4	169	41.0	32	7.8	102	24.8
	团体	47	100	1	2.2	0	0.0	10	21.3	0	0.0
	散客	365	100	1	0.4	169	46.3	22	6.0	102	27.9
黑龙江	小计	699	100	38	5.4	114	16.3	118	16.9	45	6.4
	团体	419	100	14	3.3	46	11.0	83	19.8	31	7.4
	散客	280	100	24	8.6	68	24.3	35	12.5	14	5.0
上　海	小计	1 799	100	47	2.6	308	17.1	380	21.1	72	4.0
	团体	364	100	12	3.3	38	10.4	65	17.9	19	5.2
	散客	1 435	100	35	2.4	270	18.8	315	22.0	53	3.7
江　苏	小计	1 019	100	44	4.3	234	23.0	169	16.6	81	7.9
	团体	380	100	22	5.8	52	13.7	75	19.7	17	4.5
	散客	639	100	22	3.4	182	28.5	94	14.7	64	10.0

（按省〈区、市〉、职业、团体及散客分组）

商贸人员		服务员推销员		退休人员		家庭妇女		军人		学生		其他	
（人）	（%）	（人）	（%）	（人）	（%）	（人）	（%）	（人）	（%）	（人）	（%）	（人）	（%）
408	22.2	43	2.3	150	8.2	160	8.7	12	0.6	113	6.2	139	7.6
129	14.0	24	2.6	116	12.6	121	13.1	8	0.9	76	8.3	91	9.9
279	30.5	19	2.1	34	3.7	39	4.3	4	0.5	37	4.0	48	5.3
110	22.0	17	3.4	27	5.4	20	4.0	5	1.0	39	7.8	22	4.4
17	14.3	7	5.9	16	13.4	8	6.7	1	0.9	9	7.6	16	13.4
93	24.4	10	2.6	11	2.9	12	3.1	4	1.0	30	7.9	6	1.6
192	21.6	14	1.6	67	7.5	54	6.1	4	0.4	54	6.1	53	6.0
29	9.6	9	3.0	42	13.9	33	10.9	3	0.9	31	10.2	14	4.6
163	27.8	5	0.9	25	4.3	21	3.6	1	0.2	23	3.9	39	6.6
109	15.8	21	3.0	82	11.9	37	5.4	10	1.3	46	6.7	42	6.1
43	13.1	12	3.7	59	18.0	22	6.7	3	1.1	19	5.8	25	7.6
66	18.2	9	2.5	23	6.3	15	4.1	7	2.0	27	7.4	17	4.7
224	44.8	8	1.6	28	5.6	19	3.8	3	0.6	19	3.8	50	10.0
144	60.0	3	1.1	12	5.0	9	3.8	0	0.0	16	6.7	9	3.8
80	30.8	5	1.9	16	6.2	10	3.8	3	1.1	3	1.2	41	15.8
185	30.0	19	3.1	28	4.5	43	7.0	3	0.3	48	7.8	34	5.5
31	17.8	6	3.4	14	8.0	19	10.9	3	1.7	23	13.2	16	9.2
154	34.8	13	2.9	14	3.2	24	5.4	0	0.0	25	5.6	18	4.1
21	5.1	0	0.0	10	2.4	38	9.2	9	2.2	11	2.7	18	4.4
3	6.4	0	0.0	4	8.5	9	19.1	0	0.0	11	23.4	9	19.1
18	4.9	0	0.0	6	1.6	29	7.9	9	2.5	0	0.0	9	2.5
141	20.2	18	2.6	63	9.0	33	4.7	6	0.9	82	11.7	41	5.9
72	17.2	16	3.8	44	10.5	21	5.0	6	1.4	64	15.3	22	5.3
69	24.6	2	0.7	19	6.8	12	4.3	0	0.0	18	6.4	19	6.8
552	30.7	39	2.2	111	6.2	109	6.1	5	0.2	86	4.8	90	5.0
33	9.1	10	2.7	56	15.4	53	14.6	2	0.5	44	12.1	32	8.8
519	36.2	29	2.0	55	3.8	56	3.9	3	0.3	42	2.9	58	4.0
225	22.1	13	1.3	92	9.0	70	6.9	2	0.2	39	3.8	50	4.9
27	7.1	6	1.6	79	20.8	51	13.4	0	0.0	24	6.3	27	7.1
198	31.0	7	1.1	13	2.0	19	3.0	2	0.4	15	2.3	23	3.6

11－11(续1)

	饭店及游船调查人数(人)	(%)	政府工作人员(人)	(%)	专业技术人员(人)	(%)	职员(人)	(%)	技工人(人)	(%)
浙江 小计	900	100	34	3.8	118	13.1	118	13.1	17	1.9
团体	267	100	18	6.7	31	11.6	55	20.6	6	2.4
散客	633	100	16	2.5	87	13.7	63	10.0	11	1.7
安徽 小计	1 397	100	87	6.2	242	17.3	195	14.0	67	4.8
团体	826	100	57	6.9	95	11.5	131	15.9	35	4.2
散客	571	100	30	5.3	147	25.7	64	11.2	32	5.6
福建 小计	996	100	59	5.9	143	14.4	162	16.3	75	7.5
团体	270	100	32	11.9	34	12.6	42	15.6	11	4.1
散客	726	100	27	3.7	109	15.0	120	16.5	64	8.8
江西 小计	700	100	19	2.7	144	20.6	124	17.7	27	3.9
团体	369	100	10	2.7	69	18.7	62	16.8	13	3.5
散客	331	100	9	2.7	75	22.7	62	18.7	14	4.2
山东 小计	813	100	45	5.5	144	17.7	133	16.4	35	4.3
团体	269	100	18	6.7	34	12.6	51	19.0	7	2.6
散客	544	100	27	5.0	110	20.2	82	15.1	28	5.1
河南 小计	801	100	45	5.6	107	13.4	143	17.9	28	3.5
团体	600	100	31	5.2	73	12.2	112	18.7	17	2.8
散客	201	100	14	7.0	34	16.9	31	15.4	11	5.5
湖北 小计	1 079	100	60	5.6	185	17.1	198	18.4	43	4.0
团体	371	100	24	6.5	38	10.2	60	16.2	7	1.9
散客	708	100	36	5.1	147	20.8	138	19.5	36	5.1
湖南 小计	1 537	100	110	7.2	229	14.9	296	19.3	84	5.5
团体	935	100	66	7.1	94	10.1	168	18.0	66	7.1
散客	602	100	44	7.3	135	22.4	128	21.3	18	3.0
广东 小计	4 959	100	281	5.7	791	16.0	784	15.8	214	4.3
团体	1 306	100	67	5.1	192	14.7	229	17.5	67	5.1
散客	3 653	100	214	5.9	599	16.4	555	15.2	147	4.0
广西 小计	958	100	44	4.6	138	14.4	188	19.6	47	4.9
团体	421	100	20	4.8	51	12.1	76	18.1	22	5.2
散客	537	100	24	4.5	87	16.2	112	20.9	25	4.7
海南 小计	900	100	73	8.1	130	14.4	165	18.3	34	3.8
团体	502	100	47	9.4	68	13.5	106	21.1	24	4.8
散客	398	100	26	6.5	62	15.6	59	14.8	10	2.5

商贸人员		服务员推销员		退休人员		家庭妇女		军人		学生		其他	
(人)	(%)	(人)	(%)	(人)	(%)	(人)	(%)	(人)	(%)	(人)	(%)	(人)	(%)
428	47.6	18	2.0	54	6.0	46	5.1	0	0.0	20	2.2	47	5.2
47	17.6	8	3.0	34	12.7	34	12.7	0	0.0	12	4.5	22	8.2
381	60.2	10	1.6	20	3.2	12	1.9	0	0.0	8	1.3	25	3.9
289	20.7	18	1.3	147	10.5	175	12.5	8	0.6	74	5.3	95	6.8
102	12.3	13	1.6	128	15.5	144	17.4	4	0.5	52	6.3	65	7.9
187	32.7	5	0.9	19	3.3	31	5.4	4	0.7	22	3.9	30	5.3
294	29.5	25	2.5	72	7.2	62	6.2	4	0.5	30	3.0	70	7.0
32	11.9	7	2.4	44	16.3	28	10.4	0	0.0	13	4.8	27	10.0
262	36.1	18	2.5	28	3.9	34	4.7	4	0.6	17	2.3	43	5.9
122	17.4	17	2.4	69	9.9	40	5.7	1	0.1	20	2.9	117	16.7
44	11.9	11	3.0	43	11.7	33	8.9	1	0.3	11	3.0	72	19.5
78	23.6	6	1.8	26	7.9	7	2.1	0	0.0	9	2.7	45	13.6
243	29.9	12	1.5	54	6.6	57	7.0	1	0.2	48	5.9	41	5.0
35	13.0	5	1.8	34	12.6	40	14.9	0	0.0	26	9.7	19	7.1
208	38.2	7	1.3	20	3.7	17	3.1	1	0.3	22	4.0	22	4.0
91	11.4	14	1.7	132	16.5	90	11.2	4	0.4	59	7.4	88	11.0
43	7.2	10	1.7	114	19.0	82	13.7	4	0.5	52	8.7	62	10.3
48	23.9	4	1.9	18	9.0	8	4.0	0	0.0	7	3.5	26	12.9
205	19.0	37	3.3	152	14.1	58	5.4	0	0.0	69	6.4	72	6.7
43	11.6	10	2.7	99	26.7	33	8.9	0	0.0	28	7.5	29	7.8
162	22.9	27	3.8	53	7.5	25	3.4	0	0.0	41	5.8	43	6.1
233	15.2	43	2.8	193	12.6	144	9.4	9	0.4	59	3.8	137	8.9
101	10.8	30	3.2	159	17.0	117	12.5	9	0.9	33	3.5	92	9.8
132	21.9	13	2.2	34	5.6	27	4.5	0	0.0	26	4.3	45	7.5
1 451	29.3	207	4.2	283	5.7	310	6.3	27	0.4	242	4.9	369	7.4
170	13.0	66	5.1	135	10.3	150	11.5	6	0.5	96	7.4	128	9.8
1 281	35.1	141	3.9	148	4.1	160	4.4	21	0.4	146	4.0	241	6.6
203	21.2	33	3.4	107	11.2	89	9.3	5	0.6	32	3.3	72	7.5
58	13.8	13	3.1	64	15.2	61	14.5	2	0.4	17	4.0	37	8.8
145	27.0	20	3.7	43	8.0	28	5.2	3	0.5	15	2.8	35	6.5
221	24.6	44	4.9	71	7.9	45	5.0	6	0.7	54	6.0	57	6.3
111	22.1	23	4.6	43	8.6	30	6.0	2	0.3	26	5.2	22	4.4
110	27.6	21	5.3	28	7.0	15	3.8	4	1.1	28	7.0	35	8.8

11－11(续2)

		饭店及游船调查人数		政府工作人员		专业技术人员		职员		技工人	
		(人)	(%)	(人)	(%)	(人)	(%)	(人)	(%)	(人)	(%)
重庆	小计	610	100	39	6.4	109	17.9	110	18.0	14	2.3
	团体	293	100	17	5.8	36	12.3	43	14.7	5	1.7
	散客	317	100	22	6.9	73	23.0	67	21.1	9	2.8
四川	小计	2 122	100	156	7.4	303	14.3	395	18.6	76	3.6
	团体	1 247	100	93	7.5	110	8.8	248	19.9	46	3.7
	散客	875	100	63	7.2	193	22.1	147	16.8	30	3.4
贵州	小计	599	100	43	7.2	72	12.0	114	19.0	13	2.2
	团体	375	100	35	9.3	34	9.1	69	18.4	5	1.3
	散客	224	100	8	3.6	38	17.0	45	20.1	8	3.6
云南	小计	809	100	41	5.1	148	18.3	139	17.2	25	3.1
	团体	450	100	26	5.8	77	17.1	81	18.0	16	3.6
	散客	359	100	15	4.2	71	19.8	58	16.2	9	2.5
西藏	小计	200	100	5	2.5	17	8.5	30	15.0	34	17.0
	团体	152	100	3	1.9	12	7.9	21	13.8	27	17.8
	散客	48	100	2	4.1	5	10.4	9	18.8	7	14.6
陕西	小计	1 101	100	57	5.2	238	21.6	151	13.7	44	4.0
	团体	845	100	50	5.9	148	17.5	126	14.9	29	3.4
	散客	256	100	7	2.7	90	35.2	25	9.8	15	5.9
甘肃	小计	705	100	62	8.8	84	11.9	120	17.0	27	3.8
	团体	526	100	50	9.5	56	10.6	106	20.2	21	4.0
	散客	179	100	12	6.7	28	15.6	14	7.8	6	3.4
青海	小计	250	100	21	8.4	26	10.4	40	16.0	14	5.6
	团体	131	100	9	6.9	16	12.2	21	16.0	8	6.1
	散客	119	100	12	10.1	10	8.4	19	16.0	6	5.0
宁夏	小计	150	100	7	4.7	77	51.3	17	11.3	6	4.0
	团体	5	100	0	0.0	2	40.0	2	40.0	0	0.0
	散客	145	100	7	4.8	75	51.7	15	10.3	6	4.1
新疆	小计	648	100	57	8.8	99	15.3	129	19.9	16	2.5
	团体	524	100	49	9.4	70	13.4	101	19.3	16	3.1
	散客	124	100	8	6.4	29	23.4	28	22.6	0	0.0

商贸人员		服务员推销员		退休人员		家庭妇女		军人		学生		其他	
(人)	(%)	(人)	(%)	(人)	(%)	(人)	(%)	(人)	(%)	(人)	(%)	(人)	(%)
128	21.0	13	2.1	54	8.9	57	9.3	3	0.4	29	4.8	54	8.9
37	12.6	8	2.7	45	15.4	41	14.0	2	0.6	19	6.5	40	13.7
91	28.7	5	1.6	9	2.8	16	5.0	1	0.5	10	3.2	14	4.4
396	18.7	53	2.5	308	14.5	186	8.8	12	0.4	129	6.1	108	5.1
151	12.1	43	3.4	269	21.6	153	12.3	9	0.7	66	5.3	59	4.7
245	28.0	10	1.1	39	4.5	33	3.8	3	0.3	63	7.2	49	5.6
111	18.5	7	1.2	106	17.7	47	7.8	3	0.6	39	6.5	44	7.3
60	16.0	4	1.1	85	22.7	41	10.9	0	0.0	20	5.3	22	5.9
51	22.8	3	1.2	21	9.4	6	2.7	3	1.3	19	8.5	22	9.8
154	19.0	28	3.5	72	8.9	48	5.9	6	0.7	77	9.5	71	8.8
62	13.8	19	4.2	55	12.2	40	8.9	3	0.6	37	8.2	34	7.6
92	25.6	9	2.5	17	4.7	8	2.2	3	0.9	40	11.1	37	10.3
45	22.5	38	19.0	7	3.5	10	5.0	0	0.0	4	2.0	10	5.0
32	21.1	32	21.1	7	4.6	9	5.9	0	0.0	3	2.0	6	3.9
13	27.1	6	12.5	0	0.0	1	2.1	0	0.0	1	2.1	4	8.3
144	13.1	17	1.5	189	17.2	122	11.1	1	0.1	43	3.9	95	8.6
80	9.5	14	1.8	176	20.8	109	12.9	0	0.0	34	4.0	79	9.3
64	25.0	3	1.2	13	5.1	13	5.1	1	0.2	9	3.5	16	6.3
78	11.1	27	3.8	111	15.7	65	9.2	4	0.7	70	9.9	57	8.1
45	8.6	18	3.4	108	20.5	60	11.4	3	0.6	27	5.1	32	6.1
33	18.4	9	5.0	3	1.7	5	2.8	1	0.6	43	24.0	25	14.0
29	11.6	12	4.8	47	18.8	11	4.4	1	0.4	21	8.4	28	11.2
8	6.1	8	6.1	35	26.7	9	6.9	0	0.0	4	3.1	13	9.9
21	17.6	4	3.4	12	10.1	2	1.7	1	0.8	17	14.3	15	12.6
10	6.7	0	0.0	15	10.0	2	1.3	0	0.0	3	2.0	13	8.7
0	0.0	0	0.0	1	20.0	0	0.0	0	0.0	0	0.0	0	0.0
10	6.9	0	0.0	14	9.7	2	1.4	0	0.0	3	2.1	13	9.0
123	19.0	10	1.5	89	13.7	48	7.4	2	0.3	18	2.8	57	8.8
96	18.3	10	1.9	79	15.1	47	9.0	1	0.0	16	3.1	39	7.4
27	21.8	0	0.0	10	8.1	1	0.8	1	0.8	2	1.6	18	14.5

11－12 2005年饭店调查入境游客人数及所占比重

		饭店及游船调查人数		观光游览		休闲度假		探亲访友	
		(人)	(%)	(人)	(%)	(人)	(%)	(人)	(%)
北 京	小计	1 835	100	642	35.0	378	20.6	65	3.5
	团体	921	100	478	51.9	239	26.0	22	2.4
	散客	914	100	164	17.9	139	15.2	43	4.7
天 津	小计	500	100	82	16.4	71	14.2	33	6.6
	团体	119	100	37	31.1	24	20.2	11	9.2
	散客	381	100	45	11.8	47	12.3	22	5.8
河 北	小计	890	100	231	26.0	137	15.4	45	5.1
	团体	303	100	158	52.1	72	23.8	9	3.0
	散客	587	100	73	12.4	65	11.1	36	6.1
山 西	小计	690	100	260	37.7	152	22.0	37	5.4
	团体	327	100	175	53.5	85	26.0	3	0.9
	散客	363	100	85	23.4	67	18.5	34	9.4
内蒙古	小计	500	100	80	16.0	31	6.2	132	26.4
	团体	240	100	64	26.7	20	8.3	2	0.8
	散客	260	100	16	6.2	11	4.1	130	50.0
辽 宁	小计	617	100	135	21.9	96	15.6	63	10.2
	团体	174	100	85	48.9	41	23.6	15	8.6
	散客	443	100	50	11.3	55	12.4	48	10.8
吉 林	小计	412	100	57	13.8	11	2.7	38	9.2
	团体	47	100	28	59.6	8	17.0	7	14.9
	散客	365	100	29	7.9	3	0.8	31	8.5
黑龙江	小计	699	100	189	27.0	162	23.2	44	6.3
	团体	419	100	153	36.5	130	31.0	13	3.1
	散客	280	100	36	12.9	32	11.4	31	11.1
上 海	小计	1 799	100	406	22.6	291	16.2	79	4.4
	团体	364	100	198	54.4	106	29.1	8	2.2
	散客	1 435	100	208	14.5	185	12.9	71	4.9
江 苏	小计	1 019	100	293	28.8	121	11.9	64	6.3
	团体	380	100	228	60.0	85	22.4	20	5.3
	散客	639	100	65	10.2	36	5.6	44	6.9

（按省〈区、市〉、团体及散客、旅游目的分组）

商务		会议		宗教朝拜		文化/体育/科技交流		其他	
（人）	（%）	（人）	（%）	（人）	（%）	（人）	（%）	（人）	（%）
464	25.3	209	11.4	4	0.2	35	1.9	38	2.1
103	11.2	40	4.3	1	0.0	19	2.1	19	2.1
361	39.5	169	18.5	3	0.3	16	1.8	19	2.1
206	41.2	61	12.2	4	0.8	18	3.6	25	5.0
22	18.5	9	7.6	2	1.6	5	4.2	9	7.6
184	48.3	52	13.6	2	0.6	13	3.4	16	4.2
313	35.2	57	6.4	3	0.2	47	5.3	57	6.4
35	11.6	8	2.6	1	0.3	9	3.0	11	3.6
278	47.4	49	8.3	2	0.4	38	6.5	46	7.8
121	17.5	18	2.6	38	5.5	40	5.8	24	3.5
26	8.0	1	0.3	19	5.8	12	3.7	6	1.8
95	26.2	17	4.6	19	5.2	28	7.7	18	5.0
206	41.2	18	3.6	0	0.0	8	1.6	25	5.0
138	57.5	4	1.7	0	0.0	1	0.4	11	4.6
68	26.2	14	5.4	0	0.0	7	2.7	14	5.4
178	28.8	89	14.4	12	1.9	22	3.6	22	3.6
10	5.7	10	5.7	4	2.3	3	1.8	6	3.4
168	37.9	79	17.8	8	1.9	19	4.3	16	3.6
78	18.9	27	6.6	0	0.0	24	5.8	177	43.0
0	0.0	4	8.5	0	0.0	0	0.0	0	0.0
78	21.4	23	6.3	0	0.0	24	6.6	177	48.5
152	21.7	69	9.9	6	0.9	47	6.7	30	4.3
54	12.9	25	6.0	4	0.9	23	5.5	17	4.1
98	35.0	44	15.7	2	0.7	24	8.6	13	4.6
735	40.9	211	11.7	7	0.3	42	2.3	28	1.6
23	6.3	7	1.9	3	0.9	12	3.3	7	1.9
712	49.6	204	14.2	4	0.3	30	2.1	21	1.5
368	36.1	74	7.3	7	0.6	45	4.4	47	4.6
18	4.7	8	2.1	5	1.3	9	2.4	7	1.8
350	54.8	66	10.3	2	0.3	36	5.6	40	6.3

11－12(续1)

		饭店及游船调查人数 (人)	(%)	观光游览 (人)	(%)	休闲度假 (人)	(%)	探亲访友 (人)	(%)
浙　江	小计	900	100	319	35.4	40	4.4	4	0.5
	团体	267	100	227	85.0	14	5.4	0	0.0
	散客	633	100	92	14.5	26	4.1	4	0.6
安　徽	小计	1 397	100	681	48.7	162	11.6	62	4.4
	团体	826	100	592	71.7	118	14.3	16	1.9
	散客	571	100	89	15.6	44	7.7	46	8.1
福　建	小计	996	100	301	30.2	118	11.8	121	12.1
	团体	270	100	152	56.3	40	14.8	31	11.5
	散客	726	100	149	20.5	78	10.7	90	12.4
江　西	小计	700	100	277	39.6	70	10.0	32	4.6
	团体	369	100	229	62.1	45	12.2	6	1.6
	散客	331	100	48	14.5	25	7.6	26	7.9
山　东	小计	813	100	212	26.1	145	17.8	42	5.2
	团体	269	100	138	51.3	65	24.2	7	2.6
	散客	544	100	74	13.6	80	14.7	35	6.4
河　南	小计	801	100	448	55.9	144	18.0	33	4.1
	团体	600	100	400	66.7	131	21.8	15	2.5
	散客	201	100	48	23.9	13	6.5	18	9.0
湖　北	小计	1 079	100	362	33.5	197	18.3	79	7.3
	团体	371	100	208	56.1	85	22.9	8	2.2
	散客	708	100	154	21.8	112	15.8	71	10.0
湖　南	小计	1 537	100	789	51.3	223	14.5	113	7.4
	团体	935	100	639	68.3	153	16.4	40	4.3
	散客	602	100	150	24.9	70	11.6	73	12.1
广　东	小计	4 959	100	1 323	26.7	1 125	22.7	481	9.7
	团体	1 306	100	609	46.6	392	30.0	91	7.0
	散客	3 653	100	714	19.5	733	20.1	390	10.7
广　西	小计	958	100	467	48.7	196	20.5	61	6.4
	团体	421	100	280	66.5	90	21.4	10	2.4
	散客	537	100	187	34.8	106	19.7	51	9.5
海　南	小计	900	100	286	31.8	328	36.4	57	6.3
	团体	502	100	201	40.0	188	37.5	24	4.8
	散客	398	100	85	21.4	140	35.2	33	8.3

商务		会议		宗教朝拜		文化/体育/科技交流		其他	
(人)	(%)	(人)	(%)	(人)	(%)	(人)	(%)	(人)	(%)
432	48.0	23	2.6	13	1.4	17	1.9	52	5.8
3	1.1	0	0.0	10	3.7	7	2.6	6	2.2
429	67.8	23	3.6	3	0.5	10	1.6	46	7.3
301	21.5	56	4.0	29	2.2	63	4.5	43	3.1
20	2.4	13	1.6	24	2.9	25	3.0	18	2.2
281	49.2	43	7.5	5	0.8	38	6.7	25	4.4
331	33.2	58	5.8	17	1.9	22	2.2	28	2.8
25	9.3	5	1.9	8	3.0	4	1.3	5	1.9
306	42.1	53	7.3	9	1.3	18	2.5	23	3.2
129	18.4	18	2.6	24	3.4	68	9.7	82	11.7
3	0.8	1	0.3	14	3.8	19	5.1	52	14.1
126	38.1	17	5.1	10	2.9	49	14.8	30	9.1
293	36.0	43	5.3	10	1.3	45	5.5	23	2.8
24	8.9	3	1.1	8	3.0	15	5.6	9	3.3
269	49.4	40	7.4	2	0.4	30	5.5	14	2.6
84	10.5	18	2.2	12	1.5	53	6.6	9	1.2
17	2.8	4	0.7	9	1.5	23	3.8	1	0.2
67	33.3	14	7.0	3	1.4	30	14.9	8	4.0
251	23.3	69	6.4	29	2.6	59	5.5	33	3.1
24	6.5	7	1.9	20	5.4	6	1.5	13	3.5
227	32.1	62	8.8	9	1.2	53	7.5	20	2.8
222	14.4	72	4.7	28	1.8	47	3.1	43	2.8
44	4.7	21	2.2	23	2.5	4	0.4	11	1.2
178	29.6	51	8.5	5	0.9	43	7.1	32	5.3
1 443	29.1	276	5.6	31	0.6	141	2.8	139	2.8
108	8.3	32	2.5	17	1.2	27	2.1	30	2.3
1 335	36.5	244	6.7	14	0.4	114	3.1	109	3.0
160	16.7	16	1.7	5	0.4	14	1.5	39	4.1
20	4.8	1	0.1	2	0.5	2	0.5	16	3.8
140	26.1	15	2.8	3	0.6	12	2.2	23	4.3
107	11.9	60	6.7	19	2.1	28	3.1	15	1.7
21	4.2	33	6.6	10	1.9	15	3.0	10	2.0
86	21.6	27	6.8	9	2.3	13	3.3	5	1.1

11－12(续2)

		饭店及游船调查人数		观光度假		休闲游览		探亲访友	
		(人)	(%)	(人)	(%)	(人)	(%)	(人)	(%)
重　庆	小计	610	100	260	42.6	101	16.6	34	5.6
	团体	293	100	191	65.2	66	22.5	4	1.4
	散客	317	100	69	21.8	35	11.0	30	9.5
四　川	小计	2 122	100	1 085	51.1	379	17.9	51	2.4
	团体	1 247	100	846	67.8	249	20.0	18	1.4
	散客	875	100	239	27.3	130	14.9	33	3.8
贵　州	小计	599	100	365	60.9	95	15.9	25	4.2
	团体	375	100	278	74.1	56	14.9	8	2.1
	散客	224	100	87	38.8	39	17.4	17	7.6
云　南	小计	809	100	364	45.0	168	20.8	28	3.5
	团体	450	100	247	54.9	100	22.2	15	3.3
	散客	359	100	117	32.6	68	18.9	13	3.6
西　藏	小计	200	100	123	61.5	28	14.0	5	2.5
	团体	152	100	100	65.8	19	12.5	1	0.7
	散客	48	100	23	47.9	9	18.8	4	8.3
陕　西	小计	1 101	100	681	61.9	197	17.9	17	1.5
	团体	845	100	583	69.0	166	19.6	9	1.1
	散客	256	100	98	38.3	31	12.1	8	3.1
甘　肃	小计	705	100	359	50.9	182	25.8	12	1.7
	团体	526	100	270	51.3	152	28.9	6	1.2
	散客	179	100	89	49.7	30	16.8	6	3.4
青　海	小计	250	100	134	53.6	46	18.4	5	2.0
	团体	131	100	84	64.1	29	22.1	0	0.0
	散客	119	100	50	42.0	17	14.3	5	4.2
宁　夏	小计	150	100	25	16.7	8	5.3	7	4.7
	团体	5	100	3	60.0	0	0.0	0	0.0
	散客	145	100	22	15.2	8	5.5	7	4.8
新　疆	小计	648	100	332	51.2	140	21.6	2	0.4
	团体	524	100	279	53.2	119	22.7	2	0.4
	散客	124	100	53	42.7	21	16.9	0	0.0

商务		会议		宗教朝拜		文化/体育/科技交流		其他	
(人)	(%)	(人)	(%)	(人)	(%)	(人)	(%)	(人)	(%)
153	25.1	36	5.9	4	0.6	7	1.1	15	2.5
15	5.1	5	1.7	2	0.7	3	1.0	7	2.4
138	43.5	31	9.8	2	0.6	4	1.3	8	2.5
372	17.5	87	4.1	42	2.0	69	3.3	37	1.7
38	3.0	23	1.8	38	3.0	29	2.3	6	0.7
334	38.2	64	7.3	4	0.4	40	4.6	31	3.5
77	12.9	12	2.0	1	0.1	21	3.5	3	0.5
16	4.3	3	0.8	1	0.3	12	3.2	1	0.3
61	27.2	9	4.1	0	0.0	9	4.0	2	0.9
122	15.1	67	8.3	9	1.0	25	3.1	26	3.2
22	4.9	33	7.3	8	1.9	11	2.4	14	3.1
100	27.9	34	9.5	1	0.3	14	3.9	12	3.3
6	3.0	2	1.0	22	11.0	4	2.0	10	5.0
4	2.6	1	0.7	19	12.5	2	1.3	6	3.9
2	4.2	1	2.0	3	6.3	2	4.2	4	8.3
113	10.3	22	2.0	6	0.5	48	4.4	17	1.5
24	2.8	11	1.3	5	0.6	37	4.4	10	1.2
89	34.8	11	4.3	1	0.4	11	4.3	7	2.7
53	7.5	28	4.0	9	1.3	19	2.7	43	6.1
30	5.7	17	3.2	8	1.5	14	2.7	29	5.5
23	12.8	11	6.1	1	0.6	5	2.8	14	7.8
19	7.6	9	3.6	6	2.4	15	6.0	16	6.4
2	1.5	2	1.5	4	3.1	6	4.6	4	3.1
17	14.3	7	5.9	2	1.6	9	7.6	12	10.1
47	31.3	3	2.0	0	0.0	57	38.0	3	2.0
2	40.0	0	0.0	0	0.0	0	0.0	0	0.0
45	31.0	3	2.1	0	0.0	57	39.3	3	2.1
92	14.2	30	4.6	4	0.6	19	2.9	29	4.5
66	12.6	14	2.7	4	0.8	19	3.6	21	4.0
26	21.0	16	12.9	0	0.0	0	0.0	8	6.5

11－13　2005年饭店调查外国游客人数

	饭店及游船调查人数	日　本	菲律宾	泰　国
北　京	1 588	353	5	9
天　津	408	117	5	3
河　北	762	113	11	14
山　西	540	96	7	19
内蒙古	472	63	1	1
辽　宁	516	173	2	4
吉　林	385	68	0	3
黑龙江	624	94	2	3
上　海	1 592	692	19	13
江　苏	693	214	3	17
浙　江	736	220	2	5
安　徽	1 131	326	4	6
福　建	571	144	18	12
江　西	447	102	4	5
山　东	639	155	1	8
河　南	620	155	16	23
湖　北	683	135	7	4
湖　南	1 117	186	20	11
广　东	2 377	237	44	85
广　西	617	80	4	11
海　南	740	163	6	11
重　庆	444	53	3	7
四　川	1 497	410	19	82
贵　州	431	77	2	4
云　南	613	76	4	43
西　藏	164	10	5	7
陕　西	1 035	312	3	4
甘　肃	634	223	7	4
青　海	186	41	5	5
宁　夏	134	40	0	0
新　疆	458	127	2	2

(按省〈区、市〉、国别分组)

单位:人

新　加　坡	印度尼西亚	马来西亚	韩　　国	朝　　鲜	蒙　古	印　度
57	9	38	159	15	10	16
29	5	7	75	1	4	5
49	5	26	90	10	7	16
36	8	21	45	7	9	4
5	1	8	16	0	155	3
34	4	8	79	8	2	8
12	0	23	146	4	0	0
22	2	7	46	6	2	3
55	13	58	143	2	1	26
57	3	79	79	2	0	1
54	7	15	79	2	1	17
43	16	41	251	5	1	8
52	15	29	73	1	2	13
25	2	17	34	0	1	5
33	4	7	240	9	0	4
39	11	25	89	5	4	6
53	9	20	63	7	0	5
49	10	69	288	16	4	8
245	91	120	156	14	13	60
18	12	28	64	0	1	10
55	6	36	122	12	5	6
25	5	16	31	2	1	3
191	26	70	128	6	4	27
44	8	11	48	2	0	1
54	9	30	51	1	4	14
5	11	7	10	7	6	8
18	20	4	81	2	0	5
23	2	7	124	2	2	7
12	3	5	8	1	0	4
5	2	7	6	4	2	3
27	6	15	58	2	0	9

11－13(续)

	饭店及游船调查人数	英　国	法　国	德　国	意大利	荷　兰
北　京	1 588	95	84	105	30	36
天　津	408	17	9	12	15	11
河　北	762	45	53	51	33	15
山　西	540	38	33	23	15	19
内蒙古	472	9	4	14	5	2
辽　宁	516	29	19	9	9	8
吉　林	385	5	17	47	8	1
黑龙江	624	23	12	12	5	8
上　海	1 592	46	67	44	39	27
江　苏	693	37	27	31	17	3
浙　江	736	23	21	30	20	16
安　徽	1 131	31	49	33	16	8
福　建	571	18	22	13	11	13
江　西	447	29	9	13	10	8
山　东	639	19	15	16	9	1
河　南	620	36	27	34	5	16
湖　北	683	56	78	22	17	13
湖　南	1 117	69	47	28	33	12
广　东	2 377	126	98	70	81	41
广　西	617	41	37	21	19	10
海　南	740	25	42	7	10	6
重　庆	444	36	15	46	11	15
四　川	1 497	49	37	30	39	23
贵　州	431	22	34	12	16	13
云　南	613	30	40	16	13	10
西　藏	164	3	5	7	4	9
陕　西	1 035	81	30	74	14	16
甘　肃	634	16	24	15	13	7
青　海	186	4	13	3	6	3
宁　夏	134	7	3	7	4	7
新　疆	458	19	17	12	15	14

单位:人

瑞典	俄罗斯	瑞士	美国	加拿大	澳大利亚	非洲国家	南美国家	其他国家
36	83	40	227	60	51	7	4	59
8	2	7	42	13	14	4	0	3
15	15	23	84	34	26	7	3	17
9	17	13	61	22	17	4	1	16
1	155	2	10	8	5	1	0	3
5	13	12	36	16	14	3	1	20
0	0	4	14	11	0	0	0	22
2	278	4	35	20	17	1	1	19
25	13	20	126	40	48	6	7	62
5	7	4	78	6	22	0	0	1
8	5	7	83	26	26	8	3	58
13	14	12	143	28	14	7	10	52
9	1	6	52	19	21	4	3	20
17	15	4	93	18	14	7	1	14
8	12	8	39	21	18	3	0	9
10	13	9	39	21	14	6	3	14
14	14	10	60	38	20	1	1	36
15	11	9	108	52	27	3	6	36
34	36	50	294	117	144	36	22	163
12	3	16	110	25	29	4	3	59
10	103	9	51	23	12	6	2	12
5	6	11	76	29	16	1	5	26
14	24	15	171	53	37	6	5	31
5	3	9	76	16	16	2	0	10
3	4	29	83	33	24	6	4	32
8	9	7	11	5	6	5	6	3
15	3	18	181	37	35	7	6	69
5	4	13	74	25	10	5	1	21
4	5	7	17	8	6	0	0	26
1	2	1	8	9	6	1	5	4
22	7	6	54	13	13	2	5	11

11－14 2005年饭店调查入境游客总人数及所占比重（按城市、外国人、港澳台胞分组）

	饭店及游船调查人数		外国人		香港同胞		澳门同胞		台湾同胞	
	（人）	（%）	（人）	（%）	（人）	（%）	（人）	（%）	（人）	（%）
北　京	1 835	100	1 588	86.5	146	8.0	26	1.4	75	4.1
天　津	500	100	408	81.6	43	8.6	15	3.0	34	6.8
石家庄	199	100	177	89.0	11	5.5	1	0.5	10	5.0
唐　山	100	100	70	70.0	12	12.0	5	5.0	13	13.0
秦皇岛	89	100	75	84.3	7	7.9	1	1.1	6	6.7
保　定	100	100	83	83.0	10	10.0	2	2.0	5	5.0
承　德	201	100	177	88.0	18	9.0	0	0.0	6	3.0
廊　坊	201	100	180	89.5	10	5.0	3	1.5	8	4.0
太　原	110	100	89	80.9	8	7.3	5	4.5	8	7.3
大　同	110	100	84	76.4	10	9.1	12	10.9	4	3.6
阳　泉	30	100	28	93.3	2	6.7	0	0.0	0	0.0
长　治	50	100	32	64.0	9	18.0	5	10.0	4	8.0
晋　城	50	100	39	78.0	5	10.0	5	10.0	1	2.0
朔　州	30	100	25	83.4	3	10.0	1	3.3	1	3.3
忻　州	80	100	63	78.6	7	8.8	5	6.3	5	6.3
吕　梁	30	100	28	93.3	0	0.0	0	0.0	2	6.7
晋　中	90	100	77	85.6	2	2.2	3	3.3	8	8.9
临　汾	50	100	35	70.0	8	16.0	2	4.0	5	10.0
运　城	60	100	40	66.7	8	13.3	3	5.0	9	15.0
呼和浩特	100	100	81	81.0	8	8.0	4	4.0	7	7.0
满州里	149	100	149	100.0	0	0.0	0	0.0	0	0.0
二连浩特	150	100	150	100.0	0	0.0	0	0.0	0	0.0
包　头	100	100	91	91.0	4	4.0	2	2.0	3	3.0
沈　阳	200	100	159	79.5	16	8.0	7	3.5	18	9.0
大　连	417	100	357	85.6	32	7.7	5	1.2	23	5.5
长　春	161	100	147	91.3	5	3.1	8	5.0	1	0.6
吉　林	251	100	238	94.8	3	1.2	9	3.6	1	0.4

11－14(续 1)

	饭店及游船调查人数		外国人		香港同胞		澳门同胞		台湾同胞	
	(人)	(%)	(人)	(%)	(人)	(%)	(人)	(%)	(人)	(%)
哈尔滨	249	100	193	77.5	33	13.3	6	2.4	17	6.8
牡丹江	250	100	248	99.2	1	0.4	0	0.0	1	0.4
佳木斯	50	100	48	96.0	1	2.0	0	0.0	1	2.0
上　海	1 799	100	1 592	88.6	98	5.4	20	1.1	89	4.9
南　京	313	100	208	66.4	62	19.8	14	4.5	29	9.3
无　锡	218	100	146	67.0	31	14.2	5	2.3	36	16.5
苏　州	282	100	192	68.1	34	12.1	2	0.7	54	19.1
南　通	106	100	76	71.7	6	5.7	1	0.9	23	21.7
扬　州	100	100	71	71.0	12	12.0	4	4.0	13	13.0
杭　州	448	100	380	84.8	39	8.7	4	0.9	25	5.6
宁　波	163	100	124	76.1	23	14.1	1	0.6	15	9.2
温　州	84	100	70	83.3	9	10.7	0	0.0	5	6.0
绍　兴	100	100	76	76.0	12	12.0	2	2.0	10	10.0
金　华	105	100	86	81.9	10	9.5	0	0.0	9	8.6
合　肥	216	100	162	75.0	29	13.4	5	2.3	20	9.3
芜　湖	24	100	20	83.3	2	8.3	1	4.2	1	4.2
马鞍山	28	100	21	75.0	4	14.3	0	0.0	3	10.7
铜　陵	38	100	27	71.0	4	10.5	2	5.3	5	13.2
安　庆	38	100	37	97.4	0	0.0	0	0.0	1	2.6
黄　山	706	100	592	83.8	52	7.4	5	0.7	57	8.1
滁　州	149	100	113	75.8	11	7.4	3	2.0	22	14.8
亳　州	34	100	29	85.3	0	0.0	2	5.9	3	8.8
池　州	122	100	102	83.6	4	3.3	4	3.3	12	9.8
宣　城	42	100	28	66.7	4	9.5	2	4.8	8	19.0
福　州	311	100	178	57.3	67	21.5	16	5.1	50	16.1
厦　门	362	100	243	67.2	59	16.3	3	0.8	57	15.7
泉　州	149	100	49	32.9	61	40.9	18	12.1	21	14.1
漳　州	74	100	37	50.0	13	17.6	6	8.1	18	24.3
武夷山	100	100	64	64.0	27	27.0	1	1.0	8	8.0
南　昌	129	100	83	64.3	17	13.2	15	11.6	14	10.9
景德镇	110	100	75	68.2	15	13.6	10	9.1	10	9.1
九　江	129	100	93	72.1	13	10.1	16	12.4	7	5.4
鹰　潭	100	100	65	65.0	16	16.0	9	9.0	10	10.0
赣　州	120	100	56	46.6	35	29.2	12	10.0	17	14.2
吉　安	110	100	74	67.2	18	16.4	8	7.3	10	9.1

11－14(续2)

	饭店及游船调查人数		外国人		香港同胞		澳门同胞		台湾同胞	
	（人）	（%）	（人）	（%）	（人）	（%）	（人）	（%）	（人）	（%）
济　　南	106	100	73	68.8	18	17.0	0	0.0	15	14.2
青　　岛	261	100	207	79.2	26	10.0	2	0.8	26	10.0
烟　　台	113	100	98	86.7	8	7.1	2	1.8	5	4.4
曲　　阜	113	100	103	91.2	4	3.5	2	1.8	4	3.5
泰　　安	120	100	74	61.7	21	17.5	6	5.0	19	15.8
威　　海	100	100	84	84.0	2	2.0	0	0.0	14	14.0
郑　　州	300	100	262	87.4	16	5.3	10	3.3	12	4.0
开　　封	145	100	117	80.7	16	11.0	0	0.0	12	8.3
洛　　阳	206	100	130	63.1	23	11.2	12	5.8	41	19.9
三 门 峡	150	100	111	74.0	13	8.7	6	4.0	20	13.3
武　　汉	622	100	454	72.9	93	15.0	23	3.7	52	8.4
十　　堰	94	100	28	29.8	20	21.3	10	10.6	36	38.3
宜　　昌	104	100	56	53.8	19	18.3	13	12.5	16	15.4
襄　　樊	95	100	62	65.2	15	15.8	9	9.5	9	9.5
荆　　州	73	100	36	49.4	15	20.5	7	9.6	15	20.5
湖北游船	91	100	47	51.6	24	26.4	11	12.1	9	9.9
长　　沙	404	100	302	74.7	42	10.4	21	5.2	39	9.7
湘　　潭	294	100	245	83.4	25	8.5	6	2.0	18	6.1
衡　　阳	179	100	113	63.1	32	17.9	15	8.4	19	10.6
岳　　阳	150	100	119	79.4	12	8.0	5	3.3	14	9.3
张 家 界	510	100	338	66.4	91	17.8	13	2.5	68	13.3
广　　州	1 200	100	871	72.6	178	14.8	61	5.1	90	7.5
深　　圳	1 101	100	532	48.3	318	28.9	88	8.0	163	14.8
珠　　海	703	100	202	28.7	232	33.0	75	10.7	194	27.6
汕　　头	302	100	182	60.2	76	25.2	5	1.7	39	12.9
佛　　山	315	100	202	64.1	57	18.1	13	4.1	43	13.7
江　　门	300	100	133	44.3	79	26.3	41	13.7	47	15.7
肇　　庆	317	100	114	36.0	115	36.2	39	12.3	49	15.5
中　　山	601	100	104	17.3	264	44.0	148	24.6	85	14.1
南　　宁	91	100	54	59.3	22	24.2	5	5.5	10	11.0
桂　　林	450	100	361	80.2	35	7.8	13	2.9	41	9.1
梧　　州	98	100	52	53.1	26	26.5	3	3.1	17	17.3
北　　海	103	100	61	59.2	24	23.3	5	4.9	13	12.6
玉　　林	74	100	20	27.0	9	12.2	5	6.8	40	54.0
百　　色	97	100	49	50.5	20	20.6	10	10.3	18	18.6
凭　　祥	45	100	20	44.5	6	13.3	8	17.8	11	24.4

11－14(续2)

	饭店及游船调查人数		外国人		香港同胞		澳门同胞		台湾同胞	
	(人)	(%)	(人)	(%)	(人)	(%)	(人)	(%)	(人)	(%)
海口	360	100	285	79.3	34	9.4	7	1.9	34	9.4
三亚	540	100	455	84.3	40	7.4	19	3.5	26	4.8
重庆	482	100	340	70.5	74	15.4	12	2.5	56	11.6
重庆游船	128	100	104	81.2	12	9.4	2	1.6	10	7.8
成都	936	100	732	78.2	96	10.3	18	1.9	90	9.6
绵阳	386	100	268	69.4	29	7.5	13	3.4	76	19.7
乐山	266	100	192	72.2	28	10.5	8	3.0	38	14.3
阿坝州	533	100	304	57.1	63	11.8	22	4.1	144	27.0
贵阳	394	100	282	71.6	48	12.2	10	2.5	54	13.7
安顺	97	100	68	70.1	9	9.3	0	0.0	20	20.6
黔东南	104	100	80	76.9	8	7.7	8	7.7	8	7.7
昆明	710	100	527	74.3	89	12.5	12	1.7	82	11.5
景洪	50	100	47	94.0	0	0.0	0	0.0	3	6.0
大理	49	100	39	79.6	4	8.2	3	6.1	3	6.1
拉萨	200	100	164	82.0	12	6.0	11	5.5	13	6.5
西安	1031	100	976	94.7	26	2.5	5	0.5	24	2.3
咸阳	70	100	59	84.2	6	8.6	2	2.9	3	4.3
兰州	350	100	282	80.7	32	9.1	11	3.1	25	7.1
敦煌	355	100	352	99.1	2	0.6	0	0.0	1	0.3
西宁	198	100	139	70.2	24	12.1	2	1.0	33	16.7
银川	150	100	134	89.3	5	3.3	1	0.7	10	6.7
乌鲁木齐	399	100	287	72.0	42	10.5	30	7.5	40	10.0
吐鲁番	100	100	69	69.0	15	15.0	5	5.0	11	11.0
库尔勒	49	100	31	63.3	1	2.0	9	18.4	8	16.3
喀什	100	100	71	71.0	12	12.0	6	6.0	11	11.0

责任编辑:王　军
责任印制:李崇宝

图书在版编目(CIP)数据

入境游客抽样调查资料.2006/国家旅游局政策法规司,国家统计局城市社会经济调查司编.—北京:中国旅游出版社,2006.12
ISBN 7-5032-3025-8

Ⅰ.入… Ⅱ.①国…②国… Ⅲ.旅游客源—外国人—抽样调查—统计资料—中国—2006
Ⅳ.F592.6-66

中国版本图书馆CIP数据核字(2006)第136288号

书　　名:入境游客抽样调查资料2006
编　　著:国家旅游局政策法规司
国家统计局城市社会经济调查司
出版发行:中国旅游出版社
(北京建国门内大街甲9号　邮编:100005)
http://www.cttp.net.cn　E-mail:cttp@cnta.gov.cn
发行部电话:010-85166507　85166517
印　　刷:北京市1201印刷厂
版　　次:2006年12月第1版　2006年12月第1次印刷
开　　本:787毫米×1092毫米　1/16
印　　张:21
字　　数:520千字
定　　价:100.00元
I S B N　7-5032-3025-8/F·377